Das Leben in Frankfurt zur NS-Zeit IV

Der Widerstand

Darstellung, Dokumente, didaktische Hinweise

Von
Wolfgang Wippermann

Frankfurt am Main 1986

CIP-Kurztitelaufnahme der Deutschen Bibliothek
Wippermann, Wolfgang:
Das Leben in Frankfurt zur NS-Zeit / von Wolfgang
Wippermann. – Frankfurt am Main : Kramer
4. Der Widerstand : Darst., Dokumente, didakt.
Hinweise. – 1986.
  ISBN 3-7829-0314-5

Alle Rechte vorbehalten!
© 1986 Stadt Frankfurt am Main – Amt für Volksbildung/Volkshochschule
Auslieferung für den Buchhandel: Verlag Dr. Waldemar Kramer oHG. Frankfurt am Main
ISBN 3-7829-0314-5
Gesamtherstellung: W. Kramer & Co. Druckerei-GmbH in Frankfurt am Main

Inhalt

Einleitung: Zu den Zielen und zum Aufbau der Arbeit 7

Darstellung 11
1. Was ist Widerstand –
   Probleme und Aufgaben der Widerstandsforschung im überregionalen und regionalen Bereich 13
2. Aufbau und Wirkungsweise der Institutionen des Terrors in Frankfurt 20
3. Der Widerstand der Arbeiterbewegung 1933–1935 35
4. Widerstand aus Arbeiterbewegung und Arbeiterschaft 1935–1945 51
5. Der Kirchenkampf in Frankfurt 61

Dokumente 77
Dokumente zu Kapitel 2 „Aufbau und Wirkungsweise der Institutionen des Terrors in Frankfurt" 79
Dokumente zu Kapitel 3 „Der Widerstand der Arbeiterbewegung 1933–1945" 86
Dokumente zu Kapitel 4 „Widerstand aus Arbeiterbewegung und Arbeiterschaft" 101
Dokumente zu Kapitel 5 „Der Kirchenkampf in Frankfurt" 113

Didaktische Hinweise 139

Anhang 145
Anmerkungen 145
Literaturverzeichnis 158
Das Leben in Frankfurt zur NS-Zeit, Bd. I–IV. Ein Nachwort 163
Nachtrag 167

Einleitung

Zu den Zielsetzungen und zum Aufbau der Arbeit

Am 13. April 1933 schrieb der damals noch beauftragte Oberbürgermeister von Frankfurt, Krebs, an das Ministerium für Wissenschaft, Kunst und Volksbildung einen Brief, in dem er ankündigte, „daß aus der Stadt der ‚Frankfurter Zeitung' und Maier Amschel Rothschilds wieder die deutsche Stadt und die Stadt Goethes werden" müsse. Dieser Ausspruch zeigt, wie verhaßt Frankfurt den Nationalsozialisten war. Galt es doch als Hochburg des liberalen und ‚verjudeten' Geistes. Diese damals negativ gemeinte Charakterisierung Frankfurts wirkt auf uns heute natürlich positiv. Doch hat Frankfurt diesen Ruf in der Zeit des Dritten Reiches wirklich wahren können? War Frankfurt eine Hochburg des Widerstandes?

Die Beantwortung dieser Frage hängt wesentlich davon ab, was man unter Widerstand verstehen will. Wie im ersten Kapitel näher ausgeführt wird, soll der Begriff Widerstand weder in inflationärer Weise verwandt noch auf Aktionen von solchen Gruppen und Personen beschränkt werden, die zum Sturz des Regimes zu führen geeignet waren. Im Unterschied zu den bürgerlich-militärischen Widerstandsgruppen waren die Widerstandskämpfer in Frankfurt aus den Reihen der Arbeiterbewegung und der Kirchen dazu nicht in der Lage. Dennoch muß auch ihr Widerstand gewürdigt werden, obgleich ihre Ziele nicht oder nicht immer an den Prinzipien einer demokratisch-parlamentarischen Staatsform orientiert waren.

Um ihren Widerstand verstehen und würdigen zu können, ist es notwendig, den Aufbau und die Wirkungsweise der effizienten und zugleich äußerst brutalen Terrororgane des Dritten Reiches zu kennen, die im zweiten Kapitel beschrieben werden, wobei gleichzeitig auf das hohe Maß der Kollaboration von vielen Partei- und Volksgenossen hinzuweisen ist, die mit ihren Denunziationen die ‚Arbeit' der Terrororgane wesentlich unterstützt haben. Nur so wird man begreifen können, welches hohe Risiko jeder auf sich nahm und auf sich nehmen mußte, der sich verweigerte, der in der einen oder anderen Form Widerstand geleistet hat.

Einen besonders intensiven Widerstandskampf haben vor allem Parteien und Gruppen aus der Arbeiterbewegung geführt. Allerdings zeigten sie sich, wie im 3. Kapitel ausgeführt wird, weder willens noch in der Lage, ihre internen Gegensätze auch angesichts der tödlichen Bedrohung, die vom nationalsozialistischen Regime ausging, zu überwinden. Die Gruppen des Arbeiterwiderstandes kämpften getrennt und wurden getrennt geschlagen, aber, und dies ist das Wichtigste, sie kämpften.

Nach den großen Verhaftungswellen durch die Gestapo und nach der Umstellung der Strategie und Taktik der illegalen KPD kam es jedoch nach 1935/36 zu einem gewissen Abflauen des Widerstandes aus der Arbeiterbewegung. Andererseits entstanden Widerstandsgruppen aus der Arbeiterschaft, die keinen oder einen nur sehr lockeren Kontakt mit den Parteiführungen und Parteiorganisationen der illegalen KPD und SPD hatten, einen eher informellen Charakter aufwiesen und sich meist darauf beschränkten, den Zusammenhalt zu wahren und die Widerstandsfähigkeit zu stärken. Dennoch, obwohl sie weitgehend auf spektakuläre Aktionen und auf das Herstellen und Verbreiten von illegalen Flugschriften verzichteten, wurden sie mit einer immer brutaler werdenden Konsequenz von den nationalsozialistischen Terrororganen verfolgt und von den Gerichten zu drakonischen Strafen verurteilt. Dies wird im vierten Kapitel beschrieben.

Obwohl das nationalsozialistische Regime sehr bald aus seiner grundsätzlich religions- und kirchenfeindlichen Einstellung kein Hehl machte, haben sich auch die oppositionellen Kreise aus der evangelischen und katholischen Kirche nicht zu einem gemeinsamen, aufeinander abgestimmten Vorgehen bereit finden können. Im fünften Kapitel wird gezeigt, daß der evangelische Kirchenkampf zunächst auf den innerkirchlichen Bereich beschränkt blieb und erst spät zu einem politischen Widerstand wider Willen wurde, der jedoch auch bei Repräsentanten der Bekennenden Kirche in Frankfurt mit einer partiellen und temporären Zustimmung zu einigen Erscheinungsformen des nationalsozialistischen Regimes verbunden war. Die katholische Kirche hat ebenfalls erst spät erkannt, daß das so vorteilhaft erscheinende Konkordat ein zu hoher Preis für ihr Schweigen zum nationalsozialistischen Terrorfeldzug gegen die Parteien und Organisationen der Arbeiterbewegung und zur Diskriminierung und Entrechtung der Juden war, zumal die Nationalsozialisten nicht daran dachten, sich an die Bestimmungen des Konkordats zu halten. Dennoch regte sich Widerstand gegen die Versuche der Nationalsozialisten, das katholische Vereinswesen zu unterdrücken, katholische Schulen zu beseitigen und generell das Auftreten der Kirche in der Öffentlichkeit zu behindern. Doch so offen und mutig hier die Kirche protestierte, so verhalten war – insgesamt gesehen – ihre Kritik an der Ermordung der angeblich Erbkranken und vor allen Dingen der Juden. Der kontrastierende Blick auf die nahezu totale Verweigerung der Zeugen Jehovas macht zumindest indirekt die Grenzen des Verhaltens beider Kirchen deutlich, die sich eben nicht zu einer geschlossenen und entschlossenen völligen Ablehnung des Regimes durchringen konnten.

War Frankfurt eine Hochburg des Widerstandes? Barbara Mausbach-Bromberger hat für ihre Arbeit über den „Arbeiterwiderstand in Frankfurt am Main" 1426 Namen von Frankfurter Bürgern ermitteln können, die „Widerstand gegen den Faschismus leisteten". Zu diesen 1426 sind noch diejenigen hinzuzuzählen, die in den Reihen der oppositionellen Kreise innerhalb der evangelischen und katholischen Kirche sowie der Zeugen Jehovas Widerstand geleistet haben. Nach sehr groben Schätzungen wird man sagen können, daß etwa 2 bis 3 000 Frankfurter Widerstand geleistet haben. War das viel oder wenig?

Rein numerisch gesehen stellten die ca. 3 000, die Widerstand in der einen oder anderen Form geleistet haben, in der Masse der insgesamt 550 000 Einwohner

Frankfurts eine verschwindende Minderheit dar. Tatsächlich war Widerstand überall in Deutschland, auch in Frankfurt die Sache von wenigen. Einen Volkswiderstand hat es nirgendwo und nirgendwann gegeben. Dennoch waren es viel, wenn man bedenkt, mit welcher Brutalität und Konsequenz jedes abweichende Verhalten, jede Verweigerung, jede Form von Widerstand im Dritten Reich verfolgt und bestraft wurde. Hinzu kommt, daß jedes illegale Flugblatt, jede Inschrift, jedes kritische Wort in einer Predigt etc. all denen Mut machte, die sich nicht oder nicht völlig angepaßt hatten. Zeigte es ihnen doch, daß Hitlers Macht nicht grenzenlos war, daß die Nationalsozialisten ihren totalen Anspruch längst nicht völlig realisiert hatten, daß es außerhalb der so geschlossen scheinenden „Volksgemeinschaft" auch Menschen gab, die sich nicht angepaßt hatten, die sich verweigerten, die in der einen oder anderen Form Widerstand leisteten.

Die Bedeutung des in diesem Bande beschriebenen organisierten und zum Teil auch politisch motivierten Widerstandes aus der Arbeiterbewegung und Arbeiterschaft sowie aus dem Bereich der Kirchen ist daher im Zusammenhang einer allgemeinen Verhaltensgeschichte der Menschen in Frankfurt zur NS-Zeit zu sehen. Möglicherweise stellte der organisierte Widerstand die ‚Spitze eines Eisberges' dar. Dies heißt, daß die Formen und Erscheinungsweisen des Widerstandes auf einem relativ breiten Spektrum von Verhaltensformen der Verweigerung und der „Resistenz" basierten und gewissermaßen in sie eingebettet waren. Derartige Verhaltensformen der Verweigerung und der „Resistenz" sind in dem Band über den Alltag in Frankfurt zur NS-Zeit an konkreten Beispielen geschildert worden. Die in diesem Band beschriebenen Formen des offenen Widerstandes sind vor diesem Hintergrund zu sehen. Andererseits hielt ich es für nicht vertretbar, den Widerstandsbegriff inflationär zu verwenden und auch auf diese Verhaltensformen der Verweigerung und der „Resistenz" auszudehnen. Sicherlich gibt es hier fließende Übergänge, dennoch sind auch die Unterschiede zwischen diesen Formen der „Resistenz" und den in diesem Band beschriebenen Aktionen des organisierten und weitgehend politisch motivierten Widerstandes nicht zu übersehen.

Dies gilt m. E. auch für die gerade in jüngster Zeit viel beachteten und beschriebenen Aktionen von Jugendlichen, die sich dem Drill und Zwang innerhalb der HJ entzogen, sich anders kleideten und verhielten als viele ihrer Altersgenossen und wegen ihrer Vorliebe für einen bestimmten modernen, aber damals verbotenen Musik- und Tanzstil zur „Swing-Jugend" gezählt wurden. Ähnlich wie in anderen Städten ist es auch in Frankfurt zwischen Angehörigen dieser oppositionellen „Swing-Jugend" und Repräsentanten der HJ, der Partei und anderen Organen des nationalsozialistischen Staates zu Auseinandersetzungen gekommen, die aber nicht als Erscheinungsformen eines organisierten, zielgerichteten und eindeutig politisch motivierten Widerstandes angesehen werden können. Diese Differenzierung kann und darf jedoch keineswegs mit einer moralischen Be- oder gar Abwertung verwechselt werden.

Schließlich möchte ich darauf hinweisen, daß die in diesem Band in sehr knapper Form dargestellte und dokumentierte Geschichte des – organisierten, zielgerichteten und politisch motivierten – Widerstandes in Frankfurt auf einem Literatur- und Quellenbestand basiert, der begrenzt ist und begrenzt sein mußte. Ich hoffe sehr, daß von der vorliegenden Publikation Anregungen und Anstöße für eine weitere noch intensivere Erforschung der Geschichte des Widerstandes in Frankfurt ausgehen.

Der vorliegende Band über den – organisierten und weitgehend politisch motivierten – Widerstand in Frankfurt stellt einen weiteren Baustein für eine Gesamtgeschichte Frankfurts in der NS-Zeit dar. Er soll vor allem zu einer positiven Identifikation mit dem Leben, Leiden und Kämpfen jener Menschen führen, die sich nicht anpaßten, die Widerstand leisteten. Dieser Widerstand ist um seiner selbst willen zu würdigen, auch wenn die Ziele und Motive der einzelnen Widerstandskämpfer nicht die unsrigen sind und sein können. Im Kern und vor allem ging es diesen Widerstandskämpfern um das Gleiche, um die Verteidigung und Wiederherstellung der Rechte des Einzelnen, um ihre menschenwürdige Existenz, um das Menschenrecht schlechthin.

Darstellung

1. Was ist Widerstand?
Probleme und Aufgaben der Widerstandsforschung im überregionalen und regionalen Bereich

In der 1969 geschriebenen Einleitung zur 2. verbesserten Auflage seines Buches „Deutsche Opposition gegen Hitler" schrieb Hans Rothfels:

„Bei aller Anerkennung der Breite des Phänomens, der Vielgestaltigkeit und Vielschichtigkeit der Opposition, der zahlreichen Stufen und Übergänge, bei aller Sympathie gerade auch mit den stilleren Formen des Widerstandes, die sich nur in der Standhaftigkeit des Leidens, im unerschütterlichen Bestehen auf Glaubensüberzeugungen oder auf den Regeln sauberen menschlichen Verhaltens, in humanitärer Aktion und Hilfe für die Verfolgten äußerten, wird doch an bestimmten Grenzen des Themas ‚Opposition' festzuhalten sein. Das gilt gegenüber aller bloßen Kritik an Fehlern oder Unzulänglichkeiten des Systems, an Einzelmaßnahmen verhängnisvoller Art und an Korruptionserscheinungen, an lästigen oder auch empörenden Eingriffen in die eigene persönliche oder berufliche Sphäre, sofern eben diese Kritik oder diese Empörung nicht früher oder später vom Teil auf das Ganze und Prinzipielle eines verbrecherischen Regimes sich erstreckte und einer Regierung entgegenzuhandeln zwang, die Menschen und Völker innerlich wie äußerlich ins Verderben führt und doch die Regierung des eigenen Landes ist."[1]

Ähnlich wie Rothfels hat auch Peter Hoffmann vorgeschlagen, nur solche Aktionen zum Widerstand zu rechnen, die „zum Sturz des Regims zu führen geeignet" waren.[2] Dies trifft, wie unschwer zu erkennen ist, vor allem, ja fast ausschließlich auf die Widerstandsaktionen der bürgerlich-militärischen Kreise zu, die ihren Höhepunkt im Attentat vom 20. Juli 1944 fanden. Diese eingeschränkte Definition des Begriffs Widerstand, die auch heute von vielen Historikern geteilt wird, war und ist jedoch zugleich ein Indiz und eine Ursache für die Tatsache, daß mit Ausnahme des sogenannten Kirchenkampfes der Widerstand anderer Gruppen lange Zeit unbeachtet geblieben ist. Doch für das Bestreben, Begriff und Sache des Widerstandes gegen Hitler auf die oppositionellen Handlungen der bürgerlich-militärischen Kreise und der Repräsentanten der Opposition in beiden Kirchen einzuengen, waren auch bestimmte politische Motive und Interessen maßgebend.[3]

Zu nennen ist hier einmal das Bestreben, die auch noch nach 1945 von den Alliierten vertretene Kollektivschuldthese, wonach das deutsche Volk in seiner Gesamtheit für die ungeheuerlichen Verbrechen des Dritten Reiches verantwortlich war, zurückzuweisen. Gerade der erwähnte Hans Rothfels hat mit seinem Buch über die deutsche Opposition zu einer positiven Umwertung des versuchten Staatsstreichs vom 20. Juli 1944 beigetragen, der von den Alliierten zunächst negativ beurteilt und als Versuch deutscher Militärs angesehen wurde, angesichts der sich bereits abzeichnenden Niederlage den Kopf aus der Schlinge ziehen zu wollen. Der Hinweis auf den 20. Juli 1944 mußte also dazu dienen, die moralische Integrität der Deutschen trotz der im deutschen Namen verübten Verbrechen zu wahren und zu verteidigen.

Wenn man lange Zeit den Widerstand der Arbeiterbewegung zugunsten des bürgerlich-militärischen und des Kirchenkampfes unbeachtet ließ, so war dafür auch das politische Bestreben maßgebend, den Führungsanspruch der SPD zurückzuweisen, die sich noch im Sommer 1945 rühmte, gerade durch ihr Verhalten während des Dritten Reiches „die Prüfung vor dem Richterstuhl der Geschichte bestanden (zu) haben"[4]. Maßgebend war auch der Versuch, der Propaganda der DDR zu begegnen, deren Staatspartei, die SED, sich in ihrem Parteiprogramm rühmt, „alle großen, progressiven Ideen, die das deutsche Volk je hervorgebracht hat, insbesondere aber das Vermächtnis des antifaschistischen Widerstandes angetreten und erfüllt" zu haben.[5] Nach Auffassung der DDR sei der von der KPD geführte und weitgehend auch repräsentierte Widerstand der Arbeiterbewegung weitaus wichtiger gewesen als der von bürgerlich-militärischen Kreisen und von oppositionellen Protestanten und Katholiken. Dieses politische Legitimationsbedürfnis beider deutschen Staaten führte nun zu der merkwürdigen Arbeitsteilung, wobei die Erforschung des Arbeiterwiderstandes weitgehend den Historikern der DDR überlassen blieb, während man sich in der Bundesrepublik vornehmlich mit dem Widerstand der bürgerlich-militärischen Kreise und dem Kirchenkampf beschäftigte.

Gerechterweise muß man jedoch sagen, daß für die Vernachlässigung der Erforschung des Arbeiterwiderstandes und des sogenannten Volkswiderstandes nicht nur die erwähnten politisch-ideologischen Motive, sondern darüber hinaus auch die Quellenlage maßgebend war, die die Historiker vorfanden. Während wichtige Akten der nationalsozialistischen Partei- und Staatsführung und der Justiz zunächst nicht zur Verfügung standen, weil sie von den Alliierten beschlagnahmt waren, hatten gerade die Repräsentanten des bürgerlich-militärischen Widerstandes und des Kirchenkampfes überraschend zahlreiche schriftliche Dokumente hinterlassen, auf die sich die Historiker naturgemäß zunächst und vor allem gestützt und zugleich beschränkt haben.

Seit den 60er Jahren kam es zu einem tiefgehenden Wandel innerhalb der Widerstandsforschung, der zu einer Erweiterung und zum Teil auch Korrektur führte. So erbrachte eine genauere Analyse der Zielvorstellungen der Angehörigen des Kreisauer Kreises und vor allem der Gruppe um Goerdeler durch den niederländischen Historiker Ger van Roon und durch Hans Mommsen das Ergebnis, daß diese Widerstandskämpfer nicht an die Wiederherstellung eines demokratisch-parlamentarischen Systems gedacht hatten.[6] Statt dessen orientierten sie sich an teils utopisch wirkenden, teilweise jedoch ausgesprochen autoritären Herrschaftsformen.

Zu einer Veränderung und Erweiterung der Perspektive der westdeutschen Widerstandsforschung trug auch die Erkenntnis bei, daß das Dritte Reich keineswegs so monolithisch geschlossen und totalitär war, wie man es ebenfalls bis in die

60er Jahre hinein unter dem Einfluß der Totalitarismustheorie behauptet hatte.[7] Verschiedene Forscher, die nun auch die von den Amerikanern zurückgegebenen Akten der Partei, des Staates und der Justiz verwenden konnten, gelangten zu dem Ergebnis, daß es zwischen den einzelnen Gruppen und Personen aus den Bereichen der Partei, der Industrie, der Wehrmacht und der Bürokratie ständig zu Kompetenzkonflikten gekommen ist. Die allerdings nach wie vor noch umstrittene These, wonach das Dritte Reich eher als polykratische Kompetenzanarchie denn als monolithisch-geschlossene Führerdiktatur anzusehen sei, diese These mußte und hat sich auch auf die Erforschung der Erscheinungsformen des deutschen Widerstandes gegen den Nationalsozialismus ausgewirkt. Dadurch wurde die Frage provoziert, ob die Repräsentanten der Bürokratie, der Wehrmacht und schließlich und nicht zuletzt auch der Kirchen nicht hätten mehr gegen das nationalsozialistische Unrechtsregime unternehmen können und müssen.

Während man bis dahin vielfach dazu neigte, die Taten der bürgerlich-militärischen Widerstandskämpfer zu heroisieren, zeichnen sich neuere Arbeiten durch eine eher kritische Einstellung aus. So hat etwa der Historiker Klaus-Jürgen Müller in diesem Zusammenhang darauf hingewiesen, daß die führenden deutschen Militärs auch deshalb so lange gezögert haben, sich den Verschwörern vom 20. Juli anzuschließen, weil sie den Verbrechen des Regimes tatenlos zugesehen und sich damit zumindest mitschuldig gemacht hatten.[8] So hatte die damalige noch keineswegs gleichgeschaltete Reichswehr nichts gegen die Morde während des angeblichen Röhm-Putsches vom 30. Juni 1934 unternommen, denen auch der General und ehemalige Reichskanzler von Schleicher zum Opfer gefallen war. Gegen die Verfolgung der Juden und gegen die erbarmungslose und mörderische Behandlung und Ausrottung der sowjetischen Kriegsgefangenen und der politischen Kommissare der Roten Armee haben sie, von wenigen Ausnahmen abgesehen, ebenfalls nicht protestiert.

Die Kirchengeschichtsschreibung empfing von der sich aufdrängenden bohrenden Frage, ob die Kirchen wirklich alles ihnen mögliche unternommen haben, um die Verfolgung und Ermordung von politischen Gegnern und rassischen Opfern des Regimes zu verhindern oder zumindest zu verlangsamen, wichtige Impulse. Dies veranlaßte gerade die protestantische Kirchengeschichtsschreibung, sich intensiver und auch kritischer mit der Rolle der evangelischen Kirche im Dritten Reich zu beschäftigen. Es gibt in der gegenwärtigen Geschichtsschreibung Bestrebungen, den sogenannten Kirchenkampf in die allgemeine Geschichte des Widerstandes gegen den Nationalsozialismus einzuordnen und ihn auch unter politischen Maßstäben zu beurteilen.[9]

Parallel zu den Bestrebungen, den Widerstand von bürgerlich-militärischen Kreisen und den Kirchenkampf kritischer zu beurteilen, kam es ebenfalls seit den 60er Jahren zu einer intensivierten Beschäftigung mit der Geschichte des Widerstandes der Arbeiterbewegung. Dabei müssen zunächst die vom Marburger Politologen Wolfgang Abendroth angeregten ideologiegeschichtlich und organisationssoziologisch orientierten Arbeiten zum Widerstand der einzelnen Parteien und Organisationen der Arbeiterbewegung, insbesondere der sozialistischen und kommunistischen Splittergruppen SAP, KPO, ISK und „Neu Beginnen" genannt werden.[10] Der Widerstand dieser Splittergruppen war auch von den Historikern der DDR vernachlässigt worden, wofür auch politische Gründe maßgebend waren, denn diese Splittergruppen hatten ja den Führungsanspruch der KPD in Frage gestellt und die kommunistische Politik gerade gegenüber dem Faschismus scharf kritisiert.

Seit den 60er Jahren haben sich dann verschiedene westdeutsche Historiker auch mit dem Widerstand der KPD und der SPD beschäftigt. Dabei wurden einmal die Zielvorstellungen und antifaschistischen Strategien von KPD und SPD analysiert,[11] zum anderen versucht, den konkreten Widerstandskampf gerade im lokalen und regionalen Bereich zu beschreiben.[12] Eine große Bedeutung wurde ferner der Tätigkeit der jeweiligen Exilgruppen zuerkannt.[13]

Angeregt durch die Arbeiten des Oxforder Historikers Tim Mason wurde schließlich auch die soziale Lage und das soziale Bewußtsein der Arbeiterschaft zur Zeit des Dritten Reiches untersucht.[14] All diese Forschungen führten nicht nur zu einer Erweiterung der Kenntnisse, sondern auch zu einer weitgehenden Korrektur der Thesen der Historiker der DDR. Dies gilt nicht nur für die Würdigung des Widerstandes der Splittergruppen und der SPD, der lange Zeit innerhalb der DDR-Historiographie entweder völlig vernachlässigt oder als sehr gering eingestuft wurde, sondern auch für die Erkenntnis, daß die illegale KPD bis 1935 die Gefährlichkeit des nationalsozialistischen Regimes unterschätzt und die Sozialdemokratie als „sozialfaschistisch" beschimpft hat.[15] Es konnte ferner nachgewiesen werden, daß die kommunistische Widerstandstätigkeit nach 1935 abflaute und in der Zeit des Hitler-Stalin-Paktes ihren absoluten Tiefpunkt erreichte.[16] Durch den Hinweis auf die Widerstandstätigkeit von einzelnen Gruppen und Personen aus der Arbeiterbewegung und der Arbeiterschaft konnte schließlich die Behauptung der Historiker der DDR zurückgewiesen werden, wonach fast alle aktiven Widerstandsgruppen ständig unter dem direkten Einfluß der Führung der KPD gestanden hätten.

Die seit den 60er Jahren intensivierte Erforschung des Arbeiterwiderstandes und zum Teil auch der Kirchen gerade im regionalen und lokalen Bereich wurde durch die Diskussion über die Kernfrage „Was ist Widerstand?" erneut angeregt und erweitert. Schon 1965 rechnete der Berliner Historiker Friedrich Zipfel jede „Handlung..., die darauf gerichtet war, dem totalitären Staat in den Arm zu fallen, sei es, um die eigene oder die Gruppenexistenz zu behaupten, oder um Unrecht im Kleinen wie im Großen zu verhüten", zum Widerstand.[17] Mit dem Begriff „Widerstand" verbinde sich darüber hinaus jedoch die Vorstellung, daß diese Handlungen unter bewußter Inkaufnahme der Gefahr von persönlichen Nachteilen, von Maßregeln, Inhaftierungen oder gar der Todesstrafe begangen worden seien.

Noch weiter als Zipfel ging der niederländische Historiker Ger van Roon, der meinte, daß „jeder, der vom verordneten Modell abweicht, der sich auf irgendeinem

Gebiet nicht ‚gleichschalten' läßt, ... für die Führung des totalitären Staates ein „Widerständler" sei.[18] Die Mitarbeiter des Projekts „Widerstand und Verfolgung in Bayern 1933–1945", Harald Jaeger und Hermann Rumschöttel, schlugen schließlich 1977 einen noch weiter gefaßten Widerstandsbegriff vor, nämlich: „Unter Widerstand wird jedes aktive oder passive Verhalten verstanden, das die Ablehnung des NS-Regimes oder eines Teilbereichs der NS-Ideologie erkennen läßt und mit gewissen Risiken verbunden war. Dieser Widerstandsbegriff deckt die Verhaltensweisen von konservativer Resistenz, partiellem Ungehorsam, defensiver Oppositonshaltung, Nonkonformismus, Solidarisierung mit aus politischen oder rassischen Gründen Verfolgten oder Diskriminierten, ostentativem Festhalten an einer weltanschaulichen oder religiösen Überzeugung oder direkte Aktivitäten gegen die NS-Herrschaft ein."[19]

Der Leiter des Bayern-Projekts, Martin Broszat, sah sich jedoch 1981 veranlaßt, diesen sehr weitgefaßten Widerstandsbegriff zu revidieren. Man wolle, so sagte er, nicht zu einer „inflationären Entwertung des Widerstandsbegriffs" beitragen, sondern strebe statt dessen an, „die breite Skala sowohl der Ausdrucksformen des Widerstandes" und die „Anlässe und Rahmenbedingungen für oppositionelles Verhalten darzulegen".[20] Die Mitarbeiter des Bayern-Projektes wollten statt dessen versuchen, eine allgemeine Verhaltensgeschichte der Bevölkerung zu schreiben und eine Skala idealtypischer Verhaltensweisen aufzuzeigen, die von der Anpassung über nonkonformes Verhalten zur „Resistenz" und zum Widerstand im engeren Sinne reiche. Elke Fröhlich differenzierte in diesem Zusammenhang zwischen dem „moralisch-politischen Legitimationsbegriff ‚Widerstand'" und dem „strukturgeschichtlichen Begriff der ‚Resistenz'".[21] Der Begriff „Widerstand" diene allenfalls als „Maßstab für die Skala der Verhaltensweisen, die von unverlangter Denunziation und freiwilliger Erbötigkeit, über die verschiedenen Modalitäten der Anpassung bis hin zu passivem, spontanem und aktivem Widerstand" reichten. Broszat schlug vor, zwischen dem „werthaften Begriff des ‚Widerstandes'" und einem „wertneutralen Resistenzbegriff" zu differenzieren.[22] Damit wandte er sich energisch gegen eine inflationäre Verwendung des Widerstandsbegriffes, zu der allerdings auch Mitarbeiter des Bayern-Projektes wenigstens temporär beigetragen haben.

Tatsächlich ist m. E. von einer uferlosen Ausweitung des Widerstandsbegriffes zu warnen.[23] Die Deutschen waren alles andere als ein Volk von Widerstandskämpfern. Von einem Volkswiderstand kann nicht gesprochen werden. Andererseits scheint mir die erwähnte, sehr eingegrenzte Verwendung des Widerstandsbegriffes ebenfalls problematisch zu sein. Versteht man unter ‚Widerstand' nur solche Aktionen, die politisch motiviert und geeignet waren, das Regime zu gefährden, so gerät man in Gefahr, die Handlungen derjenigen Menschen gering zu schätzen, die – anders als die Mitglieder der bürgerlich-militärischen Kreise – schon aufgrund ihrer sozialen Situation dazu nicht in der Lage waren, weil sie eben nicht innerhalb der Bürokratie und Wehrmacht an den Schalthebeln der Macht saßen. Die Form, die Art und Weise sowie die Möglichkeit, Widerstand in der einen oder anderen Form zu leisten, war bei einem Arbeiter anders als bei einem Pfarrer, Beamten oder Offizier. Das Risiko war jedoch gleich. Gerade angesichts des allgegenwärtigen Terrors kommt es darauf an, diese Risikobereitschaft und den Mut derjenigen zu würdigen, die sich nicht anpaßten, die sich resistent und nonkonform verhielten, die in irgendeiner, passiver oder aktiver, nicht-organisierter oder organisierter Form Widerstand geleistet haben.

Bei der Darstellung und Beschreibung von derartigen Verhaltensweisen der Nonkonformität, des Protestes und des Widerstandes im engeren Sinne wird und muß man natürlich auch nach der Motivation und nach den Zielsetzungen derjenigen fragen, die widerstanden und die Widerstand leisteten. Dabei sollte man sich jedoch sehr davor hüten, in einer gewissen oberlehrerhaften Manier und aus der rückschauenden Perspektive Zensuren zu verteilen und etwa danach zu fragen, ob die Ziele der Widerstandsgruppen und der einzelnen Widerstandskämpfer dem Lackmus-Test der freiheitlich-demokratischen Grundordnung oder der Antifaschismus-Definition des Parteiprogramms der SED entsprachen. Sicherlich war und ist die Beantwortung der Frage, wofür denn die Widerstandskämpfer waren, schon deshalb wichtig, um falschen und voreiligen Legenden- und Traditionsbildungen entgegenzuwirken, doch zumindest ebenso wichtig, ja im Grunde doch entscheidend ist, herauszustellen, wogegen die Widerstandskämpfer waren, nämlich gegen das ungerechteste und unmenschlichste Regime, das es auf deutschem Boden jemals gegeben hat. Im Kern und vor allem ging es allen Widerstandsgruppen und allen Widerstandskämpfern um das gleiche, um die Verteidigung und Wiederherstellung der Rechte des Einzelnen, um ihre menschenwürdige Existenz, um das Menschenrecht schlechthin. Dies heißt mit anderen Worten, daß der Widerstand insgesamt eben um des Widerstandes willen gewürdigt werden und nicht für kurzfristige und kurzsichtige politische Zwecke instrumentalisiert werden soll.

Der Begriff Widerstand sollte weder inflationär verwendet noch in der geschilderten Form auf die Frauen und Männer des 20. Juli eingeengt werden. Widerstand ist im Rahmen einer Verhaltensgeschichte der Menschen im Dritten Reich zu sehen und zu definieren, wobei der teilweise stufenlose Übergang, ja das Nebeneinander von Verhaltensformen der Anpassung, Nonkonformität, des Protestes und des Widerstandes bei einzelnen Schichten, Gruppen und selbst Einzelpersonen darzustellen ist. Letzteres scheint besonders wichtig zu sein, denn viele Menschen, auch solche, die zu Recht als Widerstandskämpfer gewürdigt werden, haben nämlich temporär und/oder partiell bestimmte Züge und Erscheinungsformen des nationalsozialistischen Regimes durchaus gebilligt. Das ebenso weitverbreitete wie einfache Schwarz-Weiß-Bild, hier die bösen und überzeugten Nationalsozialisten, dort die guten und das Regime konsequent und von Anfang an bekämpfenden Gegner des Nationalsozialismus, entspricht nicht oder nicht immer der historischen Realität, weil das wirkliche Bild des Dritten Reiches mehr von Grautönen als von eindeutig lichten und dunklen Seiten geprägt war. Auch der Widerstand selbst war in vieler Hinsicht janusköpfig.

Diese allgemeinen Hinweise und Bemerkungen sind vor allem bei der Erforschung des Widerstandes im lokalen und regionalen Bereich zu berücksichtigen. Jede voreilige und verfälschende politische Instrumentalisierung ist zu vermeiden. Alle Gruppen und Erscheinungsformen des Widerstandes sind um ihrer selbst willen zu berücksichtigen. Dabei darf insbesondere die Tatsache, daß der Widerstandskampf der bürgerlich-militärischen Kreise im lokalen und regionalen Bereich kaum Spuren hinterlassen hat, nicht zu einer Geringschätzung dieses Aspektes des Widerstandes führen. Der Widerstand der übrigen Gruppen, insbesondere aus der Arbeiterschaft und Arbeiterbewegung sowie im Bereich der Kirchen muß im Rahmen und vor dem Hintergrund einer allgemeinen Verhaltensgeschichte der Menschen gesehen werden. Der fließende Übergang, ja das Nebeneinander von Verhaltensformen der Anpassung und der Verweigerung ist zu beachten. Dies heißt mit anderen Worten, daß nur am konkreten Einzelfall zu entscheiden ist, ob man den Begriff Widerstand im engeren oder weiteren, auch Fälle des Protestes und der Verweigerung einschließenden Sinne gebrauchen soll oder nicht.

Dabei muß man auch auf die Motivationen der Widerstand leistenden Menschen eingehen. Sie konnten politisch im engeren Sinne sein und sich gegen die Politik des Dritten Reiches insgesamt richten, sie konnte jedoch auch von dem Bestreben geprägt sein, Personen und Gruppen vor dem totalen Anspruch des Regimes zu bewahren und einzelnen Verfolgten zu helfen. Auch hierbei waren die Übergänge fließend. Auch unbedeutend erscheinende Akte der menschlichen Solidarität mit den Objekten der nationalsozialistischen Verfolgung und häufig konservativ wirkende Bestrebungen, traditionelle Formen des Zusammenlebens gegenüber dem totalen Zugriff der Partei zu bewahren – all dies konnte von den nationalsozialistischen Verfolgungsorganen als Widerstand gewertet und gnadenlos verfolgt werden. Es ist ein entscheidendes Verdienst der Widerstandsforschung im lokalen und regionalen Bereich, auf diese vielfältigen Formen und Akte des widerständigen und resistenten Verhaltens hingewiesen zu haben. Es fehlt allerdings bisher an einer vergleichenden und zusammenfassenden Erforschung des Widerstandes im lokalen und regionalen Bereich, die zu einer Erweiterung und möglicherweise auch Veränderung der gesamten Geschichte des Widerstandes gegen den Nationalsozialismus führen könnte.

2. Aufbau und Wirkungsweise der Institutionen des Terrors in Frankfurt

Das Dritte Reich war eine terroristische Diktatur. Diese allgemeine, fast schon banal wirkende Charakterisierung des nationalsozialistischen Regimes ist für das Verständnis der Möglichkeiten und Grenzen des Widerstandes von zentraler Bedeutung. Daher ist es notwendig, in diesem Kapitel kurz auf den Aufbau und die Wirkungsweise der Institutionen des Terrors in Frankfurt einzugehen.

Ähnlich wie in anderen Städten und Regionen haben die Nationalsozialisten auch in Frankfurt unmittelbar nach dem 30. Januar 1933 eine gewisse Doppelstrategie angewandt.[1] Dabei haben sie einmal versucht, das lokale Parlament, die Stadtverordnetenversammlung, schrittweise gleich- und schließlich auszuschalten, zum anderen wandten sie ebenfalls nahezu von Anfang an Terror gegenüber ihren politischen Gegnern, insbesondere in den Reihen der KPD, der SPD und der Gewerkschaften an. Schon während des Wahlkampfes zur Reichstagswahl am 5. März 1933 sowie zur Wahl der Stadtverordneten vom 12. März 1933, die nach der gegen den Protest der sozialdemokratischen und kommunistischen Stadtverordneten aufgelösten Stadtverordnetenversammlung notwendig geworden war, kam es in Frankfurt ähnlich wie in anderen Städten und Regionen zu gewaltsamen Auseinandersetzungen zwischen Nationalsozialisten auf der einen, Kommunisten sowie Mitgliedern der sozialdemokratisch geprägten „Eisernen Front" auf der anderen Seite. Am 7. Februar wurde ein Mitglied der „Eisernen Front" in Höchst von Nationalsozialisten verletzt. Vier Tage später beschossen Nationalsozialisten ein Auto, in dem sich kommunistische Funktionäre befanden, die Wahlkampfmaterialien von Hanau nach Frankfurt brachten. Am 19. Februar führten Kommunisten und Sozialisten in der Schloßstraße in Bockenheim eine Straßenschlacht durch, wobei ein Kommunist von Schüssen so schwer verletzt wurde, daß er kurz darauf im Krankenhaus verstarb. In der Nacht zum 28. Februar endete ein Schußwechsel zwischen einem Nationalsozialisten und zwei Reichsbannerleuten damit, daß der Nationalsozialist, der vorher der KPD angehört hatte, tödlich verletzt wurde.

Nach dem Bekanntwerden der Ergebnisse der Reichstagswahl vom 5. März 1933, bei der die NSDAP in Frankfurt 44,1% der abgegebenen Stimmen erzielte, wurde Bürgermeister Schlosser in Schutzhaft genommen. Oberbürgermeister Landmann, der noch am 4. März erfolgreich verhindern konnte, daß die führenden Nationalsozialisten in Frankfurt eine Wahlversammlung vom Balkon des Römers aus abhalten konnten, hatte zu diesem Zeitpunkt bereits die Stadt verlassen. Noch am gleichen Tage – 5. März 1933 – wurde das Rathaus von Angehörigen der SA besetzt. Alle Magistratsmitglieder, die der KPD oder der SPD angehörten, wurden beurlaubt. Nach der Kommunalwahl vom 12. März 1933, bei der die NSDAP 47,9% der abgegebenen Stimmen erzielen konnte, ließ der neue „Beauftragte Oberbürgermeister" Krebs die Hakenkreuzfahne am Römer aufziehen. Damit wurde symbolisch zum Ausdruck gebracht, daß die sogenannte Machtergreifung im kommunalen Bereich vollendet war. Eine ebenfalls symbolische Bedeutung hat die Entfernung des Standbildes des Reichspräsidenten Ebert an der Paulskirche am 7. April sowie die einige Tage später erfolgte Zerstörung des Denkmals für Heinrich Heine. Die Verbrennung von Büchern „undeutschen Geistes" am 10. Mai auf dem Römerberg war zwar ebenfalls nur symbolisch, dennoch war sie ein nicht zu übersehendes Zeichen für den totalen Anspruch der NSDAP, ihre Weltanschauung auf allen Gebieten durchzusetzen.

Nach der Verkündung des „Gesetzes zur Wiederherstellung des Berufsbeamtentums" wurden Beamte und Angestellte des Magistrats, die jüdischer Herkunft waren oder als politisch unzuverlässig galten, entlassen. In Frankfurt waren derartige Entlassungen bereits Ende März 1933 durchgeführt worden.[2] So schwerwiegende Folgen diese Berufsverbotspolitik für die Betroffenen auch hatte und so abscheulich auch die bereits am 1. April 1933 einen Höhepunkt erreichenden antijüdischen Aktionen der Nationalsozialisten auch waren, so sehr ist darauf hinzuweisen, daß in den ersten Monaten des Dritten Reiches vor allem Mitglieder der KPD zu den zentralen Objekten des Hasses und der Vernichtungswut der Nationalsozialisten wurden.

Nachdem Angehörige der SA und SS sowie des konservativen Stahlhelms am 22. Februar 1933 zu Hilfspolizisten ernannt worden waren, und nachdem durch die sogenannte Reichstagsbrandverordnung vom 28. Februar die wichtigsten Grundrechte der Weimarer Verfassung außer Kraft gesetzt worden waren, fühlten sich die Terroristen in den Reihen der SA und SS bei ihrer Jagd auf Kommunisten kaum noch durch ‚störende' Vorschriften und Gesetze behindert. Systematisch wurden seit dem Februar 1933 Wohnungen, Häuser und ganze Viertel auf der Suche nach verdächtigen oder mißliebigen Personen durchsucht. Kommunisten und in zunehmendem Maße auch Gewerkschafter und Sozialdemokraten wurden noch vor dem endgültigen Verbot der Partei am 22. Juni verhaftet und zunächst in das Untersuchungsgefängnis in der Hammelsgasse, das Polizeigefängnis in der Klapperfeldstraße und in die Strafanstalt Preungesheim in der Homburger Landstraße gebracht.[3] Da sich diese Haftanstalten bald als zu klein erwiesen, um die vielen von der SA und SS zum Teil wahllos Verhafteten aufzunehmen, und da sich die SA- und SS-Leute häufig auch einfach weigerten, ihre Opfer der Justiz zu übergeben, errichteten sie in ihren Sturmlokalen und in anderen beschlagnahmten Gebäuden Folterstätten und Privatgefängnisse, die man mit gewissem Recht als ‚wilde', d. h. nicht, bzw. noch nicht staatlich sanktionierte und kontrollierte Konzentrationslager bezeichnete. Derartige ‚wilde' KZs, in denen Kommunisten, Sozialdemokraten, Gewerkschafter und auch Juden brutalen Folterungen unterworfen wurden, befanden sich in Frankfurt in der Mörfelder Landstraße, in der Klinger-Schule im Hermesweg, in der Freimaurerloge am Mozartplatz, im Fechenheimer Gaswerk sowie in einer ehemaligen Perlenfabrik in der Ginnheimer Landstraße 40-42.[4] Die Stätten dieses Terrors waren der Bevölkerung weitgehend bekannt. Dies lag durchaus im Sinne der SA- und SS-Terroristen, die mit gewissem ‚Stolz' darauf hinwiesen, wie bekannt, aber auch wie gefürchtet ihr Vernichtungsfeldzug gegen die politischen Gegner war. Dies steigerte ihr Selbstwertgefühl und erhöhte die Angst der Bevölkerung vor der nun allmächtig scheinenden SA und SS.

Im Laufe des Sommers 1933 wurden die ‚wilden' KZs in Frankfurt jedoch wieder aufgelöst. Die Insassen, sofern sie den Terror der SA und SS überlebt hatten, kamen entweder in die Gefängnisse und Zuchthäuser der näheren und weiteren Umgebung oder in die außerhalb Frankfurts gelegenen Konzentrationslager. Dies gilt vor allem für das KZ Osthofen bei Worms, in das viele Frankfurter Kommunisten und Sozialdemokraten verschleppt wurden. Andere wurden dagegen in das KZ auf dem Heuberg in der Nähe Stuttgarts gebracht. Auch die Existenz dieser Konzentrationslager war der Bevölkerung bekannt, weil auch die Frankfurter Zeitungen darüber häufig und relativ ausführlich berichteten.[5] Trotz der beschönigenden Tendenzen konnten, ja sollten die Leser erkennen, daß in diesen Lagern Folterungen an der Tagesordnung waren. Auch dies diente der Einschüchterung und psychischen Terrorisierung der Bevölkerung.

In der Folgezeit gingen die nationalsozialistischen Machthaber jedoch dazu über, den offenen, von SA- und SS-Leuten ausgeübten Terror zugunsten des bürokratisierten und weitaus effektiveren der Gestapo einzuschränken. Diese Gestapo war im April 1933 in Preußen aus der Abteilung I A hervorgegangen.[6] Dabei handelte es sich um eine politische Polizei des größten Reichslandes Preußen, die zumindest bis zum 20. Juli 1932 Verfassungsfeinde auf der linken und rechten Seite des Parteienspektrums beobachtet hatte. Nach der Absetzung der rechtmäßigen preußischen Regierung unter Otto Braun am 20. Juli 1932 war jedoch die Beobachtung der verfassungsfeindlichen NSDAP weitgehend eingestellt worden. Dafür wurden die Aktivitäten gegen die KPD verstärkt. Unter Leitung des Oberregierungsrates Rudolf Diels stellte sich die Abteilung I A in den Dienst der neuen nationalsozialistischen Machthaber, die auf die Erfahrungen dieser Beamten und ihrer umfangreichen Karteien nicht verzichten wollten und konnten. Auf Befehl des neuen preußischen Innenministers Göring wurde die Abteilung I A aus der allgemeinen Polizei ausgegliedert und unter dem Namen Preußisches Geheimes Staatspolizeiamt als Landesbehörde direkt Göring unterstellt. Am 30. 11. 1933 erhielt die inzwischen allgemein Gestapo genannte Behörde noch weiterreichende Befugnisse. Gegen ihre Maßnahmen konnte man sich weder beschweren noch gerichtlich vorgehen. Die Gestapo war zu einem schlagkräftigen Instrument des bürokratischen, staatlich sanktionierten Terrors geworden. In ganz Preußen wurden die politischen Abteilungen der jeweiligen Polizeipräsidenten in Staatspolizeistellen umgewandelt, die politische Gegner des Regimes beobachteten, Verhaftungen vornahmen und monatliche Berichte an das Preußische Geheime Staatspolizeiamt in der Berliner Prinz-Albrecht-Straße 8 sandten, wo sie dann kartiert und ausgewertet wurden.

So war es auch in Frankfurt, wo nach der Entlassung des sozialdemokratischen Polizeipräsidenten aus der Abteilung I A die Staatspolizeistelle Frankfurt wurde.[7] Sie wurde bald aus dem Polizeipräsidium am heutigen Platz der Republik ausgegliedert und zunächst im Siemenshaus in der Gutleutstraße 11 untergebracht. 1936 zog sie in die Bürgerstraße 22 und am 1. April 1941 in die Lindenstraße 27 um, da sich die einzelnen Gebäude bald als zu klein erwiesen hatten, um die Karteien und die Angestellten aufzunehmen. Immerhin gehörten der Staatspolizeistelle Frankfurt schließlich 120 Beamte, 80 Schreibkräfte und 100 Mann Wachmannschaften an.[8] Einen gewissen Platz benötigten auch die Zellen, in denen die Verhafteten untergebracht waren und wo sie auch gefoltert wurden.

Dies geht auch aus einem Schreiben der städtischen Baupolizei an den Oberbürgermeister vom 13. August 1938 hervor, in dem über die Absicht der Gestapo berichtet wird, ein Gebäude an der Zeppelinallee 58 zu erwerben, das einem „Nichtarier" gehörte.[9] Im Zuge der notwendig werdenden Umbaumaßnahmen sollten die geplanten „30 Zellen... so untergebracht werden, daß sie von der Straße nicht sichtbar sind". Diese Zellen müßten jedoch nach Ansicht der Baupolizei den „gesundheitlichen Mindestanforderungen entsprechen". Außerdem gab die Baupolizei zu bedenken, daß das betreffende Gebäude in einem „reinen Wohngebiet" liege. Es müsse sich auch nach einem Umbau in die „Eigenart der Umgebung einwandfrei einfügen", und der „Eindruck der Zeppelinallee" dürfe „nicht beeinträchtigt werden".

Tatsächlich scheinen diese merkwürdigen Bedenken der Baupolizei Erfolg gehabt zu haben, denn die Gestapo zog, wie bereits erwähnt, nicht in die Zeppelinallee, sondern in die Lindenstraße. Immerhin geht aus diesem Schreiben der städtischen Baupolizei zumindest indirekt hervor, daß vielen Menschen bekannt war, mit welchen Methoden die Gestapo arbeitete. Dies scheint ihr keineswegs unlieb gewesen zu sein. Die Gestapo war sehr darauf bedacht, in der Bevölkerung den Nimbus des Furchteinflößenden und Schrecklichen hervorzurufen. Wie aus dem Erinnerungsbericht von Hermann Maier hervorgeht, der als Leiter des Hilfsvereins der Juden in Frankfurt/M. häufig mit der Gestapo zu tun hatte, waren schon „Aufgang und Büros" der Gestapo in der Bürgerstraße „herzbeklemmend hergerichtet".[10]

Doch so gefürchtet die Gestapo und so furchtbar ihre Methoden auch waren, so sehr ist darauf hinzuweisen, daß ihre Effizienz durchaus begrenzt war. Dies lag einmal an der bürokratischen Struktur der Staatspolizeistelle, die in die Hauptabteilungen Organisation und Verwaltung, Juristische Abteilung und Abwehr, Exekutive unterteilt war, wobei wiederum besondere Kommissariate sich mit der Beobachtung und Bekämpfung des Kommunismus, „Marxismus" (= SPD), der Kirchen, der Juden und von sogenannten Wirtschaftsverbrechern beschäftigten.[11] Die einzelnen Abteilungen und Kommissariate mußten nicht nur ständig Berichte über ihre Tätigkeit an die Zentrale in Berlin senden, wodurch ihre ‚Arbeit' nicht immer effektiviert wurde, sie mußten sich auch der Konkurrenz anderer Verfolgungsorgane erwehren. Dies war neben der Polizei und Justiz, die manchmal auch gegen den

Willen und ohne Wissen der Gestapo eingriffen, vor allem der Sicherheitsdienst der Partei.

Bei diesem SD handelte es sich um einen schon 1931 gegründeten innerparteilichen Geheimdienst, der seit 1933 unter Leitung von Heydrich systematisch ausgebaut wurde.[12] Der SD blieb auch bestehen, als Himmler am 20. April 1934 von Göring die Leitung der Gestapo im gesamten Reich erhielt. Parallel zur ebenfalls im Auftrag Himmlers von Heydrich geleiteten Gestapo entwickelte sich der SD zu einem quasi staatlichen Spionagedienst, der im In- und Ausland die politischen und „rassischen" Feinde des nationalsozialistischen Regimes überwachte und immer radikaler werdende Pläne zu ihrer Bekämpfung und Ausrottung entwickelte. Da es sich zunehmend als schwierig erwies, die Kompetenzen und Aufgabenbereiche voneinander abzugrenzen, wurde der SD am 27.9.1939 mit dem Hauptamt Sicherheitspolizei, das 1936 aus dem Zusammenschluß der Gestapo und der Kriminalpolizei hervorgegangen war, zum Reichssicherheitshauptamt vereinigt.

In Frankfurt residierte ein SD-Abschnitt, dem wiederum etwa zwölf Außenstellen unterstanden.[13] Aufgabe der Beamten dieser Außenstellen des SD und der von ihnen eingesetzten „Zubringer" und „V-Leute" war es, Berichte über die Verhältnisse innerhalb der Partei, aber auch über politische Gegner und ganz allgemein über die Stimmung der Bevölkerung anzufertigen. Diese Berichte wurden dann vom SD-Abschnitt in Frankfurt überarbeitet und an die Zentrale in Berlin im Prinz-Albrecht-Palais gesandt. Die Mitglieder des SD, die ihre dienstlichen Berichte bis 1935/36 nicht mit Namen, sondern mit einer bestimmten Nummer kennzeichneten, sollten vor allem beim Aufspüren politischer Gegner der Gestapo zuarbeiten. Tatsächlich kam es dabei jedoch zu einem Gegeneinander beider Institutionen. So mußten Mitarbeiter des SD häufig ihren Vorgesetzten berichten, daß bestimmte verdächtige Personen bereits von der Staatspolizeistelle Frankfurt überwacht oder schon verhaftet worden waren.[14] Ähnliche Klagen gegen die Tätigkeit des SD gab es von seiten der Gestapo. Ein Beispiel für das ungewollte Gegeneinander beider Organe ist der Bericht eines Mitarbeiters des SD, der am 14. Juni 1936 mitteilte, daß die Beobachtung einer Gruppe von Kommunisten in Frankfurt-Nied eingestellt werden mußte, weil „durch Zufall bekannt wurde, daß die Staatspolizei bereits mit einem größeren Aufgebot an dieser Sache arbeitet".[15] Der Mitarbeiter des SD, der sich in diesem Bericht bitter darüber beklagte, daß seine Dienststelle noch nicht einmal über ein Kraftfahrzeug verfügte, begann übrigens seinen Bericht mit der ebenso sensationellen wie völlig unglaubhaften Meldung, wonach in Griesheim eine „neue Tätigkeit der ernsten Bibelforscher festgestellt" worden sei, „die u.a. mit kommunistischer Tendenz die Nacktkultur propagieren". Auch die übrigen Mitteilungen des SD-Mitarbeiters 33322 sind sehr unpräzise, beruhen mehr auf Hörensagen, denn auf eigener nachrichtendienstlicher Tätigkeit.

Obwohl die Kompetenzstreitigkeiten zwischen SD und Gestapo nicht zu übersehen sind, und obwohl auch die Gestapo selber ganz offensichtlich mit Problemen zu kämpfen hatte, die durch ihre stark bürokratisierte Struktur bedingt waren, gelang es der Gestapo, innerhalb der Bevölkerung Angst und Schrecken zu verbreiten. Dies war berechtigt, denn die Gestapo war tatsächlich sehr erfolgreich. Dies lag einmal an der von den politischen Gegnern, insbesondere der KPD verwandten Methode des Widerstandskampfes, durch die gerade in der ersten Phase des Dritten Reiches das Eingreifen der Gestapo erleichtert wurde, wie noch zu zeigen sein wird.[16] Hinzu kam, daß die Gestapo nicht an irgendwelche Gesetzesvorschriften gebunden war und rücksichtslos von dem Mittel der Folter Gebrauch machte, um auf die Spur der illegal arbeitenden Widerstandsorganisationen zu kommen. Schließlich beruhte ihr Erfolg ganz wesentlich auf der erzwungenen und meist freiwilligen Bereitschaft vieler Partei- und Volksgenossen, mit der Gestapo zusammenzuarbeiten, d.h. „Volksgenossen", ja Nachbarn und Freunde zu denunzieren. Dafür gibt es in den erhalten gebliebenen Akten der Partei und des Staates ebenso zahlreiche wie abstoßende Beispiele. Einige sollen im folgenden kurz erwähnt werden, um zu zeigen, wie dicht und nahezu lückenlos der Beobachtungs- und Kontrollapparat des nationalsozialistischen Regimes funktionierte.

Schon unmittelbar nach dem 30. Januar 1933 wandten sich viele Bürger an die nun zur Staatspartei gewordene NSDAP, um ihr ‚verdächtige' Personen zu melden, die angebliche oder tatsächliche Gegner Hitlers seien. In einem anonymen, mit „ein Anhänger Hitlers" unterzeichneten Schreiben vom 10. Februar 1933 wurden insgesamt 45 Namen von Personen genannt, die in Fechenheim eine „Clique" gebildet hätten und „im geheimen" arbeiten würden, obwohl sie aus „verschiedenen Parteilagern" stammten.[17] Tatsächlich werden von diesem „Anhänger" der „Bewegung" Personen genannt, die der SPD, aber auch der Zentrumspartei und der DVP angehörten. Interessanterweise teilte dieser Denunziant mit, daß diese Personen auch „Hitleranhänger" denunzieren und ihnen „überall Hindernisse in den Weg" legen würden. Dabei betonte er, daß sie dies auch in „geschäftlicher Beziehung" tun würden. Aus dieser Bemerkung wird deutlich, daß sich dieser Mitbürger auch, ja offensichtlich vor allem gegen seine geschäftlichen Konkurrenten auf diese Weise wandte.

Das Denunziantenunwesen nahm gerade in den ersten Monaten des Dritten Reiches einen solchen Umfang an, daß sich selbst die Dienststellen der Partei und des Staates mehrmals und öffentlich dagegen wandten. Eingestellt oder auch nur eingedämmt wurde es jedoch nicht, zumal die Partei- und Staatsführung auf diese Form der ‚Mitarbeit' weitgehend angewiesen war und schließlich selber die Veranlassung für die vielfältigen Denunziationen geboten hatte. Es war die neue nationalsozialistische Staatsführung, die damit begonnen hatte, Fragebogen an Beamte und Angestellte zu senden, auf denen mitgeteilt werden mußte, ob man jüdischer Herkunft war oder jemals der KPD und ihren Nebenorganisationen sowie auch der SPD angehört hatte.[18] Zu den Aufgaben der jeweiligen Dienststellenleiter gehörte es dann, die Angaben in diesen Fragebogen zu überprüfen und selber Mitteilungen über die politische Zuverlässigkeit ihrer Untergebenen zu machen. Dies wurde von vielen als Aufforderung verstanden, von sich aus Spitzeldienste durchzuführen.

So denunzierte das Stadtgesundheitsamt am 8. April 1933 einen Oberarzt der Frankfurter Nervenheilanstalten, weil dieser „nach hierhergelangten Mitteilungen kommunistische Propaganda getrieben" habe.[19] Abgesehen davon, daß dieser Arzt Sohn eines als „rot" angesehenen thüringischen Pastors war, konnte das Stadtgesundheitsamt jedoch keine Beweise für diese Behauptung vorlegen. Verdächtig hatte sich dieser Arzt dadurch gemacht, „daß er seinen Kindern russische Vornamen beilegte", und daß seine Ehefrau Jüdin war.

Ein weiteres Beispiel für die auch von städtischen Behörden durchgeführte Schnüffelei ist ein Bericht des Oberbürgermeisters vom 13. August 1934 an den Regierungspräsidenten, in dem er um die Klärung der Frage bat, ob verschiedene namentlich aufgeführte Beamte der Stadt ebenfalls aufgrund des Gesetzes zur Wiederherstellung des Berufsbeamtentums zu entlassen seien, weil sie am 24. 4. 1932 einen Wahlaufruf für die damalige Deutsche Staatspartei, die frühere DDP, unterzeichnet hatten.[20] Auch wenn man bedenkt, daß die städtischen Behörden gerade in den ersten Monaten des Dritten Reiches ständig Anfragen von der Partei erhielten, ob und wieviele Stellen, die nach der Entlassung von „politisch unzuverlässigen Elementen" freigeworden waren, mit „alten Kämpfern" besetzt worden waren, wirken Ausmaß und Intensität dieser sogenannten Säuberungen innerhalb der Stadtverwaltung erschreckend. Auch diese Beamten und Angestellten trugen zur Schaffung des für das Leben im Dritten Reich so bezeichnenden Klimas der Angst und des gegenseitigen Mißtrauens bei.

Angesichts dieser mehr oder minder freiwilligen Erbötigkeit von Mitbürgern und Beamten und Angestellten des Magistrats ist es insofern nicht verwunderlich, wenn gerade Angehörige der Partei besonders bemüht waren, Gegner des Nationalsozialismus oder überhaupt mißliebige Personen zu denunzieren. Dabei konnte es dann jedoch zu einigen Pannen kommen, wie aus dem Schreiben des Ortsgruppenleiters der Ortsgruppe Ginnheim der NSDAP vom 16. 8. 1933 hervorgeht.[21] Dieser Ortsgruppenleiter hatte einen städtischen Bediensteten denunziert, weil dieser der SPD angehört hatte. Der Denunzierte war aber davon von seinem Dienststellenvorsteher unterrichtet worden und hatte sich persönlich beim Denunzianten beschwert. Der auf diese Weise ertappte Ortsgruppenleiter beschwerte sich nun seinerseits über das „Verhalten des fraglichen Dienststellenvorstehers", dem eine „entsprechende Belehrung" erteilt werden sollte, weil er die ausdrücklich als „vertraulich" gekennzeichnete Denunziation des Sozialdemokraten dem Betroffenen mitgeteilt hatte.

Derartige ‚Pannen' konnten in der Folgezeit vermieden werden. Die Angehörigen der Partei bis hinab zum Blockwart schrieben, aufgefordert und unaufgefordert, ständig Berichte über das Verhalten ihrer Mitbürger, wobei sie sich teilweise wiederum auf Denunziationen anderer Partei- und Volksgenossen stützen konnten.[22] Ein Beispiel ist die durch den Blockwart weitergereichte Denunziation einer Frau K., die mit einem Russen verlobt sei und als „bewußte Kommunistin... fortgesetzt Propaganda für den Kommunismus" mache.[23] Einigen Angehörigen der Partei scheinen die Spitzeldienste richtig ‚Spaß' gemacht zu haben. Dies zeigte das

Schreiben eines Blockwarts in der Ortsgruppe Günthersburg vom 10. Juni 1933, der detaillierte Angaben über illegale Treffen der Jugendabteilung der KPD machte.[24] Er versprach, weiteres Material zu sammeln und der „Ortsgruppe zukommen [zu] lassen". Da er jedoch in seinem „Block zu bekannt" sei, bat er darum, die Beobachtungen der Jungkommunisten von anderen weniger bekannten Mitgliedern der Partei fortsetzen zu lassen. Die genauen Orts- und Personenkenntnisse gerade der Blockwarte boten jedoch auch Vorteile, da man schließlich wußte, wer Kommunist oder Sozialdemokrat war. Daher ist es kein Wunder, daß in den Meldungen der Blockwarte und Ortsgruppenleiter häufig detaillierte Angaben über die illegale Tätigkeit von Kommunisten oder Sozialdemokraten gemacht werden konnten. Diese Angaben wurden dann von den Ortsgruppenleitern zusammengestellt und der Gestapo übergeben.

Ein Beispiel ist die Meldung der Ortsgruppe Günthersburg der NSDAP vom August 1933, in der nicht nur angegeben wurde, ob Parteigenossen ihre Beiträge pünktlich und vollständig bezahlten, sondern in der auch sehr genaue Beobachtungen über die illegale Tätigkeit von Kommunisten und Sozialdemokraten zu finden sind.[25] So wird u. a. gemeldet, daß ein Ehepaar vermutlich „marxistische Flugblätter" in einem Kinderwagen mit „doppeltem Boden" vom Bahnhof abgeholt hätte. Derartige Meldungen werden die Gestapo veranlaßt haben, einzuschreiten, wobei eben die eigentliche ‚Aufklärungsarbeit' von Angehörigen der Partei geleistet wurde. Dies heißt mit anderen Worten, daß sich die Gestapo mehr und mehr darauf konzentrieren konnte, Denunziationen aus dem Bereich der Partei- und Volksgenossen zu sammeln, zu kartieren und systematisch auszuwerten. Zu diesem Zweck wurden systematisierte Frage- und Auskunftsbögen erarbeitet, die von den einzelnen Ortsgruppenleitern ausgefüllt und an die Gestapo oder an andere Dienststellen zurückgeschickt werden mußten.[26]

Zusammenfassend ist zu sagen, daß sich gerade die Gestapo ganz wesentlich auf die Mithilfe, sprich: Denunziationen der Partei- und Volksgenossen sowie auf die Kooperation staatlicher und städtischer Behörden bis hin zur Post, die den Brief- und Telefonverkehr überwachte,[27] verlassen konnte. Deshalb und weil sie rücksichtslos und ungehindert verdächtige Personen foltern konnte, war der Überwachungsapparat der Gestapo trotz der geschilderten bürokratischen Hemmnisse und Schwierigkeiten sehr erfolgreich. Der ‚Erfolg' der Gestapo beruhte schließlich und nicht zuletzt aber auch auf der ziemlich reibungslosen Zusammenarbeit mit der Justiz.

Bereits in den ersten Monaten des Dritten Reiches haben die Nationalsozialisten parallel zur sogenannten Gleichschaltung im kommunalen und regionalen Bereich und zur mehr oder minder gewaltsamen Ausschaltung der politischen Parteien sowie der rücksichtslosen Verfolgung der Kommunisten und schließlich auch Sozialdemokraten versucht, die Gerichte und die Rechtsprechung für ihre politischen Zwecke einzusetzen.[28] Schon am 28. Februar 1933 wurde zusammen mit der sogenannten Reichstagsbrandverordnung eine Notverordnung „gegen Verrat am Deutschen Volk und hochverräterische Umtriebe" erlassen, durch die die Bestimmungen des Strafgesetzbuches über Landes- und Hochverrat verschärft und das Vorgehen der Strafverfolgung erleichtert wurden. Selbst die Verbreitung von Nachrichten, die im Ausland schon bekannt waren, wurde als landesverräterisch angesehen und mit mindestens drei Monaten Gefängnis bestraft. Die Gerichte haben diese neuen Bestimmungen sofort angewandt und gerade in Prozessen gegen Kommunisten extensiv ausgelegt.

Bereits 1933 sind vom Oberlandesgericht Kassel über 200 Frankfurter Kommunisten verurteilt worden.[29] Diese Kommunisten hatten zwar meist ‚nur' illegal Flugblätter hergestellt, aus dem Ausland hineingeschmuggelt und verbreitet, doch dies reichte aus, um sie wegen Vorbereitung zum Hochverrat zu Gefängnis- und Zuchthausstrafen zu verurteilen. Das Oberlandesgericht Kassel begründete dies mit der folgenden stereotypen Begründung: So heißt es in dem Urteil des 2. Strafsenats des Oberlandesgerichts Kassel gegen Robert Birk u. a., daß die „inzwischen zum Erliegen gekommene KPD" nach wie vor versuche, „ihr hochverräterisches Ziel, die bestehende Staatsverfassung durch gewaltsamen Umsturz zu ändern, im geheimen weiter" verfolgte.[30] Der KPD insgesamt wurde also, wie es in dem Urteil gegen Karl Fehler heißt, unterstellt, die „gewaltsame Beseitigung der gegenwärtigen Staatsform" anzustreben, „um an deren Stelle die Diktatur des Proletariats unter Einführung einer Räteregierung nach sowjetischem Vorbild zu setzen".[31]

Derartiges stand zwar, wie wir noch sehen werden, in einigen kommunistischen Publikationen, die auch nach dem 30. Januar 1933 illegal veröffentlicht wurden, dennoch konnte von einer konkreten Vorbereitung einer „gewaltsamen Beseitigung der gegenwärtigen Staatsform" nicht die Rede sein. Tatsächlich wurde kein Frankfurter Kommunist wegen gewaltsamer Aktionen angeklagt und verurteilt. Doch, so argumentiert das Gericht, das „Verbreiten" von illegalen Schriften der KPD diene dem „hochverräterischen Ziel des gewaltsamen Umsturzes".[32] Es sei „objektiv" ein „hochverräterisches Unternehmen". Die Gerichte machten sich also gar nicht die Mühe, zu überprüfen, ob die illegale KPD überhaupt bereit und in der Lage war, das nationalsozialistische Regime gewaltsam zu stürzen, und ob die Verbreitung von illegalen Propagandaschriften geeignet war, dieses Ziel zu erreichen. Für die Juristen genügte es, festzustellen, wie es in der Anklageschrift des Generalstaatsanwaltes in Kassel gegen Hermann Decker u. a. heißt, daß die Angeklagten „durch die Verbreitung der kommunistischen Hetz- und Zersetzungsschriften" für die kommunistische Idee warben und den „Wiederaufbau der kommunistischen Partei, die den gewaltsamen Umsturz verfolgt", anstrebten.[33]

Den kommunistischen Angeklagten half es nicht, wenn sie vorbrachten, daß sie an einen derartigen „gewaltsamen Umsturz" nicht glaubten. Ihnen wurde dann vorgeworfen, durch ihr „beredtes Schweigen auf den entsprechenden richterlichen Vorhalt diese Kenntnis zugestanden" zu haben.[34] Selbst Angeklagte, die versicherten, gar keine Mitglieder der illegalen KPD zu sein, wurden mit dieser Begründung verurteilt. Ohne den gegenteiligen Nachweis zu führen, sprach das Gericht einen Angeklagten für schuldig, weil er „nach dem ganzen Eindruck, den er in der

Verhandlung gemacht" habe, als „besonders hartnäckiger und verstockter Kommunist" anzusehen sei.[35]

Auch aus anderen Urteilen geht hervor, daß die Richter selbst in den Urteilsbegründungen aus ihrer vorurteilshaften Einstellung gegenüber den Angeklagten keinen Hehl machten. So heißt es etwa im Urteil des Oberlandesgerichts Kassel gegen Franz Heesen, daß der Angeklagte auf das Gericht durch die „herausfordernde Art seines Auftretens einen recht unangenehmen Eindruck" gemacht habe.[36] Nach einem Pressebericht über einen Prozeß gegen 47 Frankfurter Kommunisten vor dem Oberlandesgericht Kassel am 1. Dezember 1933 hat sich der Vorsitzende Richter ausdrücklich zugutegehalten, „Gründe persönlicher Natur, wie die Wirkung der Strafe auf die Familienverhältnisse, bei der Strafzumessung" ausgeschaltet zu haben.[37] Dies sei allein „Sache der Gnadeninstanz". Für die „Strafzumessung" sei ausschließlich die „Gefährlichkeit und die Intensität des staatsfeindlichen Verhaltens der einzelnen Angeklagten maßgebend gewesen". Milderungsgründe konnte und wollte dieses Gericht nicht kennen. Entscheidend war der politische Zweck, staatsfeindliches Verhalten zu bestrafen.

Als staatsfeindlich wurde dabei das angesehen, was gegen die Interessen der NSDAP gerichtet war. Mit unmißverständlicher Deutlichkeit wurde dies in dem bereits erwähnten Urteil des 2. Strafsenats des Oberlandesgerichts Kassel gegen Robert Birk u. a. ausgesprochen. Als „ganz besonders staatsgefährlich" wurde hier gewertet, „daß die strafbaren Handlungen in eine Zeit fallen, in der die nationalsozialistische Revolution bereits zum endgültigen Abschluß gekommen und das neue Staatswesen von der Überzeugung des weitaus größten Teils des deutschen Volkes voll und ganz getragen" werde.[38] Deutlicher konnte man wohl die politische Voreingenommenheit des Gerichts nicht ausdrücken, das hier ganz offen als Bundesgenosse der zur Staatspartei gewordenen NSDAP auftrat.

Diese Beispiele aus der Rechtsprechung des Oberlandesgerichts Kassel gegen Frankfurter Kommunisten zeigen in exemplarischer Weise, daß die ‚normalen' Gerichte bereits in den ersten beiden Jahren des Dritten Reiches bereit waren, die vorhandenen Gesetze nicht nur extensiv und zu Lasten der Angeklagten auszulegen, sondern darüber hinaus von ihrer persönlichen und politischen Voreingenommenheit gegenüber den politisch anders denkenden Angeklagten keinen Hehl machten. Dennoch wollten sich die nationalsozialistischen Machthaber auf die weitgehende Willfährigkeit der Gerichte, die auch den eindeutig illegalen Terror der SA und SS mehr oder minder stillschweigend billigten, nicht verlassen. Auf Veranlassung der nationalsozialistischen Machthaber wurden in der Folgezeit weitere strafverschärfende Bestimmungen erlassen und neue Gerichte ins Leben gerufen, die sich ausschließlich mit der Ahndung politischer Straftatbestände beschäftigten.[39]

So wurde am 21. März 1933 eine Amnestie für alle Straftaten erlassen, die „im Kampfe um die nationale Erhebung des Deutschen Volkes" begangen worden waren. Von diesem Gesetz profitierten auch die nationalsozialistischen Mörder, die im Sommer 1932 im schlesischen Dorf Potempa einen Kommunisten vor den Augen seiner Mutter zu Tode getrampelt hatten. Die damals zum Tode verurteilten sadistischen Mörder wurden nun freigelassen. Ebenfalls am 21. März 1933 wurde die „Verordnung zur Abwehr heimtückischer Angriffe gegen die Regierung der nationalen Erhebung" verkündet. Danach wurden all diejenigen bestraft, die die nationalsozialistische Regierung kritisierten. Zur Verfolgung dieses neuen politischen Straftatbestandes wurden sogenannte Sondergerichte geschaffen. Eines dieser Sondergerichte wurde am 31. März 1933 in Frankfurt eröffnet, wobei Roland Freisler die ‚Festrede' hielt.[40]

Die Sondergerichte urteilten nicht nur über besondere, neu geschaffene Tatbestände, sondern orientierten sich auch an ebenfalls neuen und besonderen Verfahrensvorschriften.[41] So durften die Richter an Sondergerichten nur einmal abgelehnt werden. Es gab keine Voruntersuchung und keine Verhandlung über den Haftbefehl. Der Vorsitzende konnte innerhalb von 3 Tagen und schließlich innerhalb von 24 Stunden den Termin der Hauptverhandlung festsetzen. Gegen die Entscheidung des Gerichts waren keine Rechtsmittel zulässig. Aufgrund der „Verordnung zur Abwehr heimtückischer Angriffe gegen die Regierung der nationalen Erhebung" sowie des am 20. Dezember 1934 erlassenen „Gesetzes gegen heimtückische Angriffe auf Staat und Partei und zum Schutze der Parteiuniform" hatten die Sondergerichte bei der Verfolgung und Bestrafung von sogenannten gehässigen, hetzerischen oder von niedriger Gesinnung zeugenden Äußerungen über die NSDAP oder die Persönlichkeiten des Staates einen großen Ermessensspielraum. Roland Freisler, der übrigens 1. Vorsitzender des Sondergerichts Frankfurt war, hat dies 1936 in einem Kommentar zum „neuen Strafrecht" aus dem Jahre 1936 folgendermaßen begründet:

„Der Angriff auf den Führer ist universeller Angriff auf das ganze Volk... Jeder Ehrenträger bedarf des Schutzes seiner Ehre... Es genügt die Selbstverständlichkeit dieser Anschauung zu unterstellen und die Verleumdung des Deutschen Volkes, den Schutz der Ehre des Deutschen Volkes, seines Reiches, der NSDAP und ihrer Gliederungen gegen unwahre, gröblich entstellte, herabsetzende Behauptungen oder gegen sonstige Beschimpfungen, den Schutz der Ehre des Deutschen Volkes in seiner Geschichte, in seinen nationalen Wahrzeichen, in seinen Weihestätten, von Ehrenmalen und Thing-Stätten, in der Ehre seiner Rasse, in seinen Organen und in der Ausübung seiner Hoheitsaufgaben, etwa seiner Rechtspflege ausdrücklich in das Gesetz aufzunehmen."[42]

Aus diesen Ausführungen wird deutlich, daß die erwähnten Gesetze dazu dienten, keineswegs nur politische Gegner, sondern darüber hinaus alle irgendwie nonkonformen Ansichten und Haltungen innerhalb der Bevölkerung zu bekämpfen und zu verhindern. In den ersten Jahren des Dritten Reiches haben die Sondergerichte dann vor allem Urteile gegen Personen gefällt, die kommunistische Schriften verbreitet hatten. Im Laufe der Zeit wurden dann jedoch immer weniger politisch motivierte und zielgerichtete Äußerungen verfolgt, sie fielen in die Zuständigkeit der normalen Gerichte und des Volksgerichtshofes, sondern jedes Meckern und Schimpfen an den allgemeinen Zuständen, für die die Partei häufig weder verantwortlich war, noch verantwortlich gemacht wurde. Bestraft wurde damit also keineswegs nur die politische Haltung, sondern allgemeine Einstellungen und Gesinnungen, die von den nationalsozialistischen Machthabern aus unterschiedlichen Gründen als falsch und gefährlich angesehen wurden. Dies waren, neben abträglichen Äußerungen über Repräsentanten des Staates und der Partei, Gerüchte über Konzentrationslager, Klagen über das Bonzentum der Partei, und kritische Bemerkungen über die allgemeine Wirtschaftslage.[43]

Auch die erhalten gebliebenen Akten des Sondergerichts Frankfurt zeigen, daß die Zahl der Verfahren anstieg, daß aber immer weniger Fälle behandelt wurden, die auch nur ansatzweise politisch motiviert waren und auf ein widerständiges Verhalten hindeuteten.[44] Bestraft wurden eher Meckereien und Schimpfen als politisch motivierte und zielgerichtete Regimekritik. Äußerer Anlaß waren meist Denunziationen, denen ebenfalls eher persönlich und geschäftlich als politisch geprägte Ursachen zugrundelagen. Relativ zahlreich waren Verfahren gegen Zeugen Jehovas und dann vor allem in der Kriegszeit gegen „Fremdarbeiter", die angeklagt wurden, gegen die Arbeitsdisziplin und gegen das Kontaktverbot mit Deutschen, insbesondere mit deutschen Frauen, verstoßen zu haben. Sie wurden häufig vor und nach Verbüßung der Haftstrafen der Gestapo übergeben, die sie dann in sogenannte Arbeitserziehungslager[45] oder Konzentrationslager einwies. Insgesamt ist zu sagen, daß die Sondergerichte den Tatbestand der sogenannten Heimtücke immer extensiver auslegten, wobei dann auch, ja gerade eher unpolitisch wirkende Tatbestände von den Gerichten politisiert und aufgrund politischer Erwägungen zu strafbaren Handlungen erklärt wurden. Die Verfolgung politischer Tatbestände im engeren Sinne überließen die Sondergerichte dagegen den ‚normalen' Gerichten und dem ebenfalls neugeschaffenen Volksgerichtshof.

Zur Gründung dieses neuen Gerichtes war es gekommen, weil das Leipziger Reichsgericht zwar den vermutlichen Brandstifter des Reichstages, den Holländer Marinus van der Lubbe, aufgrund eines rückwirkend (!) angewandten Gesetzes zum Tode verurteilt hatte, die kommunistischen Mitangeklagten Torgler, Dimitroff, Popov und Tanev aber freisprach. Der Reichstagsbrandprozeß, der am 23. Dezember 1933 zu Ende ging, kann zwar keineswegs als Ruhmestat der deutschen Justiz angesehen werden, dennoch fühlten sich die nationalsozialistischen Machthaber durch seinen Ausgang in ihrer Ansicht bestätigt, daß die politischen Säuberungen unter den Richtern und Staatsanwälten und die schon erwähnten gesetzlichen und verfahrenstechnischen Änderungen im Gerichtswesen noch keineswegs ausreichten, um eine ebenso schnelle wie drakonische Bestrafung ihrer politischen Gegner zu gewährleisten. Daher wurde ein neues Gericht geschaffen, das vorgab, „im Namen des Volkes" zu urteilen.

Aufgabe des Volksgerichtshofes, der am 14. Juli 1934 seine Tätigkeit aufnahm, war es, den von den Nationalsozialisten geforderten ‚kurzen Prozeß' mit Gegnern des Regimes zu machen.[46] Diesem Ziel dienten verschiedene Verfahrens- und Organisationsvorschriften, durch die sich dieses Sondergericht von anderen unterschied. Die Mitglieder des Volksgerichtshofes wurden nicht vom Reichspräsidenten, sondern vom Reichskanzler ernannt. Nur der Vorsitzende und ein Beisitzer mußten Berufsrichter sein. Die drei weiteren Beisitzer waren ehrenamtliche Richter. Sie wurden in der Regel aus dem Kreis der SA- und SS-Führer sowie – bei Hochverratsfällen – aus dem Kreise der Wehrmacht ernannt. In der Regel verfügten die Abgesandten der Partei über die Mehrheit.

Während diese Bestimmung den Zweck hatte, das sogenannte Volksgericht zu kontrollieren, dienten andere der Beschleunigung des Verfahrens. So konnte der Vorsitzende und nicht das Gericht insgesamt die jeweiligen Hauptverhandlungen eröffnen. Damit fielen die Voruntersuchungen weg. Noch einschneidender waren die Bestimmungen über die Wahl des Verteidigers, der vom Vorsitzenden ausdrücklich genehmigt werden mußte. Hinzu kam, daß die Verteidiger ja der Standesgerichtsbarkeit unterstanden, durch die ihnen vorgeschrieben war, bei der Verteidigung von „Schädlingen an Volk oder Staat" die Belange des deutschen Volkes zu beachten. Gehörte der Anwalt gar noch der NSDAP und ihren Gliederungen an, was meistens der Fall war, dann unterstand er nicht nur der Kontrolle des Gerichts und seiner Standesorganisation, sondern mußte auch von seiten der Partei mit existenzgefährdenden Sanktionen rechnen, falls er wirklich vor dem Volksgerichtshof als Verteidiger auftrat. Wenn er diese Aufgabe, was übrigens selten vorkam, ernst nahm, dann wurde er daran noch durch andere Anweisungen gehindert. So war ihm eine vollständige Akteneinsicht nicht gestattet. Während der Kriegszeit bekamen der Verteidiger und der Angeklagte die Anklageschrift meist erst am Vorabend des Verhandlungstermins zu sehen. Gegen die Eingriffe und Übergriffe der Gestapo, die jederzeit alle Angeklagten in Schutzhaft nehmen konnte, auch dann, wenn sich ihre Unschuld herausgestellt hatte, waren die Verteidiger, auch wenn sie es gewollt hätten, machtlos.

Angesichts dieser Bestimmungen verwundert es nicht, daß der Volksgerichtshof in der Tat sehr ‚effektiv' arbeitete. Waren es 1934 60 Hochverrats- und 34 Landesverratsverfahren, so wurden 1935 und 1936 bereits 130 Hochverrats- und 150 Landesverratsverfahren zu Ende geführt. Wurden 1935 210 Urteile gefällt, so waren es 1940 400 und im Jahre 1942 1 033 Urteile. Insgesamt sind vom Volksgerichtshof etwa 32 600 Personen zum Tode verurteilt worden. Diese ‚Erfolgsbilanz' des Volksgerichtshofs, der auch Frankfurter Widerstandskämpfer verurteilte, wobei einige Verhandlungen in Frankfurt selbst stattfanden, ist erschreckend und beeindruckend zugleich. Dennoch darf die moralisch zweifellos berechtigte, juristisch bis heute aber noch keineswegs erfolgte Verurteilung der „Blutrichter" am Volksgerichtshof nicht dazu führen, die Rolle der übrigen ‚normalen' Justiz in politischen Strafsachen in irgendeiner Weise zu verharmlosen oder gar zu verherrlichen.

Die ‚normalen' Gerichte waren zwar nicht so ‚schlimm' wie der Volksgerichtshof oder die Sondergerichte, doch sie waren schlimm genug. Dies zeigt bereits die Analyse der Urteile, die das Oberlandesgericht Kassel in den ersten beiden Jahren des Dritten Reiches gegen oppositionelle Kommunisten gefällt hat. Wie bedenkenlos gerade dieses ‚normale' Gericht in der Folgezeit zu Lasten der Angeklagten geurteilt hat, soll in exemplarischer Weise am Prozeß gegen eine sozialdemokratische Widerstandsgruppe in Frankfurt deutlich gemacht werden, der am 17. und 18. November 1942 vor dem Oberlandesgericht Kassel stattfand.[47]

Den angeklagten Sozialdemokraten konnten keine aktiven Widerstandsaktionen zur Last gelegt werden. Sie hatten sich ‚nur' in der Gastwirtschaft Bender-Schuch in Praunheim regelmäßig getroffen, wobei die Stammtischrunde auch über die politischen Verhältnisse und Zustände sprach. Dabei waren sie jedoch durch einen „Vertrauensmann der Geheimen Staatspolizei" regelmäßig überwacht worden. Das Gericht stützte sich ausschließlich auf die Angaben dieses Spitzels, dessen Name nicht genannt wurde, und der auch vor Gericht nicht auftreten mußte. Das Gericht begnügte sich mit der Angabe eines Gestapobeamten, wonach der Spitzel als „zuverlässig" anzusehen sei. Das Gericht, der Strafsenat des Oberlandesgerichts Kassel, hat es ausdrücklich als gerechtfertigt angesehen, „den Feststellungen des Senats die Mitteilungen dieses Vertrauensmannes [= Spitzel der Gestapo] weitgehend zugrundezulegen". Aufgrund dieser, vom Gericht in keiner Weise überprüften Angaben des Gestapo-Spitzels wurde der Hauptangeklagte Ege wegen „Vorbereitung eines hochverräterischen Unternehmens" zum Tode verurteilt. Ihm wurde zur Last gelegt, „ausländische Hetzsender" abgehört, deren Nachrichten verbreitet und „sich auf den Sturz der Regierung" vorbereitet zu haben. Zum Beweis wurden vom Gericht verschiedene Äußerungen Eges zitiert, die dieser nach den Aussagen des Spitzels gemacht haben sollte. Sieht man von den konkreten Hilfeleistungen für einige Juden ab, so wurden Ege also nur mündliche Aussagen zur Last gelegt. Selbst das Gericht gab zu, daß Ege nicht angestrebt habe, „zum Zweck der Vorbereitung des Hochverrats einen organisatorischen Zusammenhalt herzustellen oder aufrechtzuerhalten". Ege konnte nur vorgeworfen werden, bei seinen Genossen, bzw. Zechkameraden eine die „Wiederaufrichtung eines marxistischen Reiches und den Sturz der nationalsozialistischen Regierung erstrebende Gesinnung bestärkt" zu haben. Ege wurde also wegen seiner „Gesinnung" und seiner „Hetzreden" zum Tode verurteilt. Die Verhängung der Todesstrafe wurde lapidar mit der „besonderen Gefährlichkeit jeder hochverräterischen Betätigung während des Krieges" begründet. Der Strafsenat des Oberlandesgerichts Kassel hat damit ein Urteil gefällt, das in seiner Radikalität und Unmenschlichkeit durchaus mit denen des berüchtigten Volksgerichtshofes zu vergleichen und gleichzusetzen ist.

Die Schilderungen des ‚wilden' Terrors der SA und SS im Zuge der sogenannten Machtergreifung, des Aufbaus der Organisationen der Gestapo und SD, des Denunziantentums der Partei- und Volksgenossen sowie der Rolle der Justiz unterstreichen den terroristischen Grundzug des Dritten Reiches und zeigen, welche Gefahren und Risiken diejenigen auf sich nahmen, die Widerstand in der einen oder anderen Form geleistet haben. Die Kenntnis des allgegenwärtigen Terrors ist notwendig, um die im folgenden zu schildernden Widerstandsaktionen beurteilen und bewerten zu können. Bei aller Kritik an den Formen und Zielsetzungen der einzelnen Widerstandsgruppen darf niemals vergessen werden, mit welchen Schwierigkeiten sie zu kämpfen hatten und welche Gefahren sie eingehen mußten.

3. Der Widerstand der Arbeiterbewegung 1933–1935

Bei den letzten Reichstagswahlen vor der sogenannten Machtergreifung am 6. November 1932, hatte die KPD in Frankfurt 18, die SPD 23% der abgegebenen Stimmen erzielen können.[1] Die NSDAP war auf 34,2% gekommen. Bei den letzten Kommunalwahlen, die allerdings bereits am 17. November 1929 stattfanden, hatte die NSDAP 9,9%, die SPD dagegen 27,6% und die KPD 13% der Stimmen erzielen können. Erst bei den keineswegs mehr freien Reichstagswahlen vom 5. März 1933 war es der NSDAP in Frankfurt gelungen, mit 44,1% SPD und KPD zu überflügeln, die 20,9% bzw. 12,9% der abgegebenen Stimmen gewannen. Ohne hier näher auf Einzelheiten eingehen zu wollen, kann gesagt werden, daß SPD und KPD zusammen Anfang 1933 etwa genauso stark wie die NSDAP waren. Dadurch wird natürlich die Frage provoziert, warum dann SPD und KPD nicht gemeinsam versucht haben, den Aufstieg und die Machtergreifung der NSDAP zu verhindern.[2]

Doch die Fragestellung, so logisch und berechtigt sie aus der rückschauenden Perspektive erscheint, wird den historischen Verhältnissen in keiner Weise gerecht. SPD und KPD rekrutierten sich zwar weitgehend in Frankfurt wie im übrigen Deutschland aus der Arbeiterschaft, dennoch verfolgten diese beiden Arbeiterparteien völlig divergierende Zielsetzungen. Während die SPD gerade während der Krise der Weimarer Republik an einer Verteidigung des parlamentarisch-demokratischen Systems interessiert war, in dem sie nach wie vor die notwendige und beste Voraussetzung für den Aufbau eines demokratischen Sozialismus sah, lehnte die damalige KPD die parlamentarische Demokratie grundsätzlich und entschieden ab. Sie verfolgte statt dessen das Ziel, nach sowjetischem Vorbild eine „Diktatur des Proletariats" zu errichten, die gleichzeitig von der Avantgarde der Arbeiterklasse geführt und repräsentiert werden sollte. Diese Rolle hatte die KPD sich ‚natürlich' selber zugedacht, wobei allerdings die führende Rolle wiederum vom jeweiligen ZK, bzw. Politbüro übernommen werden sollte, das die Politik der weitgehend bürokratisierten und zentralistisch von oben nach unten gelenkten Partei bestimmte.

Beide Arbeiterparteien verfolgten jedoch nicht nur gänzlich konträre Ziele und waren andersartig aufgebaut, sie betrachteten sich gegenseitig nicht nur als Konkurrenten, sondern als Feinde. Die SPD warf der KPD ihre antidemokratische Einstellung vor und verdächtigte die „Kozis", bei ihrem Kampf gegen die parlamentarische Demokratie im allgemeinen, die SPD im besonderen, gemeinsame Sache mit den Nazis zu machen.[3] Zur Begründung dieses Verdachtes wiesen Sozialdemokraten immer wieder auf das temporäre und partielle Zusammengehen von Nationalsozialisten und Kommunisten im regionalen und überregionalen Bereich hin. Besonders häufig wurde in diesem Zusammenhang der von Nationalsozialisten und Kommunisten gemeinsam im Sommer 1931 angestrebte Volksentscheid zur Auflösung des

Preußischen Landtages und Absetzung der sozialdemokratisch geführten preußischen Landesregierung sowie der im Herbst 1932 ebenfalls von Nationalsozialisten und Kommunisten gemeinsam gegen den Willen des sozialdemokratisch ausgerichteten Allgemeinen Deutschen Gewerkschaftsbundes organisierte Streik bei den Berliner Verkehrsbetrieben genannt. Die Kommunisten dagegen warfen den Sozialdemokraten nicht nur vor, die Ziele und Prinzipien der Revolution von 1918/19 „verraten" zu haben, sondern sie beschuldigten die Führung der SPD und selbst einfache Parteimitglieder, Methoden anzuwenden und Ziele zu verfolgen, die denen der Faschisten glichen. In diesem Zusammenhang wurden immer wieder von Sozialdemokraten tolerierte oder ausdrücklich angeordnete Aktionen gegen Kommunisten erwähnt. All dies kumulierte dann in dem Vorwurf, daß die Sozialdemokratie eine Variante des Faschismus verkörpere, ja daß die sozialdemokratischen „Sozialfaschisten" die gefährlichsten Faschisten darstellten, die vorrangig und rücksichtslos zu bekämpfen seien.

Diese wechselseitigen Beschimpfungen wurden auch nach dem 30. Januar 1933 nicht eingestellt. So wurden, um ein Beispiel aus Frankfurt zu nennen, die sozialdemokratischen Stadtverordneten am 7. Februar 1933 von ihren kommunistischen Kollegen als „Sozialfaschisten" attackiert, die „noch schlechter wie die Nazis" seien.[4] Noch im April 1933 wurde der örtliche Vorsitzende des Metallarbeiter-Verbandes, Ernst Mulansky, in der inzwischen illegal erscheinenden kommunistischen Zeitung „Der Rote Nidda-Bote" scharf angegriffen, weil er nach wie vor die verräterische Politik der Gewerkschaftsführung betreibe.[5] Die ebenfalls inzwischen illegal publizierte kommunistische „Arbeiterzeitung" kommentierte in ihrer Ausgabe vom April 1933 die Entfernung des Ebert-Standbildes an der Paulskirche durch die nationalsozialistischen Machthaber mit den folgenden haßerfüllten Worten: „Ohne Ebert, Noske, Severing usw. wäre es doch unmöglich gewesen, daß heute SA und SS herumläuft. Wir Kommunisten machen den Nazis den Vorschlag, das Ebert-Standbild wieder an seinen alten Platz zu bringen und ihm den höchsten Nazi-Orden um den Hals zu hängen für unsterbliche Verdienste für die Reaktion."[6]

Angesichts dieser äußerst scharfen Angriffe ist es nicht verwunderlich, wenn die Sozialdemokraten weder im Reich noch in Frankfurt daran dachten, auf sogenannte Einheitsfrontangebote der KPD einzugehen, weil diese mit nahezu gleichzeitigen heftigen Attacken gegen die SPD verbunden waren und ganz offensichtlich dem Ziel dienen sollten, Mitglieder der SPD von ihrer Partei zu lösen und der KPD zuzuführen. Aus diesen Gründen kam es weder in Frankfurt noch in den übrigen Regionen Deutschlands zu größeren gemeinsamen Aktionen von SPD und KPD gegen die NSDAP. Daher kämpften die Parteien der Arbeiterbewegung getrennt und wurden getrennt geschlagen, aber, und dies darf nicht vergessen werden, sie kämpften.

Die KPD hat in den ersten Monaten des Dritten Reiches versucht, den Kampf gegen die neue nationalsozialistische Regierung als „Massenkampf" zu führen.[7] Sie rief ihre Anhänger und Mitglieder der SPD und der Gewerkschaften zu Demonstrationen gegen den „Faschismus" auf. Derartige Aktionen wurden jedoch in der Folgezeit sehr schnell von SA und Polizei zerschlagen. Doch obwohl sich sehr bald zeigte, daß dies angesichts des Terrors der SA geradezu selbstmörderisch war, fuhr die KPD fort, ihre Anhänger zur „revolutionären Aktion", zum Kampf gegen das „morsche und faule System" und gegen den „Reformismus" aufzurufen.[8] Der in den illegalen Flugschriften der ersten Monate des Jahres 1933 immer wieder propagierte Glaube an die „proletarische Revolution in Deutschland", die bald „siegen" werde, sollte die Tatsache verdecken, daß die Partei eine epochale Niederlage erlitten hatte.[9] Sie war weder in der Lage, die jahrelang propagierte Revolution durchzuführen, noch die gleichzeitig heftig bekämpfte SPD zum Abschluß einer Einheitsfront zu bewegen. Sie wurde vom Ausmaß der Brutalität des nationalsozialistischen Terrors überrascht, obwohl die KPD schon lange vor der sogenannten Machtergreifung, vor dem Sieg des „Faschismus" gewarnt hatte, ja temporär bereits die Kabinette Brüning, Papen und Schleicher als Erscheinungsformen der „faschistischen Diktatur" angesehen hatte.

Dennoch, trotz dieser Fehleinschätzungen, trotz des Widerspruches zwischen der revolutionären Propaganda und der konkreten Realität gelang es der KPD relativ rasch, aber unter großen Verlusten die Partei und ihre Nebenorganisationen in die Illegalität zu überführen. Dabei wurde die hierarchisch gegliederte und stark bürokratisierte Organisationsform beibehalten.[10] Auf der untersten Ebene gab es Straßenzellen, die höchstens 25 Mitglieder umfassen sollten. Sie wurden von einem Sekretariat geleitet, das aus dem Politischen Leiter, einem Sekretär für Agitation und Propaganda und einem Organisationssekretär gebildet wurde. Ein weiterer Funktionär übte das Amt eines Kassierers aus. Diese Zellenleiter unterstanden dann den Stadtteilleitungen, in denen es wiederum einen Politischen Leiter, einen Organisationsleiter und einen Kassierer gab. Derartige Stadtteilleitungen gab es in Frankfurt 1933 noch in der Altstadt, Stadtteil Industrie, in Westhausen und in Höchst. Die eingesammelten Mitgliedsbeiträge wurden von den Stadtteilleitungen an die Bezirksleitung übergeben, von der sie dann Anweisungen und Propagandaschriften erhielten.

Die Aufrechterhaltung dieser Parteistruktur unter den Bedingungen der Illegalität erforderte einen großen Aufwand. Hinzu kam die Herstellung und Verbreitung illegaler Schriften sowie die Beitragskassierung, Abrechnung und Ablieferung. Der Hauptinhalt der illegalen Arbeit lag also in dem Versuch, die Organisation aufrechtzuerhalten. Doch dies erwies sich gerade angesichts des nationalsozialistischen Terrors und angesichts dieser stark bürokratisierten Organisationsform der KPD selber als äußerst schwierig. Der Gestapo gelang es immer wieder, in diese Organisation einzubrechen und sie ‚aufzurollen'. Hatte die Gestapo aufgrund ihrer eigenen Ermittlungen oder durch Verrat und Denunziation einen Kassierer ausfindig gemacht, so brauchte sie ihm im Grunde nur zu folgen, um sämtliche Mitglieder einer Straßenzelle oder eines Stadtteils ausfindig zu machen. Gelang es ihr dann noch, was häufig vorkam, in den Besitz der Adressenlisten dieser Kassierer zu gelangen, so konnten noch weitere Gliederungen der illegalen Partei festgestellt und verhaftet werden.

Auch die Praxis der Herstellung und Verbreitung illegaler Schriften bot der Gestapo relativ gute Zugriffsmöglichkeiten. Wie aus verschiedenen Anklageschriften und Gerichtsurteilen hervorgeht, wurden Polizei und Gestapo einmal durch mißtrauische Nachbarn auf Wohnungen hingewiesen, in denen illegale Schriften hergestellt wurden.[11] Ferner wurden sogenannte Anlaufstellen der Partei ausfindig gemacht, wo das in Frankfurt hergestellte oder aus dem Ausland eingeschmuggelte illegale Propagandamaterial verteilt wurde. Dies waren bestimmte Gastwirtschaften oder auch eigens zu diesem Zweck angemietete Wohnungen. Teilweise traf man sich zu diesem Zweck aber auch im Bahnhof oder auf der Straße, wobei dann mißtrauische Bahnbeamte oder einfache Passanten Hinweise lieferten, die es den Verfolgungsorganen ermöglichten, nicht nur die Übergabe der Propagandamaterialien zu verhindern, sondern in den Besitz des gesamten Verteilerschlüssels und damit der Adressen von Mitgliedern einer Straßenzelle oder eines gesamten Stadtteils zu gelangen. In Frankfurt wurden auf diese Weise bis 1935 nicht weniger als 7 Bezirksleitungen von der Gestapo ‚aufgerollt'. Hunderte von Kommunisten wurden verhaftet und von den Gerichten zu teilweise mehrjährigen Freiheitsstrafen verurteilt. Dennoch soll die illegale KPD in Frankfurt noch 1934 über ca. 1 000 Mitglieder verfügt haben.[12] Durch die Verhaftungen im Jahre 1935 und zu Beginn des Jahres 1936 schrumpfte dieses Potential von Mitgliedern, die zum Widerstand fähig und bereit waren, jedoch zusammen.

Bis zu diesem Zeitpunkt war es der KPD in Frankfurt nicht nur gelungen, ihre eben geschilderte Organisationsstruktur im wesentlichen aufrechtzuerhalten, es wurden darüber hinaus tausende von illegalen Flugblättern und Zeitschriften aus dem Ausland, und zwar über den sogenannten Grenzstützpunkt in Saarbrücken, der für Hessen-Frankfurt zuständig war, eingeschmuggelt oder in Frankfurt selber hergestellt. Zu den in Frankfurt hergestellten illegalen Propagandaschriften gehörten die „Arbeiterzeitung", verschiedene bis Anfang 1934 erscheinende illegale Stadtteilzeitungen wie der „Rote Bahnhof", der „Rote Nidda-Bote", das „Griesheimer Echo", der „Sturm über Bornheim" u. a.[13] Hinzu kamen illegale Flugschriften, die sich direkt an Arbeiter, aber auch an Polizisten richteten und den Zweck hatten, über besondere Anlässe wie über den Reichstagsbrandprozeß aufzuklären. Dies gilt etwa für die in Frankfurt hergestellte und verteilte Schrift das „Proletarische Volksgericht", in dem Göring beschuldigt wurde, den Reichstag angezündet zu haben. Aus dem Ausland wurden neben dem „Braunbuch" die „Rote Fahne", der „Rote Gewerkschafter" und andere Materialien eingeschmuggelt. Außerdem wurden von Mitgliedern der illegalen KPD an Häusern, Brücken, Fabrikschornsteinen etc. antifaschistische Parolen angebracht. Sieht man von den meist kleineren Protestaktionen in einigen Betrieben wie den Opel-Werken in Rüsselsheim und den IG Farben in Höchst sowie einigen, allerdings sehr seltenen Sabotageaktionen – etwa beim Bau des neuen Flugplatzes in Frankfurt – ab,[14] so hat sich die Widerstandsarbeit der illegalen KPD in dieser Phase ganz eindeutig auf das Bestreben konzentriert, die eigene Organisation aufrechtzuerhalten und Propagandamaterialien herzustellen und zu verbreiten. Die illegale KPD wollte damit die Bevölkerung über den Charakter des „Faschismus" aufklären und Anhänger gewinnen. Doch vorrangiges Ziel war es, wie der Kasseler Generalstaatsanwalt in einer Anklageschrift vom Januar 1935 durchaus richtig erkannte, „für die kommunistische Idee zu werben, den Zusammenhalt der Genossen zu fördern und damit den Wiederaufbau der Kommunistischen Partei, die den gewaltsamen Umsturz verfolgt, vorzubereiten".[15]

Gemessen an dieser Zielsetzung war der Widerstandskampf der illegalen KPD in den ersten Jahren des Dritten Reiches weitgehend erfolglos. Von einer unmittelbar bevorstehenden sozialistischen Revolution und einem „gewaltsamen Umsturz" des Regimes, den die Partei immer wieder auch in dieser Phase als unmittelbar bevorstehend angekündigt hatte, konnte nicht die Rede sein. Das nationalsozialistische Regime wurde durch den Widerstandskampf der einstmals so mächtigen KPD in keiner Weise gefährdet. Der KPD war es auch nicht gelungen, neue Mitglieder, insbesondere aus den Reihen der nun ebenfalls verbotenen SPD in nennenswerter Zahl zu gewinnen. Die Partei blieb auf sich allein gestellt, was keineswegs nur an dem nationalsozialistischen Terror, sondern auch an ihrer Strategie und Taktik lag. Die KPD hielt nämlich in dieser Phase nicht nur an ihrem scheinrevolutionären Kurs, sondern auch an der Sozialfaschismusthese fest. Sie war nicht bereit, einzugestehen, daß diese revolutionäre Propaganda in einem immer deutlicher werdenden Gegensatz zur politischen Realität im nationalsozialistischen Deutschland stand. Sie war ferner nicht bereit, zuzugeben, daß die ebenfalls verbotene und verfolgte SPD kein „Flügel des Faschismus" war oder zumindest nicht mehr war. Der KPD war es schließlich auch nicht gelungen, einen „Wiederaufbau der Kommunistischen Partei" zu erreichen.[16] Die illegalen Kader bluteten weitgehend aus, was vor allem für die Nebenorganisationen wie die Rote Hilfe, die Revolutionäre Gewerkschaftsopposition und den Kommunistischen Jugendverband galt.

Obwohl die stark hierarchisierte und bürokratisierte Organisation der Partei mit Straßenzellen, Stadtteil- und Bezirksleitungen sowie mit dem Abkassieren der Mitglieder die Zugriffsmöglichkeiten der Gestapo wesentlich begünstigte, hielt die Partei an diesem Organisationsprinzip fest, weil sie auf die Kontrolle ihrer Mitglieder nicht verzichten wollte. So kam es, daß die Kader der illegalen KPD in Frankfurt dezimiert, ja weitgehend zerschlagen wurden.[17] Doch wenn es der KPD in Frankfurt immer wieder, und zwar insgesamt siebenmal gelang, eine neue illegale Bezirksleitung mit einzelnen Straßenzellen und Stadtteilleitungen aufzubauen, so deutet dies darauf hin, daß es ihr trotz des immer brutaler und perfekter werdenden Terrors der nationalsozialistischen Machthaber tatsächlich weitgehend gelungen ist, den „Zusammenhalt der Genossen", allerdings auf immer niedriger werdendem Niveau, zu bewahren. Dies erfordert Respekt und Bewunderung.

Fragt man danach, weshalb diese Kommunisten trotz allem durchhielten und weitermachten, so trifft man auf eine Einstellung, die der Frankfurter Kommunist

Karl Fehler am 10. August 1934 vor dem Strafsenat des Oberlandesgerichts Kassel folgendermaßen umschrieb. Fehler erklärte, daß er den Auftrag der illegalen Parteiführung, den „Vertrieb der illegalen kommunistischen Literatur in Frankfurt zu organisieren", deshalb übernommen habe, weil er dazu „aus Treue gegenüber seiner Überzeugung, aus Treue gegenüber der Partei und aus Treue gegenüber der Idee des Kommunismus" dazu verpflichtet gewesen sei.[18] Diese Verbundenheit mit der Partei und diese Überzeugung von der Richtigkeit der „Idee des Kommunismus" basierte ganz wesentlich auf der von der kommunistischen Propaganda immer wieder geweckten Revolutionserwartung und Revolutionshoffnung. Man glaubte und hoffte tatsächlich, durch die geschilderte Widerstandstätigkeit den Sturz des faschistischen Regimes und die Errichtung eines „Sowjetdeutschland" zu erreichen. Hinzu kommt, daß für die Mitglieder der illegalen kommunistischen Widerstandsgruppen die „Treue gegenüber der Partei" tatsächlich etwas war, dem sie alles unterordneten. Die Mitglieder der kommunistischen Widerstandsorganisationen, von denen die meisten arbeitslos waren, widmeten ihre gesamte Energie und Zeit der Arbeit für und im Rahmen der Partei. Durch die revolutionäre Siegeszuversicht und die tiefe, bis in den alltäglichen Bereich reichende Verbundenheit mit der Partei wurden die Kommunisten trotz allem motiviert, durchzuhalten. Doch dieses heroische, aber letztlich dann doch vergebliche Durchhalten war nicht mehr möglich, als die meisten und aktivsten Kader verhaftet waren.[19]

Die Führung der SPD hat nach dem 30. Januar 1933 auf die Verwendung gewaltsamer Methoden gegen die nationalsozialistische Regierung verzichtet.[20] In der in Frankfurt erscheinenden sozialdemokratischen Zeitung „Volksstimme" hieß es am 31. Januar 1933: „Wir führen unseren Kampf auf dem Boden der Verfassung."[21] Dies hieß, daß man hoffte, durch ein erfolgreiches Abschneiden bei der Reichstagswahl vom 5. März den Aufbau des Dritten Reiches verhindern zu können. Die SPD konnte zwar noch verschiedene größere Wahlversammlungen durchführen, mußte es jedoch erleben, daß ihre legale Tätigkeit immer mehr und immer brutaler von der SA behindert wurde. Versammlungen wurden gestört, und das Erscheinen der Parteipresse wurde verboten.[22] Dennoch hielt die SPD an ihrem streng legalistischen Kurs fest. Dies wurde jedoch innerhalb der Mitgliederschaft kritisiert. Insbesondere Angehörige des Reichsbanners, warteten auf den Befehl, gegen die SA vorzugehen.[23] Doch als dieser Befehl nicht kam, verhielten auch sie sich passiv und abwartend.

Wie bereits erwähnt, haben die Sozialdemokraten auch in Frankfurt die, allerdings taktisch gemeinten und mit schweren Angriffen gegen die SPD verbundenen Einheitsfrontangebote der KPD, abgelehnt. Kommunisten wurden in der Frankfurter „Volksstimme" noch am 7. Februar 1933 als „Stalin-Söldlinge", „Moskau-Lakaien" und „KPD-Mamelukken" beschimpft.[24] Die Mehrheit der Frankfurter Sozialdemokraten scheint dem Anpassungskurs der Berliner Parteiführung gefolgt zu sein, der sich darin ausdrückte, daß der Parteiführer Otto Wels am 30. März 1933 ostentativ aus dem Büro der Exekutive der Sozialistischen Internationale austrat, und daß die durch Verhaftungen und Emigrationen weitgehend dezimierte Reichstagsfraktion der SPD noch am 17. Mai 1933 der sogenannten Friedensrede Hitlers ausdrücklich zustimmte, nachdem sie allerdings am 23. März 1933 als einzige Partei dem Ermächtigungsgesetz ihre Zustimmung verweigert hatte. Diese Politik der Parteiführung war jedoch innerhalb der Partei heftig umstritten und führte faktisch zur Parteispaltung. Im Prager Exil bildeten emigrierte Sozialdemokraten eine neue Organisation, die Sopade, die sich am 18. Juni 1933 mit einem programmatischen Artikel an die deutsche Arbeiterschaft wandte und sie dazu ermahnte, die „Ketten zu zerbrechen", gegen den Faschismus und für den „Umbau der kapitalistischen Wirtschaft zu einer sozialistischen" zu kämpfen.[25]

Doch bereits vorher und vor dem endgültigen Verbot der Partei am 22. Juni 1933 war es auch in Frankfurt zur Bildung von Widerstandsorganisationen gekommen. Dies gilt einmal für eine Gruppe von Mitgliedern der SAJ (= Sozialistische Arbeiterjugend), die die illegale Zeitschrift „Der Rote Sender" vertrieb.[26] Mitglieder der Gewerkschaften, die am 2. Mai verboten wurden, nachdem sie sich einen Tag vorher an den Maifeiern der Nationalsozialisten beteiligt hatten, sowie einige Angehörige des sozialdemokratischen Reichsbanners gründeten eine Widerstandsorganisation, der u. a. auch Walter Hesselbach angehörte.[27] Kontakte bestanden auch zu sozialdemokratischen Widerstandsgruppen außerhalb Frankfurts. Andere Frankfurter Sozialdemokraten haben dagegen in realistischer Einschätzung der Widerstandsmöglichkeiten im terroristischen Dritten Reich auf die Gründung von illegalen Organisationen verzichtet, weil derartiges, wie die Geschichte des kommunistischen Widerstandes zeigt, die Gestapo unweigerlich auf die Spur der Widerstandskämpfer geführt hätte. Statt dessen haben sie versucht, die Kontakte und traditionellen Bindungen unter den Mitgliedern aufrechtzuerhalten, indem man sich in Sportvereinen, Kegelclubs, Mandolinenzirkeln und Gastwirtschaften traf. In Frankfurt gab es derartige Diskussionskreise u. a. im Café Rothschild, in der Gastwirtschaft Bender-Schuch in Praunheim sowie in einem Café, das dem ehemaligen sozialdemokratischen Reichstagsabgeordneten Metz gehörte.[28]

Der Kreis um Paul Apel und Paul Kirchhof, der sich ebenfalls zunächst im Café Rothschild, dann im Café Metz traf, stand dagegen in engem Kontakt mit der Exilführung der Partei in Prag.[29] Nach Prag wurden auf illegalem Wege Berichte über die Verhältnisse in Frankfurt gebracht, die dann z. T. in der Zeitschrift der Sopade „Deutschland-Berichte" abgedruckt wurden. Aus Prag erhielt man die illegale Zeitschrift der Sopade „Sozialistische Aktion" sowie weiteres Propagandamaterial. Dies wurde dann an vertrauenswürdige Genossen verteilt. Dabei benutzte man den Verteilerkreis der legal im Dritten Reich erscheinenden Zeitschrift „Blick in die Zeit", in der in sehr geschickter und zugleich getarnter Form Meldungen aus der Presse zusammengestellt wurden, die insgesamt ein realistischeres Bild der wahren Verhältnisse gaben. Kontakte zur KPD in Frankfurt, auf die noch einzugehen ist, sowie der Verlust einer Mappe mit Exemplaren der „Sozialistischen Aktion" auf einer Verteilerfahrt brachten jedoch die Gestapo auf die Spur der

Gruppe um Paul Apel und Paul Kirchhof. Sie wurden im Januar 1937 zu mehrjährigen Zuchthausstrafen verurteilt. Dies war ein Schicksal, das, wie noch zu zeigen sein wird, auch andere sozialdemokratische Widerstandszirkel ereilte, die auf eine feste Organisation und spektakuläre Widerstandsaktionen verzichteten und alle Hoffnung auf einen Zusammenbruch des nationalsozialistischen Regimes richteten, um dann geschulte und zuverlässige Kader für den demokratischen Neuanfang zu haben.

Einen recht intensiven Widerstandskampf haben auch die kommunistischen und sozialistischen Splittergruppen in Frankfurt geführt. Dies gilt einmal für die KPO (= KPD-Opposition), die 1928 von August Thalheimer und Heinrich Brandler gegründet worden war, die aus Protest gegen den ultralinken Kurs der KPD diese Partei verlassen hatten.[30] Die KPO hat jedoch nicht nur die kommunistische Sozialfaschismusthese, sondern auch die Tolerierungspolitik der SPD scharf kritisiert. Sie forderte, eine Einheitsfront aller antifaschistischen Kräfte innerhalb der Arbeiterbewegung zu schließen, um energisch und entschlossen den Kampf gegen den Faschismus mit dem Ziel der Durchführung einer sozialen Revolution zu führen. Allerdings wurden diese Vorschläge sowohl von der KPD als auch von der SPD abgelehnt. Die KPO blieb eine mehr oder minder einflußlose Splittergruppe, die von Kommunisten und Sozialdemokraten häufig als „KP-Null" verhöhnt wurde. Sie hat sich dann jedoch sehr schnell und sehr erfolgreich auf die Bedingungen eingestellt, die nach der sogenannten Machtergreifung herrschten. In Paris wurde ein Auslandskomitee der Partei gegründet, das in engem Kontakt mit der illegalen Inlandsleitung, dem „Berliner Komitee" stand. Die Inlandsleitung versorgte die einzelnen Widerstandsgruppen im Reich mit illegalen Propagandaschriften. Diese Widerstandsgruppen waren nach dem Fünfer-Gruppen-Prinzip organisiert, wobei jeweils nur ein Mitglied einer Gruppe ein anderes in einer anderen Gruppe kannte. Dadurch wurde der Zugriff der Gestapo erschwert, weil die Mitglieder der illegalen Organisationen der KPO nur geringe Kenntnisse über den Aufbau der Gesamtorganisation hatten.

Die Frankfurter Gruppe der KPO, die sich nach ihrer illegalen Zeitschrift „Einheit" nannte, umfaßte im Juli 1933 etwa 20 Mitglieder.[31] Sie stand im engen Kontakt zu einer ähnlichen Gruppe in Offenbach und zur Parteiführung in Berlin und Paris, von wo aus über das Saarland Propagandamaterialien eingeschmuggelt wurden. Noch im Mai 1933 konnte die KPO-Gruppe im Taunus ein illegales Treffen durchführen, an dem ca. 40 Personen teilnahmen. Kurz darauf kam es zu den ersten Verhaftungen. Nach einer erneuten Verhaftungswelle im Dezember 1933 hörte die „Einheit"-Gruppe in Frankfurt auf zu existieren.

Dagegen konnte sich die Frankfurter SAP-Gruppe bis 1936 halten. Die SAP (= Sozialistische Arbeiterpartei Deutschlands) war 1931 als linke Absplitterung der SPD entstanden.[32] Gegründet wurde sie von Repräsentanten der linken Opposition innerhalb der SPD, die die Tolerierungspolitik der Parteiführung ablehnten und die Bildung einer antifaschistischen Einheitsfront forderten, die einen offensiven Kurs gegenüber der NSDAP, aber auch gegenüber den Kabinetten Brüning, Papen und

Schleicher führen sollten. Die SAP wurde jedoch gleichwohl von der KPD als linke und besonders gefährliche Form des „Sozialfaschismus" attackiert. Die SAP blieb eine zahlenmäßig bedeutungslose Splittergruppe. Bei den Reichstagswahlen vom Juli 1932 erzielte sie 76000, bei denen vom November des gleichen Jahres noch 45000 Stimmen. Gleichwohl gab sie ihr Ziel, eine antifaschistische Einheitsfront der Arbeiterbewegung auch gegen den Willen der Parteiführungen von SPD und KPD herzustellen, nicht auf. Nach dem 30. Januar 1933 gelang es ihr weitgehend, sich auf die Bedingungen der Illegalität einzustellen. In Deutschland wurden Fünfergruppen gebildet, die von einer illegalen Reichsleitung in Berlin und einer Auslandsleitung in Paris geführt und mit Propagandamaterialien versorgt wurden.

Auch die Frankfurter SAP-Gruppe erhielt auf diesem Wege, insbesondere über das Saargebiet, illegales Material.[33] Sie unterhielt offensichtlich sowohl mit Sozialdemokraten wie Kommunisten Kontakte, die zur Bildung einer Einheitsfront aufgefordert wurden. Erfolgreich waren diese Bestrebungen jedoch nicht. Bereits im August 1933 fand der erste Prozeß gegen Mitglieder der illegalen SAP in Frankfurt statt. Im Mai 1936 wurde eine weitere Gruppe verhaftet, die verschiedene Treffen vor dem Volksbildungsheim, dem Arbeitsamt und der Konstabler-Wache durchgeführt hatte.[34] Völlig ist die Widerstandsorganisation der SAP in Frankfurt jedoch erst im Zuge einer reichsweiten Verhaftungswelle in den Jahren 1938 und 1939 zerschlagen worden.

Bis 1936 konnte sich in Frankfurt eine Widerstandsgruppe des ISK halten. Der ISK (= Internationaler Sozialistischer Kampfbund) war 1925 aus dem vom Göttinger Philosophen Leonard Nelson geleiteten und im Sinne eines ethischen Sozialismus geprägten Internationalen Jugendbunds hervorgegangen.[35] Ihm gehörten meist ehemalige Sozialdemokraten an. Unter Führung von Willi Eichler hat der ISK in der Endphase der Weimarer Republik vergeblich versucht, die beiden großen Arbeiterparteien zur Bildung einer antifaschistischen Einheitsfront anzuregen. Ähnlich wie der KPO und der SAP gelang es auch dem ISK 1933, sich relativ rasch und erfolgreich auf die Bedingungen der Illegalität einzustellen. Aus dem Ausland, insbesondere mit Hilfe der Internationalen Transportarbeiter-Föderation (ITF), die von dem Holländer Edo Fimmen geleitet wurde, wurde Propagandamaterial eingeschmuggelt und an die in Fünfergruppen arbeitenden Widerstandsorganisationen des ISK verteilt. Darunter befand sich auch eine Schrift, die unter dem Tarntitel „Willst Du gesund bleiben?" erschien und wichtige Hinweise für die illegale Widerstandsarbeit enthielt.

Diese Schrift erreichte auch eine Widerstandsgruppe des ISK in Frankfurt, die sich in einer vegetarischen Gaststätte im Steinweg traf, die eigens zu diesem Zweck von einem Mitglied der Gruppe gegründet worden war.[36] Ähnlich wie in anderen Städten war auch die in Frankfurt operierende illegale Organisation des ISK bestrebt, die Bedingungen der Konspiration einzuhalten und neue Methoden zu erfinden, antifaschistische Parolen zu verbreiten. Dabei hat sie ganz offensichtlich die Hinweise und Erfahrungen ausgenutzt, die der Inlandsleiter des ISK, Helmut von Rauschenplat, der den Tarnnamen Fritz Eberhard annahm, gemacht hatte. So wurde auch in Frankfurt das von Eberhard beschriebene Verfahren angewandt, regimefeindliche Losungen auf Bahnsteigen, Plätzen und Straßen anzubringen, indem ein Koffer abgestellt wurde, an dessen Unterseite sich ein mit Chemikalien getränkter Schwamm befand. Diese Parolen wurden dann erst sichtbar, als sich der jeweilige Kofferträger schon entfernt hatte. Eine besonders spektakuläre Aktion gelang der ISK-Gruppe in Frankfurt im Jahre 1935, als sie anläßlich der Eröffnung der Autobahn auf Brücken regimefeindliche Inschriften anbrachte, die erst kurz vor dem Eintreffen der Ehrengäste und der Presse sichtbar wurden, weil sie mit besonderen, zunächst unsichtbar bleibenden chemikalischen Flüssigkeiten geschrieben worden waren. Außerdem wurden verschiedene Lautsprecher des Rundfunks unbrauchbar gemacht, so daß die gesamte Reportage über die Autobahneinweihung abgebrochen werden mußte. Doch die ausgefeilten Techniken und Methoden der Konspiration konnten schließlich doch nicht den Zugriff der Gestapo verhindern. Zufälle und Pannen wie der Verlust eines Stapels von „Reinhart-Briefen", der aus dem Ausland eingeschmuggelten illegalen Zeitschrift des ISK, brachten die Gestapo auf die Spur der Widerstandsgruppen. Durch die Anwendung brutaler Folterungsmethoden konnte die Gestapo schließlich fast alle Widerstandsorganisationen im Reich zerschlagen. Zu ihnen gehörte auch die Frankfurter Gruppe.

Faßt man die bisherigen Ausführungen zusammen, so ergibt sich, daß die meisten der illegalen Widerstandsorganisationen in Frankfurt bis 1935/36 zerschlagen wurden. Dies lag natürlich vor allem an der Effizienz und Brutalität der nationalsozialistischen Verfolgungsorgane. Hinzu kamen jedoch auch bestimmte Fehler in der Strategie und Taktik der einzelnen Widerstandsorganisationen der KPD, SPD und der kommunistischen und sozialistischen Splittergruppen, die ihren Widerstandskampf getrennt voneinander, ja teilweise sogar gegeneinander führten. Was lag daher näher, als zu versuchen, „über alles bisher... Trennende hinweg" eine „Einheitsfront" zum „Sturz des Faschismus" zu bilden.[37] Tatsächlich soll etwas Derartiges in Frankfurt schon im September 1934 geschehen sein, folgt man den Berichten, die Ende 1934 in der in Frankfurt erschienenen illegalen Zeitung der KPD, „Arbeiterzeitung", sowie im kommunistischen Zentralorgan, der „Roten Fahne" erschienen sind. Unter der Überschrift „Die Einheitsfront gebildet! Hessen-Nassau in der Führung im Reich voran" meldeten diese kommunistischen Blätter, daß die „Bezirksleitungen der Sozialdemokratischen und der Kommunistischen Partei in gemeinsamer Beratung beschlossen" hätten, „sich zu einer Aktionseinheit zusammenzuschließen mit dem Ziel, den tagtäglichen Kampf aller Ausgebeuteten um Lohn und Brot zu breiten Massenkämpfen gegen den Faschismus und die hinter ihm stehende profitgierige Ausbeuterklasse bis zu ihrer Vernichtung durch die proletarische Revolution zu steigern, um dann durch die Diktatur der Arbeiterklasse im Bündnis mit allen Werktätigen den wirklichen Sozialismus aufzubauen".[38]

Kommunistische Historiker sehen in diesem Artikel den Beweis dafür, daß in Frankfurt schon im September 1934 das „erste deutsche Einheitsfrontabkommen" abgeschlossen worden sei. Seine „Auswirkungen" seien in „Frankfurt in der gesamten Zeit des illegalen Kampfes bis Kriegsende und darüber hinaus noch in den ersten Jahren des Wiederaufbaus spürbar" gewesen. Doch dies erscheint mehr als zweifelhaft, denn auch Mausbach-Bromberger muß zugeben, daß das Frankfurter Einheitsfrontabkommen sowohl innerhalb der Parteiführung der SPD wie der KPD auf starke Kritik gestoßen ist. Die „sektiererische Gruppe um Schulte und Schubert aus dem Politbüro des Zentralkomitees der KPD" (Schulte und Schubert wurden übrigens im Verlauf der Stalinschen Säuberungen in der Sowjetunion ermordet) habe das Abkommen „wegen angeblicher opportunistischer Mängel kritisiert".[39] Dies habe dazu geführt, daß sich auch die „rechten SPD-Führer" mit ihrer „Ablehnung des Zusammengehens mit der Kommunistischen Partei" hätten durchsetzen können. Daher habe die SPD-Führung empfohlen, in der Einheitsfront, wenn überhaupt „nur als Privatperson mitzumachen".

Von großen Wirkungen des Frankfurter Einheitsfrontabkommens wird man also nicht sprechen können. Schließlich vertraten auch die Führungen der Komintern und der KPD zu diesem Zeitpunkt noch die Ansicht, daß die SPD ein „Flügel des Faschismus" sei. Die SPD dagegen war damals – im September 1934 – keineswegs bereit, den antifaschistischen Kampf mit dem Ziel zu führen, nach einer „proletarischen Revolution" die „Diktatur der Arbeiterklasse" zu errichten. Selbst im ‚radikalen' Prager Manifest vom Januar 1934, dessen Thesen innerhalb der sozialdemokratischen Parteiführung inzwischen keineswegs mehr unumstritten waren, war zwar von der „entschädigungslosen Enteignung des Großgrundbesitzes, der Schwerindustrie" und der „restlosen Zerstörung der kapitalistisch-feudalen und politischen Machtpositionen der Gegenrevolution" die Rede, doch auch hier wurde nach der „Zerschlagung des alten politischen Apparates" und nach der Phase einer gewissen Erziehungsdiktatur der „Aufbau eines freien Staatswesens" gefordert, was durch die „Einberufung einer Volksvertretung" erreicht werden sollte.[40] Dies hatte mit der „Diktatur der Arbeiterklasse" kaum etwas zu tun.

Merkwürdig ist ferner, daß Sozialdemokraten sich in diesem „Einheitsfrontabkommen" dazu verpflichtet haben sollen, „jeden Saboteur dieser Einheitsaktion als Feind der Arbeiterklasse [zu] betrachten". Dies konnte doch nur bedeuten, daß sich die Frankfurter Sozialdemokraten bereit erklärten, gegen ihre eigenen Genossen vorzugehen, die, aus welchen Gründen auch immer, nicht zum Zusammengehen mit den Kommunisten bereit waren. Schließlich ist erwähnenswert, daß in diesem „Einheitsfrontabkommen" die kommunistischen und sozialistischen Splittergruppen mit keinem Wort erwähnt werden. Tatsächlich ist auch noch auf dem VII. Weltkongreß der Komintern von 1935 eine Einigung mit diesen Parteien – KPO, SAP und ISK – ausdrücklich abgelehnt worden, weil sie als „trotzkistisch" galten.[41]

Kurz – in der konkreten Situation des Jahres 1934 war dieses kommunistisch-sozialdemokratische Einheitsfrontabkommen zumindest indirekt auch gegen die kommunistischen und sozialistischen Splittergruppen gerichtet, die gerade in Frankfurt einen sehr intensiven Widerstandskampf führten.

Bereits der Text des sogenannten Frankfurter Einheitsfrontabkommen ruft Fragen und Zweifel hervor, ob Sozialdemokraten mit Wissen und Billigung ihrer Genossen in Frankfurt und gar in Prag ein Abkommen unterzeichnet haben, das so deutlich die politischen Zielsetzungen der KPD widerspiegelte. Die Zweifel, ob es tatsächlich im September 1934 in Frankfurt zum förmlichen Abschluß des ersten Einheitsfrontabkommen gekommen ist, mehren sich, wenn man sich Geschichte und Verlauf der Verhandlungen zwischen Frankfurter Kommunisten und Sozialdemokraten ansieht.

Zunächst ist darauf hinzuweisen, daß mit der im sogenannten Einheitsfrontabkommen bezeichneten „Bezirksleitung der SPD" der bereits erwähnte Widerstandskreis um Paul Apel und Paul Kirchhof gemeint ist. Apel und Kirchhof haben wie gesagt einen Verteilerkreis aufgebaut, der als zuverlässig geltende Sozialdemokraten mit der illegalen Zeitschrift „Sozialistische Aktion" versorgte.[42] Zu diesem Zweck hatten sie, wie aus dem Urteil des 2. Senats des Volksgerichtshofs hervorgeht, der am 28. Januar 1937 in Frankfurt tagte, Frankfurt aus organisatorischen Gründen in vier Bezirke eingeteilt, in denen Apel und seine Genossen die „Sozialistische Aktion" verteilten. Dies waren der Bahnhofsbezirk, Sachsenhausen, Frankfurt-Nord-Ost und Frankfurt-Riederwald. In diesen Bezirken wurden im Durchschnitt 10 bis 20 Stück von verschiedenen Ausgaben der „Sozialistischen Aktion" verteilt. Weitere derartige Verteilerkreise gab es im Main-Taunus-Kreis. Zur Besprechung von organisatorischen Fragen wurden ferner verschiedene Treffen durchgeführt. Außerdem ist Apel im August 1934 nach Saargemünd gefahren, wo er zusammen mit weiteren zwölf bis sechzehn illegalen Funktionären an einer Konferenz teilnahm, die von Wels geleitet wurde. Hier erhielt Apel ein Merkblatt, in dem Art und Aufgaben der Berichterstattung über die Verhältnisse in Deutschland erläutert wurden, die nach Prag gesandt werden sollten, wo sie dann für die Abfassung der „Deutschland-Berichte" der Sopade benutzt werden sollten.

Im Herbst des Jahres 1934 haben Frankfurter Kommunisten, die von der Tätigkeit dieser illegalen sozialdemokratischen Organisation gehört hatten, Kontakte mit Kirchhof aufgenommen, die dieser offensichtlich zunächst führte, ohne die übrigen Genossen davon in Kenntnis zu setzen. Nach einer Zusammenkunft mit dem Unterbezirksleiter der KPD in Höchst fand dann auf der Eschborner Landstraße ein Treffen mit dem KPD-Oberberater Strüwe statt. Hier soll sich Kirchhof dazu bereit erklärt haben, an der Errichtung einer „Einheitsfront... unter kommunistischer Führung [!] und eines Massenselbstschutzes mitzuarbeiten". Zu einem weiteren Treffen am Märchenbrunnen in Frankfurt, das bereits verabredet war, kam es dann nicht mehr, weil Kirchhof inzwischen Kenntnis von dem Artikel in der „Roten Fahne" erhielt, in dem der „geplante Aufruf zur Einheitsfront stand". „Tatsächlich" war, wie es in der Urteilsbegründung heißt, „die Einheitsfront aber noch nicht hergestellt".[43]

Kirchhof hat dann erst Apel über seine Verhandlungen mit der KPD unterrichtet, der ihn angewiesen habe, diese Beziehungen sofort aufzugeben. Kirchhof teilte dies den kommunistischen Vertretern mit, wobei er mitteilte, daß er persönlich nach wie vor für die Einheitsfront sei. Apel dagegen, der das Flugblatt der KPD ebenfalls gelesen hatte, hat das Zusammengehen mit der KPD strikt abgelehnt, weil derartiges auch vom Prager Parteivorstand nicht gewünscht wurde. Offensichtlich hat Apel den illegalen Parteivorstand auf einem Treffen, das am 9. Dezember in Antwerpen stattfand, über die Vorgänge in Frankfurt unterrichtet. Folgt man wiederum den Angaben des Volksgerichtshofes, der allerdings über sehr genaue Detailkenntnisse verfügte, so haben sowohl Wels wie Hilferding auf dieser Tagung, an der 35 Funktionäre teilgenommen haben sollen, ein Zusammengehen mit der KPD strikt abgelehnt.

Insgesamt wird man sagen können, daß die Angaben in diesem Urteil durchaus glaubhaft erscheinen. Dies gilt insbesondere für die Mitteilung, daß Kirchhof offensichtlich ohne Wissen von Apel und vor allem der Prager Parteiführung die Verhandlungen mit dem KPD-Oberberater Strüwe aufgenommen hatte. Dies gilt ferner für die offensichtlich von allen Angeklagten bestätigte Angabe, wonach die Frankfurter Einheitsfront gar nicht hergestellt war, als der betreffende Artikel der „Roten Fahne" erschien. Zu weiteren Kontakten zwischen Sozialdemokraten und Kommunisten oder gar zu einer Zusammenarbeit ist es nicht gekommen. Die meisten Mitglieder der Gruppe wurden im Oktober 1935 verhaftet, nachdem die Polizei in den Besitz einer Mappe mit adressierten Exemplaren der „Sozialistischen Aktion" gelangt war, die Kirchhof im Juni 1935 bei einer Verteilerfahrt von seinem Motorrad verloren hatte.

Insgesamt wird man sagen müssen, daß die sogenannte Frankfurter Einheitsfront in den Bereich der Legenden gehört. Dafür spricht bereits der Text, der eindeutig die damalige kommunistische Haltung wiedergibt, die in vielen Punkten nicht von der illegalen SPD geteilt wurde. Tatsächlich hätte eine solche Einheitsfront, wenn sie wirklich gebildet worden wäre, eindeutig „unter kommunistischer Führung" gestanden. Kirchhof war möglicherweise dazu bereit, auch unter diesen Bedingungen der Einheitsfront beizutreten. Dies gilt jedoch nicht für Apel und die übrigen Mitglieder seiner Gruppe. Die sozialdemokratische Parteiführung nahm ohnehin in dieser Frage eine negative Haltung ein. Walter Strüwe hat zwar nach 1945 eine andere Darstellung der Vorgänge gegeben, wobei er insbesondere darauf beharrte, daß das Einheitsfrontabkommen am 5. September 1934 tatsächlich abgeschlossen worden sei,[44] dennoch besteht m. E. kein Grund, an den Aussagen der beteiligten Sozialdemokraten zu zweifeln, die sie vor dem Volksgerichtshof gemacht haben. Danach ist es in Frankfurt nicht zur Bildung von Einheits- oder Volksfrontgruppen gekommen.

Eine Ausnahme scheint eine Gruppe darzustellen, die sich aus meist jugendlichen Mitgliedern des Zentralverbandes der Angestellten (ZdA) zusammensetzte.[45] Ihr gehörten nämlich sowohl Sozialdemokraten wie Kommunisten und Mitglieder der SAP an. Zum aktiven Kern der Gruppe zählten etwa 20 Personen der insgesamt über 200 Jugendliche umfassenden ZdA-Gruppe. Diese merkwürdige Differenz erklärt sich aus der eigentümlichen Struktur und Geschichte dieser Widerstandsorganisation. Wie alle übrigen Gewerkschaften wurde auch das Büro des Zentralverbandes der Angestellten in Frankfurt am 2. Mai 1933 von Nationalsozialisten besetzt, die gleichzeitig das Vermögen dieser Gewerkschaft beschlagnahmten. Die Jugendorganisation des ZdA löste sich jedoch nicht auf, sondern trat unter dem Namen „Fahrende Gesellen" dem nationalistisch und antisemitisch ausgerichteten „Deutschnationalen Handlungsgehilfenverband" bei. Im Juni 1933 wurden die „Fahrenden Gesellen" in die HJ eingegliedert. Der Frankfurter Leiter dieser Gruppe, Paul Grünewald, avancierte sogar zum Adjudanten des Bannführers der HJ. Dies hinderte Grünewald und seine Freunde jedoch nicht, die oppositionelle Tätigkeit gegen den Nationalsozialismus fortzusetzen.

Schon am 5. März 1933 hatte die Gruppe im Frankfurter Volksbildungsheim eine nur notdürftig als Theateraufführung getarnte antinationalsozialistische Veranstaltung durchgeführt. Am 1. Mai 1933 veranstaltete man im Frankfurter Stadtwald eine illegale Mai-Feier, auf der auch in einem feierlich-symbolischen Akt die „Sturmfahne" der ZdA-Jugend vergraben wurde. Nach dem Eintritt in den Deutschnationalen Handlungsgehilfenverein und dann in die HJ wurden weitere Widerstandsaktivitäten geplant und durchgeführt. Zu diesem Zweck traf man sich in einem katholischen Kaufmannsgehilfenheim, das von den, allerdings nicht eingeweihten, Vincenz-Schwestern geleitet wurde, sowie auf Ausflügen in die Frankfurter Umgebung. Hier wurden politische Schulungskurse und selbst sogenannte Wehrsportübungen durchgeführt, auf denen das Werfen von Handgranaten trainiert wurde. Darüber hinaus verteilten einige Mitglieder der Gruppe antifaschistische Schriften, die sie von der illegalen KPD erhalten hatten. Schließlich entschloß man sich dazu, eine eigene illegale Zeitschrift herzustellen, die „Der junge Kämpfer" genannt wurde. Von ihr erschien allerdings nur eine Nummer, denn bei der Herstellung und Verbreitung der nächsten wurden die aktiven Mitglieder der ZdA-Gruppe von der Gestapo verhaftet.

Sie war auf die Gruppe durch ein Flugblatt aufmerksam gemacht worden, das sich an Polizisten wandte. Durch einen in die Gruppe eingeschleusten Spitzel konnte die Gestapo zugreifen und über 20 Personen verhaften. Im Januar 1935 verurteilte der in Frankfurt tagende 2. Strafsenat des Oberlandesgerichts Kassel fünf Angeklagte zu Gefängnis- und drei zu mehrjährigen Zuchthausstrafen. Die übrigen wurden freigesprochen. Im Mittelpunkt des Prozesses stand die Frage, ob die Angeklagten die illegale kommunistische Partei gefördert und sich damit der „Vorbereitung eines hochverräterischen Unternehmens" schuldig gemacht hätten.[46] Tatsächlich wurde den Verurteilten, zu denen auch Paul Grünewald gehörte, enge Verbindungen zur illegalen Jugendorganisation der KPD, der KJVD (= Kommunistischer Jugendverband Deutschland) nachgewiesen. Zu den von der Gruppe verteilten antifaschistischen Flugschriften gehörte auch ein Aufsatz Georgi Dimitroffs, der unter dem Titel „Gegen die konterrevolutionäre Sozialdemokratie" in der „Rundschau", dem Nachfolgeorgan der Zeitschrift der Komintern „Internationale Pressekorrespondenz" erschienen war. Dieser Artikel hatte eine sehr scharfe und aggressive antisozialdemokratische Tendenz. Dennoch sollte er als „Rüstzeug" dienen, um „sozialdemokratische Arbeiter" zu gewinnen. Mit Einheitsfront hatte dies also nichts zu tun.

Andererseits geht aus den vorhandenen Unterlagen nicht hervor, ob allen Aktivisten und Mitgliedern der ZdA-Gruppe tatsächlich bekannt und bewußt war, daß sie sich für die Ziele der illegalen KPD einsetzten und einsetzen sollten. Dies lag jedoch auch an der besonderen Struktur und Erscheinungsform dieser Widerstandsgruppe, deren führende Mitglieder bedeutende Funktionen innerhalb der HJ bekleideten. Insofern hat die Frankfurter ZdA-Gruppe die auf dem VII. Weltkongreß der Komintern und der sogenannten Brüsseler Konferenz der KPD 1935 beschlossene und empfohlene Taktik des Trojanischen Pferdes, d. h. der Widerstandtätigkeit innerhalb der nationalsozialistischen Massenorganisationen, vorweggenommen. Dies und nicht etwa die Bildung einer Einheits- oder gar Volksfront ist an der Frankfurter ZdA-Gruppe so bemerkenswert. Noch bemerkens- und bewundernswerter sind dagegen der Mut, die Einsatzbereitschaft und die innerhalb ihrer konkreten Widerstandsarbeit bewiesene List der überwiegend noch sehr jungen Mitglieder der ZdA-Gruppe. Paul Grünewald und seine Gefährten waren Widerstandskämpfer.

Dennoch – die Anerkennung des Mutes von Widerstandskämpfern auch und gerade aus den Reihen der illegalen KPD darf nicht dazu führen, die historischen Verhältnisse verfälschend darzustellen, damit sie mit den gegenwärtigen politischen Zielen der DKP bzw. der SED übereinstimmen. Ein weiteres leicht zu durchschauendes Beispiel dafür sind die Bemühungen von Mausbach-Bromberger und den Verfassern einer auch vom DGB-Bildungswerk Hessen herausgegebenen Abhandlung über „Hessische Gewerkschafter im Widerstand", eine eindeutig kommunistische Widerstandszelle in den Farbwerken Hoechst als eine „Einheitsfront"-Gruppe darzustellen.[47] Um den angeblich überparteilichen Charakter dieser Gruppe zu unterstreichen, wird hier einmal mitgeteilt, daß sich das Leitungskomitee aus „2 Sozialdemokraten, 1 Kommunisten, 1 Parteilosen sowie einem RGO-Mitglied" zusammengesetzt habe. Tatsächlich war dieses scheinbar überparteiliche Leitungskomitee jedoch eindeutig kommunistisch dominiert. Das erwähnte „RGO-Mitglied" gehörte nämlich einer kommunistischen Organisation an, deren Hauptzweck der Kampf gegen die „sozialfaschistische" SPD und gegen den ebenfalls als „sozialfaschistisch" denunzierten ADGB gewesen war. Den zwei Sozialdemokraten standen also mindestens zwei Kommunisten gegenüber, wobei hinzukommt, daß der angeblich „Parteilose" aller Wahrscheinlichkeit nach ebenfalls mit den Kommunisten sympathisierte.

Liest man das von dieser Gruppe verfaßte „Befreiungsprogramm für die Belegschaft der I.G.-Farben Hoechst", dann stellt man fest, daß es sich bei den Sozialdemokraten um „ehemalige Sozialdemokraten" gehandelt hat. Das „Befreiungsprogramm" selber ist eine nur unwesentlich abgewandelte Kopie des kommunistischen Programms zur „nationalen und sozialen Befreiung des deutschen Volkes" aus dem Jahre 1930. Dieses Programm war von sozialdemokratischer Seite sowohl wegen seiner stark nationalistischen wie wegen der demagogisch-unerfüllbaren sozialen Forderungen scharf kritisiert worden. Tatsächlich forderten die Kommunisten in dem „Befreiungsprogramm für die Belegschaft der I.G.-Farben Hoechst" im Juli 1934 (!) u. a. nicht nur die „Verjagung der Direktoren und der vollständig überflüssigen Aufsichtsräte" sowie die „Übernahme der Villen der I.G.-Direktoren", sondern die „Bewaffnung aller Arbeiter zur Sicherung der Errungenschaften der proletarischen Revolution" nach der „Aufrichtung der Sowjetmacht in Deutschland" und der „Wahl der Sowjets". Kurz – die Widerstandsgruppe bei den I.G.-Farben in Höchst war eindeutig und ausschließlich kommunistisch orientiert. Sie teilte mit anderen kommunistischen Widerstandsgruppen dieser Phase eine völlig unrealistische politische Einschätzung der damaligen politischen Lage mit einer geradezu heilsgewiß anmutenden Siegeszuversicht, was die Mitglieder offensichtlich befähigt hat, den opferreichen Widerstand fortzusetzen.

Mit „Einheitsfront" hatte dies alles nichts zu tun. Historiker können die Geschichte nur beschreiben, wie sie war, nicht wie sie hätte sein sollen! Auch in Frankfurt kämpften die Widerstandsgruppen aus dem Bereich der in die Illegalität gedrängten Arbeiterbewegung getrennt und wurden getrennt geschlagen.

4. Widerstand aus Arbeiterbewegung und Arbeiterschaft 1935–1945

Im August 1935 fand in Moskau der VII. Weltkongreß der Kommunistischen Internationale statt.[1] Auf ihm wurde ein grundlegender Wandel der antifaschistischen Strategie und Taktik beschlossen. Die Sozialfaschismusthese wurde jetzt, immerhin zwei Jahre nach Hitlers Machtergreifung und 13 Jahre nach Mussolinis „Marsch auf Rom", als falsch erkannt und revidiert. Ausdrücklich beibehalten wurde jedoch die der Sozialfaschismusthese zugrunde liegende Definition, wonach der Faschismus im Grunde nichts anderes sei als ein mehr oder minder unselbständiges Werkzeug der „reaktionärsten und am meisten chauvinistischen Elemente des Finanzkapitals". In den Beschlüssen des Kongresses wurden die einzelnen kommunistischen Parteien angewiesen, bei der Bekämpfung des Faschismus sich folgender Strategien zu bedienen. Dies galt einmal für die Aufforderung, ein antifaschistisches Bündnis nicht nur mit sozialdemokratischen, sondern auch mit konfessionellen, liberalen und selbst konservativen Parteien und Kräften abzuschließen. Linkssozialistische und kommunistische Splittergruppen wie die KPO und die SAP sollten jedoch nicht in die „antifaschistische Volksfront" aufgenommen werden, weil diese Parteien als trotzkistisch galten und auch weiterhin bekämpft wurden. Die Mitglieder von kommunistischen Parteien in Ländern, in denen der „Faschismus" bereits an der Macht war, was nach der Ansicht der Komintern keineswegs nur für Italien und Deutschland zutraf, sollten dagegen versuchen, Aufklärungs- und Zersetzungsarbeit innerhalb der faschistischen Massenorganisationen zu betreiben. Dies wurde als „Taktik des Trojanischen Pferdes" bezeichnet.

Die illegale KPD hat auf einer Konferenz, die im Oktober 1935 in der Nähe von Moskau stattfand, aber den Decknamen Brüsseler Konferenz erhielt, die Beschlüsse des VII. Weltkongresses der Komintern übernommen.[2] Dies galt für die Volksfrontstrategie und die „Taktik des Trojanischen Pferdes". Ferner wurde beschlossen, die bisher angewandten Methoden des illegalen „Massenkampfes" zugunsten von besser getarnten Aktionen aufzugeben, um die Zugriffsmöglichkeiten der Gestapo zu erschweren. Kommunistische Historiker erkennen dem VII. Weltkongreß der Komintern und der Brüsseler Konferenz der KPD eine epochale Bedeutung zu. Dies ist nur bedingt richtig. Zwar wurde mit der Propagierung der Volksfrontstrategie die ultralinke Politik aufgegeben, die in der ebenso unsinnigen wie politisch fatalen Sozialfaschismusthese gipfelte, doch für den antifaschistischen Widerstandskampf der KPD war diese Wende der Komintern-Führung keineswegs so bedeutungsvoll.[3] Die praktischen Auswirkungen dieser Konferenzen auf den Widerstandskampf in Deutschland waren sehr gering. Nur in ganz wenigen Städten ist es den kommunistischen Widerstandsorganisationen gelungen, wenigstens kurzfristig Kontakte mit sozialdemokratischen Gruppen aufzunehmen. Regelrechte Volksfrontgruppen wurden entweder gar nicht oder nur für kurze Zeit gebildet. Auch die „Taktik des Trojanischen Pferdes" ist kaum angewandt worden. Schließlich war die Mitarbeit in den nationalsozialistischen Massenorganisationen nicht nur gefährlich, sie konnte auch dazu führen, daß Kommunisten bei ihren Genossen und in ihrer Umgebung in den Verdacht gerieten, zu Verrätern geworden zu sein. Insgesamt ist zu sagen, daß der in Moskau beschlossene neue Kurs keineswegs zu einer Intensivierung der kommunistischen Widerstandsarbeit in Deutschland führte.

Es kam ganz im Gegenteil zu einem spürbar werdenden Abflauen, zu einem ‚Widerstand auf kleiner Flamme', ja zumindest in der Zeit des Hitler-Stalin-Paktes, also zwischen 1939 und 1941, zu einem weitgehenden Erlahmen des kommunistischen Widerstandes überhaupt.[4] Dies hatte im wesentlichen zwei Gründe. Einmal fehlten nach den verschiedenen Verhaftungswellen erfahrene und zum Widerstand bereite Kader. Zum anderen hat man auch im kommunistischen Lager erkannt, daß die bisherige intensive, aber relativ offene Widerstandstätigkeit die Zugriffsmöglichkeiten der Terrororgane des Dritten Reiches, deren Wirkung und Effizienz lange Zeit unterschätzt worden waren, erleichterten. In realistischer Einschätzung der Verhältnisse im terroristischen Dritten Reich verzichtete man nun auf die massenhafte Herstellung und Verbreitung von illegalen Flugschriften sowie auf die Abkassierung der Mitglieder und bildete, ähnlich wie die Sozialdemokraten, eher informelle Freundeskreise von Kollegen und Nachbarn, die die bisherigen Kontakte bewahrten und sich gegenseitig in der Gesinnung stärkten. Diese informell arbeitenden Widerstandsgruppen hatten entweder gar keine oder nur sehr lockere Verbindungen mit der Auslandsleitung der KPD.

Diese allgemeine Charakterisierung des kommunistischen Widerstandskampfes nach 1945 trifft auch auf die Situation in Frankfurt zu. Nach der Zerschlagung der 7. und letzten illegalen Bezirksleitung und einer weiteren Verhaftungswelle, der noch im Jahre 1936 296 Mitglieder der illegalen KPD zum Opfer fielen,[5] wurde der kommunistische Widerstandskampf auch in Frankfurt auf ‚kleiner Flamme' geführt. Hinweise darauf, daß in Frankfurt die Taktik des Trojanischen Pferdes angewandt und Volksfrontgruppen gebildet worden sind, gibt es nicht. Die Kontakte zur Auslandsleitung der Partei, die über Belgien, Frankreich und die Schweiz liefen, scheinen sehr locker und sporadisch gewesen zu sein. All dies festzuhalten, bedeutet jedoch nicht, die Existenz eines Widerstandskampfes in Frankfurt zu leugnen. Tatsächlich kam es zu verschiedenen, teilweise spektakulären Widerstandsaktionen und zu weiteren Prozessen gegen Widerstandskämpfer. Offen ist nur, ob alle diese Widerstandskämpfer, die von den Gerichten als Kommunisten angeklagt und verurteilt wurden, auch wirklich als Kommunisten im direkten Auftrag ihrer Partei gehandelt haben.

So ist, um ein Beispiel zu nennen, keineswegs erwiesen, ob der Streik, der im Juli 1936 bei den Opelwerken in Rüsselsheim stattfand, wirklich von Kommunisten geleitet worden ist. Die illegale KPD hat zwar einige Tage nach der Arbeitsniederlegung von etwa 300 Arbeitern bei Opel ein illegales Flugblatt herausgegeben, in dem stand, daß die „Opel-Belegschaft durch Aktionen von Arbeitern in anderen Betrieben unterstützt" werden sollte, dies beweist jedoch nicht, daß die illegale KPD, die sich hier als „Vertreterin des klassenbewußten und revolutionären Proletariats" ausgab, tatsächlich die Initiatoren und „Drahtzieher" des Streiks stellte.[6] Selbst die Gestapo in Berlin, die am 16. Januar 1937 eine „Besprechung über den Streik bei der Fa. Opel" durchführte, war nicht in der Lage, einen Beweis dafür vorzulegen, daß „kommunistischerseits der unsichtbare Streik angezettelt und durchgeführt" worden sei.[7] Um so kritischer äußerte sich die Gestapo-Zentrale über die Tätigkeit der Staatspolizeistelle Frankfurt, die es unterlassen habe, „durch ein Netz von Vertrauensleuten im Werk rechtzeitig von der Stimmung, der Streikabsicht und über die Personen der Drahtzieher" Informationen zu sammeln. Die Staatspolizeistelle Frankfurt wurde angewiesen, sogenannte V-Männer in den Betrieb einzuschleusen und eine „Kartei aller politisch unzuverlässigen ‚Arbeitsgefolgschaftsmitglieder'" aufzubauen, damit sie in der Lage ist, bei einem Streik sofort die durch Kartei und V-Männer bezeichneten politisch Verdächtigen aus der Gefolgschaft festzunehmen". Die „Festnahme aller am Streik Beteiligten" – insgesamt wurden 260 Personen fristlos entlassen, die „Rädelsführer" in Schutzhaft genommen – habe eine „gewisse Märtyrerstimmung" und einen „Solidaritätsgeist der übrigen Belegschaftsmitglieder" erzeugt. Damit gab die Gestapo zu, daß dem Streik bei Opel eine „erhebliche politische Bedeutung" zukam. Der Streik bei Opel ist ein Beweis dafür, daß es im Raum Frankfurt durchaus Aktionen des Widerstandes gab. Die Frage ist nur, ob dieser Widerstand mehr oder minder spontan aus der Arbeiterschaft entstand oder von Gruppen und Personen der illegalen Arbeiterbewegung, insbesondere der KPD vorbereitet und organisiert wurde.

Daß diese Frage nur am Einzelbeispiel beantwortet werden kann, zeigt in exemplarischer Weise die Anklageschrift des Kasseler Generalstaatsanwalts gegen vier Frankfurter Arbeiter.[8] Ihnen wurde im November 1940 vorgeworfen, „zur Vorbereitung des Hochverrats einen organisatorischen Zusammenhalt herzustellen" und „mit Gewalt oder durch Drohung mit Gewalt die Verfassung des Reiches zu ändern". Tatsächlich hatten sich diese vier Arbeiter regelmäßig getroffen, um Nachrichten ausländischer Sender abzuhören und zu besprechen. Der Generalstaatsanwalt war nicht in der Lage, den Angeklagten weitere politische Tätigkeiten, etwa Kontakte zu illegalen kommunistischen Widerstandsgruppen, nachzuweisen. Nur einer der Angeklagten war Mitglied der KPD, später jedoch der SAP gewesen. Von den übrigen sollen zwei mit der KPD sympathisiert haben, der vierte sei Anhänger und Wähler der DDP gewesen. Zwei von ihnen waren nach 1933 der DAF beigetreten. Entscheidend für ihren Entschluß, sich mehr oder minder regelmäßig zu treffen und ausländische Sender abzuhören, was zu diesem Zeitpunkt bereits verboten war, war die allen gemeinsame Ablehnung des nationalsozialistischen Regimes. Einer von ihnen, der in den Angaben zur Person als „Jude und Buddhist" bezeichnet wird, war im Juli 1933 unter dem Verdacht, „staatsfeindliche Flugblätter angefertigt zu haben" von der Gestapo festgenommen worden. Das gegen ihn eingeleitete Strafverfahren wurde jedoch mangels Beweisen eingestellt. Gleichwohl wurde er in ein Konzentrationslager überführt, aus welchem er am 21.12.1933 entlassen wurde. Im Laufe der, wie es in der Anklageschrift des Generalstaatsanwalts in bemerkenswerter Offenheit heißt, „antisemitischen Kundgebungen" war er zwischen dem 12.11. und 14.12.1938 erneut in einem Konzentrationslager. Auch ein anderer Angeklagter, der ebenfalls als „Volljude" bezeichnet wird, war am 9. November 1938 in einem Konzentrationslager eingeliefert worden, aus dem er am 10. Dezember 1938 zurückkehren konnte. Gerade er hat gegenüber dem Generalstaatsanwalt angegeben, eine „solche Behandlung nicht verdient" gehabt zu haben, weil er „immer redlich und ehrlich im Leben gewesen" sei. Obwohl er damit deutlich zum Ausdruck brachte, daß er das nationalsozialistische Regime als Jude naturgemäß ablehnte, wurde ihm vom Generalstaatsanwalt unterstellt, genau wie seine Gefährten zu einem „Anhänger des Kommunismus geworden" zu sein. Ob auch der andere Angeklagte, der ebenfalls jüdischer Herkunft war, tatsächlich „seine kommunistischen Ideen zum Ausdruck" gebracht hat, ist ebenfalls zumindest fraglich. Dennoch, obwohl die Angeklagten sehr unterschiedliche Gründe hatten, das Regime abzulehnen, wurde der gesamten „Gruppe" vorgeworfen, mit ihren „politischen Diskussions- und Abhörabenden" die „eigene und gegenseitige kommunistische Schulung" sowie die „Stärkung" ihrer „kommunistischen Einstellung" angestrebt zu haben.

Dieses Beispiel zeigt, wie leicht man in Verdacht geraten konnte, Kommunist zu sein und die Ziele der illegalen kommunistischen Partei zu fördern. Durch die Feststellung, daß die von den Verfolgungsbehörden vielfach behauptete Orientierung an den Zielen der illegalen kommunistischen Partei offensichtlich häufig nicht der Realität entsprach, wird die Widerstandstätigkeit dieser Gruppen und Personen natürlich in keiner Weise geschmälert. Im Gegenteil, derartige Beispiele zeigen, daß es weitere locker organisierte Gruppen und sogenannte Abhörgemeinschaften in Frankfurt gab, von denen auch die Mitglieder von Widerstandsgruppen nichts wußten, die über Kontakte zu den jeweiligen Parteileitungen im Ausland verfügten. Auch dieser, teilweise nichtorganisierte Widerstand aus der Arbeiterschaft ist zu würdigen! Man sollte dabei vorsichtig sein, ihn im nachhinein für die eine oder andere Partei zu ‚reklamieren'.

Ähnliches gilt für Versuche, gewerkschaftlich organisierte und orientierte Widerstandsgruppen dem Widerstand der Arbeiter*parteien* zuzuordnen. Gerade die vielfach immer noch ‚parteilich' ausgerichtete Historiographie über den Widerstand der Arbeiterbewegung scheint in dieser Hinsicht der historischen Realität oft nicht ganz gerecht zu werden. Es hat in Deutschland auch eigenständige gewerkschaftliche Widerstandsgruppen gegeben, die keine oder kaum Beziehungen zur SPD oder gar zu illegalen KPD unterhielten. Zu ihnen ist vor allem die vom ehemaligen Vorstandsmitglied des Einheitsverbandes der Eisenbahner Deutschlands, Hans Jahn, geleitete Organisation zuzurechnen. Ihr gehörten in Deutschland fast ausschließlich ehemalige Mitglieder der Gewerkschaften an.[9] Hans Jahns weit verzweigte und in vielen Regionen Deutschlands nachweisbare Widerstandsgruppe hat zunächst jeden Kontakt zu kommunistischen und sozialdemokratischen Gruppen abgelehnt. Verbindungen bestanden dagegen zur Gruppe „Neu Beginnen" und auch zum ISK (= Internationalen Sozialistischen Kampfbund), die, wie bereits erwähnt, besonders strikt und zunächst auch erfolgreich die Regeln der Konspirativität einhielten.

Besonders wichtig waren die Beziehungen Jahns zur Internationalen Transportarbeiter-Föderation (ITF), die von dem Holländer Edo Fimmen geleitet wurde. Über Angehörige dieser Gewerkschaftsorganisation – meist Eisenbahner, Seeleute und Binnenschiffer deutscher und anderer Nationalität – erhielten Jahn und seine Gefährten illegales Material, das an die, „Gaugrafen" genannten, Bezirksvorsitzenden der Widerstandsorganisation verteilt wurde. Auf dem gleichen Wege wurden Nachrichten und von der Gestapo gesuchte und gefährdete Personen aus Deutschland ins Ausland geschmuggelt. Jahn selber mußte 1935 auf diesem Wege Deutschland verlassen, nachdem es ihm gelungen war, aus der Haft zu fliehen. Die von Jahn und Fimmen geleitete Widerstandsorganisation hat mindestens bis zum Ausbruch des Krieges bestanden, obwohl die Gestapo wiederholt einzelne Mitglieder verhaften konnte. Jahn, der von der holländischen Regierung ausgewiesen worden war, ist nur knapp in Luxemburg und Frankreich den Gestapobeamten entkommen, die den deutschen Truppen 1940 auf dem Fuße folgten. Allerdings hatte er nicht mehr alle Aufzeichnungen vernichten können, so daß die Gestapo noch weitere Widerstandskämpfer dieses Kreises verhaften konnte. Ob es nach 1939/40 in Deutschland noch aktiv tätige Widerstandsgruppen gegeben hat, konnte bisher nicht mit Sicherheit festgestellt werden.

Hans Jahn ist hier nicht nur deshalb zu erwähnen, weil er nach 1945 als Vorsitzender der Gewerkschaft der Eisenbahner Deutschlands und sozialdemokratischer Bundestagsabgeordneter bis zu seinem Tode im Jahre 1960 in Frankfurt gelebt hat, sondern weil er nachweislich auch in Frankfurt eine Abteilung seiner überregionalen Widerstandsorganisationen geleitet hat. Dabei handelte es sich um die sogenannte Funken-Gruppe, die von dem schon 1933 in die Schweiz emigrierten Frankfurter Gewerkschaftsfunktionär Anton Döring ins Leben gerufen worden war.[10] Die Gruppe wurde nach der von Döring redigierten und nach Frankfurt geschmuggelten Zeitschrift „Der Funke. Informationsorgan der Freien Gewerkschaften Süddeutschlands" genannt. In Frankfurt selber wurde diese illegale Schrift von Hans Lutz, Otto Meyer und Georg Bender vertrieben, die darüber hinaus noch Widerstandszellen in einigen Frankfurter Betrieben gebildet hatten. Sie haben aus Frankfurt Mitteilungen über interne Vorgänge innerhalb der Reichsbahn an Döring übermittelt, der sie auswertete. Gerade dies, der Kontakt mit „Emigranten" wurde dann vom Volksgerichtshof, der Hans Lutz, Otto Meyer und Georg Bender 1938 zu mehrjährigen Zuchthausstrafen verurteilte, als Beweis einer „besonders gefährlichen Art staatsfeindlichen Betreibens" gewertet. Nachdem die Gestapo bereits vorher, in den Jahren 1934–1936, Mitglieder verschiedener Widerstandsgruppen verhaftet hatte, die sich bei den Adler- und Teweswerken sowie in der Eisenbahnwerkstatt am Güterbahnhof gebildet hatten, wurden im Laufe des Jahres 1938 die Reste der Jahnschen Widerstandsorganisation in Frankfurt zerschlagen. Nach einigen – allerdings unbestimmten – Mitteilungen soll es in Frankfurt noch Personen gegeben haben, die Kontakte zu Jahn und Wilhelm Leuschner unterhielten und sich auf politische Aktionen vorbereiteten, die nach einem erfolgreichen Staatsstreich der Militärs eingeleitet werden sollten. Darauf ist noch einzugehen.

Ob die in Frankfurt auch noch in der Kriegszeit nachweisbaren Widerstandskämpfer und Widerstandsgruppen tatsächlich Verbindungen zu Jahn, Fimmen und Leuschner sowie zu den Exilleitungen der SPD und KPD hatten, läßt sich ebenfalls nicht immer mit Sicherheit nachweisen. Es erscheint fraglich, ob sie tatsächlich auf Anweisung von irgendwelchen operativen Leitungen gehandelt haben. Dies trifft ganz offensichtlich auch auf den Widerstandskreis um Albrecht Ege zu, der vom Strafsenat des Oberlandesgerichts Kassel am 18. November 1942 zum Tode verurteilt worden ist. Dennoch meint Barbara Mausbach-Bromberger, daß diese Gruppe nicht nur Kontakte zu den Parteiführungen gehabt habe, sondern daß in dieser Gruppe gemäß den Anweisungen der KPD-Führung der „Versuch" gemacht worden sei, „gemeinsam im Sinne der Einheitsfront zu arbeiten."[11] Die Quelle, auf die sie sich bei dieser Ansicht stützt, vermittelt jedoch ein anderes Bild. Sie zeigt zugleich, mit welcher rücksichtslosen Härte und mit welcher selbst nach den Maßstäben des nationalsozialistischen Unrechtsstaates unrechtmäßigen und völlig haltlosen Begründung die nationalsozialistischen Verfolgungsorgane – und zu ihnen ist auch der Strafsenat des Oberlandesgerichts in Kassel zu zählen – Menschen allein wegen ihrer oppositionellen Gesinnung verfolgt und ermordet haben, denn die Hinrichtung Eges war nichts anderes als ein nur notdürftig juristisch kaschierter Mord.

Bei der Widerstandsgruppe um Albrecht Ege handelte es sich um einen Kreis von Sozialdemokraten, der sich regelmäßig am Sonnabend in einer Wirtschaft zum Skatspielen traf, wobei dann auch über politische Fragen diskutiert wurde. Auf konkrete Widerstandsaktionen wie die Herstellung und Verbreitung von illegalen Flugschriften hat die Skatrunde von Anfang an verzichtet. Selbst das Gericht vermochte es nicht festzustellen, „daß die Tat Eges darauf gerichtet war, zum Zwecke der Vorbereitung des Hochverrats einen organisatorischen Zusammenhalt herzustellen oder aufrechtzuerhalten". Es handelte sich statt dessen um einen sehr lockeren Kreis von Personen, die meist der SPD angehört hatten und sich in einer Wirtschaft trafen, die früher ein bekanntes Parteilokal der SPD gewesen war. Gerade dies war allgemein bekannt und wurde den Mitgliedern dieses informellen Kreises, die im Grunde nur den Zusammenhalt unter den alten Genossen bewahren und fördern wollten, zum Verhängnis.

Der Gestapo gelang es nämlich, einen Spitzel in den Kreis einzuschleusen, der an den sonnabendlichen Skatrunden teilnahm und dann die mitgehörten Gespräche aufschrieb und der Gestapo übergab. Obwohl Ege selber am 1. April 1936 vom

Strafsenat des Oberlandesgerichts Kassel zu einem Jahr und zwei Monaten Gefängnis verurteilt worden war, weil er an verschiedenen Treffen im Café Rothschild und Café Metz teilgenommen und dort „verbotene Schriften gegen Entgelt" erworben hatte, hat er, folgt man den Aussagen des Gestapo-Spitzels, auch nach seiner Entlassung aus der Haft in der Wirtschaft Bender-Schuch von seiner regimefeindlichen politischen Überzeugung keinen Hehl gemacht. Dabei soll er nach Auffassung des Gerichts auch Meldungen wiedergegeben haben, die er aus „feindlichen Rundfunksendungen" gehört hatte. Dies traf vor allem für verschiedene kritische Äußerungen über die Frontlage zu, die vom Gestapo-Spitzel kolportiert wurden. Insgesamt konnte dieser Spitzel jedoch nur sehr allgemeine Schimpfereien und Meckereien an die Gestapo melden, die am Stammtisch in der erwähnten Gastwirtschaft gemacht worden sein sollen, wobei ganz offensichtlich der Alkoholgenuß eine große Rolle spielte. Von einer systematischen politischen Schulung oder gar, wie das Gericht meinte, von einer intensiven Vorbereitung auf den „Sturz der Regierung..., um im gegebenen Augenblick einen Stab zuverlässiger Mitarbeiter zur Führung der Massen und Übernahme der politischen Macht zur Verfügung zu haben", konnte bei dieser Skatrunde eigentlich nicht die Rede sein. Dafür spricht bereits die offene und vertrauensselige Einstellung der Teilnehmer an dieser Skatrunde, die aus ihrer „staatsgegnerischen Einstellung" keinen Hehl machten und offensichtlich niemals befürchtet haben, daß ihre eher geselligen als betont politischen Zusammenkünfte überwacht werden würden.

Seit 1935 nahmen auch einige Kommunisten an den Skatrunden in der Wirtschaft Bender-Schuch teil. Sie taten dies, wie das Oberlandesgericht Kassel vermutete und wie ein überlebender Kommunist nach 1945 bestätigte,[12] in der Absicht, eine Einheitsfront mit den Sozialdemokraten zu bilden. Tatsächlich hat sich einer der sozialdemokratischen Teilnehmer an der Skatrunde in der Gastwirtschaft auch mit einem ihm persönlich bekannten Kommunisten auf dem Nachhauseweg über diese Frage unterhalten. Der Sozialdemokrat hat sich dabei jedoch nach den Erkenntnissen des Gerichts „ablehnend" verhalten, wobei er auf die negative Haltung der Parteiführung in Prag und auf die Tatsache hinwies, daß die „Kommunisten allgemein immer so auf die Führung der SPD schimpften". Gleichwohl zeigte er sich bereit, kleinere Beiträge zur „Unterstützung der Angehörigen gefangener Kommunisten" zu spenden. Weitere Besprechungen, die nicht in der Gastwirtschaft selber stattfanden, führten ebenfalls zu keinem Ergebnis.

Offensichtlich haben die übrigen Mitglieder der Skatrunde von diesen Besprechungen nichts gewußt. Sie setzten ihre regelmäßigen Zusammenkünfte in der Gastwirtschaft auch dann fort, als die Kommunisten, die im Auftrag ihrer Parteileitung versucht hatten, die erwähnten Kontakte anzubahnen, verhaftet wurden. Einige von ihnen haben zwar auch weiterhin kleinere Beiträge gespendet, die für die Angehörigen von verhafteten Kommunisten gedacht waren, doch zu ernsthaften Verhandlungen oder gar zur Bildung einer Einheitsfront ist es niemals gekommen. Zwei der im November 1942 angeklagten Teilnehmer an den Skatrunden in der

Gastwirtschaft Bender-Schuch waren Mitglieder der KPD gewesen. Beide hatten bereits eine mehrjährige Freiheitsstrafe wegen „Vorbereitung eines hochverräterischen Unternehmens" verbüßt, als sie sich der erwähnten Gruppe anschlossen. Sie wurden diesmal zu jeweils 8 Jahren Zuchthaus verurteilt, wobei ihnen allein der Besuch der als „marxistisch verseuchten" Gastwirtschaft zur Last gelegt wurde. Der Spitzel der Gestapo hatte noch nicht einmal regimefeindliche Äußerungen dieser beiden Kommunisten aufgezeichnet. Dennoch hielt das Gericht die bloße Teilnahme an den Skatrunden für hinreichend, um die beiden kommunistischen Angeklagten zu der sehr hohen Freiheitsstrafe zu verurteilen. Ausdrücklich wurde jedoch festgestellt, daß ihnen nicht die „Herstellung oder Aufrechterhaltung eines organisatorischen Zusammenhanges" zum Zwecke der Vorbereitung des Hochverrates zur Last gelegt werden könnte.

Insgesamt ist festzustellen, daß die Mitglieder der Skatrunde in der Gastwirtschaft Bender-Schuch wohl kaum deshalb zusammenkamen, um „im Sinne der Einheitsfront zu arbeiten". Von „Einheitsfrontbestrebungen in Praunheim-Westhausen" kann daher nicht die Rede sein.[13] Es handelte sich statt dessen tatsächlich eher um eine Skatrunde, an der neben Sozialdemokraten auch zwei Kommunisten teilnahmen, die dabei in vermeintlich vertrauter Runde auch kritische Äußerungen über das Regime machten, wobei sie allerdings z. T. auch über illegal abgehörte Rundfunksendungen berichteten. Der Hauptangeklagte Ege wurde allein deshalb und weil er den „Verkehr mit Juden aufrecht" erhalten hatte, indem er einige Juden in materieller Hinsicht unterstützte, zum Tode verurteilt. Dies hatte mit organisiertem, politisch motiviertem und zielgerichtetem Widerstand kaum etwas zu tun.

Dennoch ist die Geschichte der Skatrunde in der Gastwirtschaft Bender-Schuch aus zwei Gründen bemerkenswert. Einmal deshalb, weil sei zeigt, wie perfekt der Überwachungsapparat der Nationalsozialisten arbeitete und wie rücksichtslos und brutal die Gerichte auch derartige im Grunde doch eher harmlose Vorfälle bestraften. Zum anderen deshalb, weil sie beweist, daß es Sozialdemokraten gab, die sich nicht dem totalen Machtanspruch der Nationalsozialisten beugen wollten, die ihrer demokratischen Gesinnung treu blieben und die Kontakte mit Gesinnungsgenossen aufrechterhielten. Die Gruppe um Albrecht Ege wollte und konnte nicht, wie das Gericht mutmaßte, „auf den Sturz des Regimes" hinarbeiten, aber hier versammelten sich tatsächlich Männer, die im „gegebenen Augenblick", bei einem Sturz des nationalsozialistischen Regimes nämlich, durchaus zur „Übernahme der politischen Macht zur Verfügung" gestanden hätten. Von derartigen Gruppen und Gesinnungsgemeinschaften hat es viele in Deutschland gegeben. Sie waren bereit und sie haben sich nach 1945 auch als fähig erwiesen, die SPD wieder aufzubauen und zum demokratischen Neuanfang beizutragen.

Dies wäre möglicherweise auch nach einem Erfolg des Staatsstreiches vom 20. Juli 1944 der Fall gewesen. Die Nationalsozialisten scheinen dies gewußt und befürchtet zu haben. Darauf deuten das brutale Urteil gegen Albrecht Ege sowie die Massenverhaftungen hin, die nach dem 20. Juli 1944 wie überall in Deutschland auch in

Frankfurt durchgeführt wurden, wobei zahlreiche Personen, die in den Karteien der Gestapo als ‚gefährlich' aufgeführt wurden, in Zuchthäuser und Konzentrationslager verschleppt wurden. Diesen Menschen wird man Achtung und Mitgefühl nicht versagen dürfen.

Andererseits beweist die brutale Reaktion der nationalsozialistischen Verfolgungsorgane gerade auf den 20. Juli 1944 nicht, daß es in Frankfurt tatsächlich konkrete Pläne und Vorbereitungen gegeben hat, parallel und nach dem geglückten Staatsstreich Streiks und andere politische Aktionen durchzuführen. Ob Frankfurter, insbesondere ehemalige Mitglieder und Funktionäre der SPD und der Gewerkschaften von den Vorbereitungen zum 20. Juli 1944 gewußt haben, läßt sich nicht mit Sicherheit nachweisen.[14] Da führende Mitglieder des Kreisauer Kreises wie Carlo Mierendorff und Wilhelm Leuschner Kontakte zu Frankfurt und zu Frankfurtern gehabt haben, lag es nahe, derartiges zu vermuten.

Hinzu kam, daß der enge Vertraute Leuschners, Emil Henk, in seinem bereits 1946 veröffentlichten Erinnerungsbericht nähere Einzelheiten über das von Leuschner im gesamten Reich aufgebaute Netz illegaler Gewerkschaftsstützpunkte mitteilte.[15] Danach hat sich die „Zentrale" dieses Netzes in Frankfurt befunden. Geleitet sei sie hier von dem früheren hessischen Staatsrat Schwamb worden, der wiederum den späteren DGB-Bundesvorsitzenden Willi Richter[16] mit der Leitung der „nordhessischen Illegalität" und den späteren Regierungspräsidenten von Rhein-Hessen, Steffan, mit dem Aufbau des Bereichs Frankfurt-Heidelberg beauftragte. In Frankfurt habe Steffan eine Unterorganisation aufgebaut, der der ehemalige Kriminalrat Fries vorgestanden habe. Fries habe über einen „ganzen Stab von Mitarbeitern" verfügt, zu denen auch Gustav Noske gehört habe.

Ziel dieser in Frankfurt und in zahlreichen anderen Orten nachweisbaren Organisationen und Aktionen sei die Vorbereitung eines „Generalstreiks" oder zumindest eines „Eisenbahnerstreiks" gewesen, der den Staatsstreich von oben gewissermaßen ergänzen sollte.

Doch die erhalten gebliebenen Quellen und die Befragungen der Beteiligten haben dazu geführt, daß diese Angaben Henks von den weitaus meisten Forschern mit großer Skepsis kommentiert werden. Es wird zwar nicht bezweifelt, daß Leuschner ein, allerdings sehr locker geknüpftes, Netz von Vertrauensleuten im gesamten Reichsgebiet errichtet hat, doch wie viele Personen ihm wirklich angehörten und welche konkreten Widerstandsaktionen tatsächlich nach dem erfolgreichen Staatsstreich geplant und vorbereitet gewesen sind – diese Fragen werden unterschiedlich und im allgemeinen sehr skeptisch beantwortet. Die Ausnahme stellt Gerhard Beier dar, der in Leuschners Gruppe, bzw. in Leuschners Kreis von Vertrauensleuten eine „illegale Reichsleitung der Gewerkschaften" sehen möchte, wobei er das von dieser „Reichsleitung" zu mobilisierende „Potential" auf „viele Millionen" berechnet, weil, so seine mehr als merkwürdige Begründung, „in der Weimarer Republik" (!) auf „jeden hauptberuflichen Funktionär der Gewerkschafen... 700 Mitglieder" kamen.[17] Doch derartige Zahlenspielereien sind genauso unbewiesen wie die Angaben Henks, wonach allein in Hessen „mindestens 1000 zuverlässige Männer" zur Verfügung gestanden hätten. Wenn dies wirklich so gewesen sein sollte, dann hätte man mit Sicherheit in den vor und nach 1945 angefertigten Quellen und Berichten konkretere Hinweise auf Namen und Tätigkeiten dieser „zuverlässigen Männer" gefunden.

Generell ist – leider möchte man sagen – festzustellen, daß die von Leuschner aufgebaute, wie gesagt sehr lockere, Organisation nur sehr wenige Stützpunkte an der ‚Basis' besaß. Dies festzustellen, hat nichts mit einer auch nur irgendwie gearteten Geringschätzung und Relativierung des Mutes, der Opferbereitschaft und des Erfolgs gerade Leuschners zu tun, denn die von ihm angestrebte demokratische und soziale Neuordnung sowie die Einheitsgewerkschaft sind ja in unserem Lande verwirklicht und erreicht worden. Darin liegt das Vermächtnis dieses Widerstandes, der jedoch nicht im nachhinein verklärt werden darf und dem nicht eine politische Bedeutung zuzuerkennen ist, die er nicht hatte und angesichts des nationalsozialistischen Terrorapparates auch nicht haben konnte. Eine Überbewertung des Widerstandes aus der Arbeiterbewegung und der Arbeiterschaft in Deutschland wie in Frankfurt ist ebenso zu vermeiden wie seine Geringschätzung.

5. Der Kirchenkampf in Frankfurt

Im Unterschied zu den Parteien und Organisationen der Arbeiterbewegung haben beide Kirchen der nationalsozialistischen Machtergreifung nicht nur mehr oder minder zugesehen, sondern sie überwiegend begrüßt. Dies gilt insbesondere für die protestantische Kirche. So erklärte die Pfarrerschaft der damaligen selbständigen Frankfurter Landeskirche am 26. Februar, daß sie in „Volkstum, Rasse und Staat... von Gott gesetzte Lebensordnungen" sehen würde.[1] In einem Aufruf der „Evangelischen Bewegung ‚Deutsche Christen' in Frankfurt" vom März 1933 heißt es: „Wir bekennen offen, daß uns die Bluts- und Schicksalsgemeinschaft unseres deutschen Volkes als ein Wille unseres Gottes sehr wichtig ist, und daß wir uns unbedingt mit Leib und Seele in diesen Zusammenhang hineinzustellen haben. Unsere gottgesetzte Aufgabe ist das deutsche Volk, ohne daß wir damit andere Völker verachten oder der Kirche eine Pflicht, anderen Völkern das Evangelium zu bringen, versagen wollten. Aber es ist uns heiliger Ernst, unser Volkstum physisch von allem volksfremden Blut und Geiste, insbesondere dem jüdischen, freizuhalten, und glauben, damit nur das zu tun, was den Juden selbst von altersher eine heilige Gottesordnung ist."[2]

Bei diesen Deutschen Christen, die sich selbst häufig als die „SA Jesu Christi im Kampfe zur Vernichtung der leiblichen, sozialen und geistigen Not" bezeichneten, handelte es sich um einen Zusammenschluß von karrierebewußten nationalsozialistischen Funktionären, Anhängern einer stark antisemitisch geprägten „völkischen Religion" und Pfarrern und Laien, die sich durch den Anschluß an die NSDAP einen Rückhalt innerhalb der Bevölkerung, besonders innerhalb der Arbeiterschaft versprachen.[3] Obwohl sich die Deutschen Christen erst Anfang 1932 organisiert hatten, hatten sie bereits bei den Kirchenwahlen vom November 1932 ein Drittel aller Sitze erzielen können. Auf ihrer zentralen Versammlung von Anfang April hatten sie sich nicht nur bedingungslos der neuen Staatsführung unterstellt, sondern darüber hinaus gefordert, daß nur der „zum Pfarramt... zuzulassen [sei], der rein deutschen Blutes ist".[4] Damit war die Entlassung von allen „Nicht-Ariern" aus dem Bereich der Kirche gemeint.

Die Deutschen Christen repräsentierten zwar noch eine Minderheit, doch auch die Mehrheit der evangelischen Kirche stand der neuen nationalsozialistischen Regierung positiv gegenüber. Dafür war die in ihren Reihen weitverbreitete antisozialistische, nationalistische, antidemokratische und auch judenfeindliche Tradition und Haltung maßgebend.[5] Die Zustimmung zum nationalsozialistischen Regime wurde dann vor allem am 21. März 1933 zum Ausdruck gebracht, als der am 5. März gewählte Reichstag in feierlicher Form in Potsdam eröffnet wurde. Auch die Evangelische Landeskirche Frankfurt/Main veranstaltete an diesem Tage in der Paulskirche einen Sondergottesdienst. Vor etwa 1500 Zuhörern erklärte Pfarrer Karl

Veidt in seiner Predigt u. a. „Es war nicht nur ein Verbrechen, sondern auch offenkundige Torheit, daß in der Revolution des Jahres 1918 und bei dem Staatsneubau 1919 bewußt der Bruch mit den nationalen, geistigen, sittlichen und religiösen Kräften, die unser Volk gestaltet und groß gemacht haben, vollzogen wurde". Und: „Ich bin überzeugt: Gerade die Führer der neuen nationalen Erhebung werden charaktervoller Überzeugung, wenn sie nur wirklich echt ist, wenn sie nur ehrlich und treu dem Vaterlande dienen will, ihre Achtung nicht versagen."[6] An die Tatsache, daß zur gleichen Zeit überall in Deutschland, auch in Frankfurt, Kommunisten verfolgt und in den zahlreichen Konzentrationslagern gefoltert wurden, erinnerte dieser Pfarrer nicht.

Angesichts der nahezu ungeteilten Zustimmung, die das nationalsozialistische Regime innerhalb der evangelischen Kirche fand, glaubten die nationalsozialistischen Machthaber offensichtlich, mit dieser Kirche leichtes Spiel zu haben. Doch die protestantischen Landeskirchen wählten den Königsberger Wehrkreispfarrer Ludwig Müller, der am 27. April von Hitler zum „Beauftragten des Führers für Fragen der Evangelischen Kirche" ernannt worden war, nicht in das neugeschaffene Amt des Reichsbischofs. Anstelle Müllers wurde Pfarrer von Bodelschwingh zum Reichsbischof gewählt, der jedoch vier Wochen später von seinem Amt zurücktrat, weil die Kirchenführung nicht mehr bereit war, ihn zu unterstützen. Daraufhin wurde August Jäger vom Preußischen Kultusminister Rust als Staatskommissar für die evangelischen Landeskirchen eingesetzt. Damit schien die evangelische Kirche ebenso gleichgeschaltet zu sein wie die Kommunen und Länder des Reiches.[7]

Doch dieses Vorgehen rief trotz aller Sympathie für die angeblich nationale Politik des neuen Regimes auch innerhalb der Kirche Proteste hervor. So schrieb der Frankfurter Pfarrer E. Meyer am 23. April im „Sonntagsblatt der Reformierten Gemeinde", daß die Kirche „wenn sie sich nicht selbst aufgeben und Vertrauen zur absoluten Wahrheit ihrer Verkündung haben will, unter allen Umständen ihre vollständige innere Unabhängigkeit bewahren" müsse.[8] Man müsse sich „leidenschaftlich dagegen wehren, wenn der Versuch gemacht wird, die innere Unabhängigkeit der Kirche anzutasten, sie zu mißbrauchen für ihr wesensfremde Zwecke, sie als Mittel zu gebrauchen zur Erreichung politischer, staatlicher oder wirtschaftlicher Ziele". Doch derartige kritische Stimmen verhallten. Tonangebend waren in dieser Zeit zweifellos die Deutschen Christen. Unter Hinweis auf das sogenannte Einigungswerk Hitlers forderten sie die „neue einige Evangelische Kirche der geeinten deutschen Nation".[9] Durch ein „Ermächtigungsgesetz" sollte die Führung der Frankfurter Landeskirche vier Männern übertragen werden, von denen drei der DC angehörten und einer ihr nahestand. Der noch bestehende Landeskirchenrat lehnte dies jedoch ab. Nach der Ernennung Jägers zum Staatskommissar trat dann am 27. Juni der bisherige stellvertretende Präsident des Landeskirchenrates zurück, weil es ihm als unmöglich erschien, sein „vor Gott abgelegtes Amtsgelübde zu erfüllen.[10]

Damit war es auch im Bereich der Frankfurter Landeskirche zum offenen Konflikt gekommen. In dieser Situation gaben die nationalsozialistischen Machthaber jedoch nach, indem sie den Staatskommissar Jäger zurückberiefen und festlegten, daß die nächsten Kirchenwahlen am 23. Juli stattfinden sollten. Bei diesen Wahlen wurden die Deutschen Christen vom gesamten Parteiapparat der NSDAP und von Hitler selber sehr nachdrücklich unterstützt. So war es kein Wunder, daß die Deutschen Christen gegenüber der oppositionellen Liste „Evangelium und Kirche" im gesamten Reich etwa zwei Drittel der abgegebenen Stimmen erzielten. In Frankfurt waren es 78%.[11] Nachdem der Versuch fehlgeschlagen war, die evangelischen Kirchen gewissermaßen von oben durch die Einsetzung eines Kommissars gleichzuschalten, war nun die ‚Machtergreifung der Deutschen Christen von unten' gelungen. In den einzelnen Landeskirchen wurden nicht nur Bischöfe und Superintendenten ernannt, die der DC angehörten, sondern es wurde darüber hinaus der Arier-Paragraph für Geistliche und Beamte im Bereich der Kirche eingeführt.

So war es auch in der neuen Landeskirche in Nassau-Hessen, die aus dem Zusammenschluß der hessischen, nassauischen und Frankfurter Kirche hervorgegangen war. Zum Präsidenten des Landeskirchentages wurde am 12. September 1933 der bereits erwähnte August Jäger gewählt. Er verglich in seiner Rede auf der Frankfurter Tagung nicht nur Luther und Hitler miteinander, sondern sprach zu Recht von einer „braunen Kirchenversammlung".[12] Die Deutschen Christen hatten auf der ganzen Linie gesiegt. Geistliche und Kirchenbeamte, die selber oder deren Ehegatten nichtarischer Abstammung waren, wurden entlassen. Im § 1 des neuen Kirchengesetzes „betreffend Dienstverhältnisse der Geistlichen und Kirchenbeamten" hieß es dazu: „Wer als Person nichtarischer Abstammung zu gelten hat, bestimmt sich nach den Vorschriften der Reichsgesetze."[13]

Gegen die Einführung des sogenannten Arierparagraphen und gegen die neue zentralistische und zugleich diktatorische Struktur der neuen Reichskirche, die von Ludwig Müller geleitet wurde, der am 28. September zum Reichsbischof gewählt worden war, regte sich bald Widerspruch. Dieser Widerspruch wurde von dem am 6. September in Berlin gegründeten Pfarrer-Notbund getragen.[14] Diesem Bund traten in kurzer Zeit hunderte von Geistlichen in Deutschland bei, die folgende Verpflichtungserklärung unterschrieben: „1. Ich verpflichte mich, mein Amt als Diener des Wortes auszurichten allein an der Bindung an die Heilige Schrift und an die Bekenntnisse der Reformation als die rechte Auslegung der Heiligen Schrift. 2. Ich verpflichte mich, gegen alle Verletzung solchen Bekenntnisstandes mit rückhaltlosem Einsatz zu protestieren. 3. Ich weiß mich nach bestem Vermögen mitverantwortlich für die, die um solchen Bekenntnisstandes willen verfolgt werden. 4. In solcher Verpflichtung bezeuge ich, daß eine Verletzung des Bekenntnisstandes mit der Anwendung des ‚Arier-Paragraphen' im Raum der Kirche Christi geschaffen ist."[15]

Besonders großen Zulauf erhielt der Pfarrer-Notbund, nachdem am 13. November im Berliner Sportpalast ein Mitglied der DC vor 10 000 begeisterten Anhängern mehr oder minder unverhüllt die Ausschaltung des Alten Testamentes und der, wie er sich ausdrückte, „Sündenbock- und Minderwertigkeitstheologie des Rabbiners

Paulus" forderte. Er begründete dies mit dem folgenden geradezu entlarvenden Satz: „Wenn wir Nationalsozialisten uns schämen, eine Kravatte vom Juden zu kaufen, dann müßten wir uns erst recht schämen, irgendetwas, das zu unserer Seele spricht, das innerste Religiöse vom Juden anzunehmen".[16] Dies, die völlige Mißachtung des Alten Testaments, war selbst vielen deutsch-national eingestellten Pfarrern zu viel. Die Sportpalast-Rede und damit zugleich die Haltung der DC überhaupt, wurde überall scharf kritisiert.

In Frankfurt erklärte der schon erwähnte Pfarrer Veidt am 27. November, daß nun „längeres Schweigen... nicht zu verantworten" sei, denn nun werde versucht, „unter der Maske einer germanischen Religion" eine neue „Irrlehre" im Bereich der Kirche zu verbreiten.[17] Zu ähnlich scharfen Protesten kam es in Frankfurt auch innerhalb der reformierten Kirche.[18] Am 12. Dezember teilten 31 Frankfurter Pfarrer, die einen Notbund gebildet hatten, dem Reichsbischof Müller mit, daß sie ihren Landesbischof Dietrich aus „sachlichen und persönlichen Gründen" ablehnten.[19] Gleichzeitig wurden die Kontakte zu den Reformierten intensiviert und trotz eines Verbots des Reichsbischofs Müller öffentliche Versammlungen durchgeführt.

Nach der Reichsbekenntnissynode, die vom 29.-31. Mai in Wuppertal-Barmen stattfand, wurden auch in Frankfurt sogenannte Bekenntnisgemeinden gebildet. Sie lehnten die offizielle Kirchenleitung ab und wandten sich damit auch gegen den nationalsozialistischen Staat, dem, gemäß der 5. Barmer These, der Anspruch bestritten wurde, die „einzige und totale Ordnung menschlichen Lebens [zu] werden und also auch die Bestimmung der Kirche [zu] erfüllen".[20] Damit hatten die innerkirchlichen Auseinandersetzungen, gewollt oder nicht gewollt, den Charakter eines Widerstandes angenommen, der allerdings zunächst kaum oder gar nicht politisch motiviert war und sich nur gegen die von der DC beherrschte Kirchenleitung und gegen einzelne Repräsentanten des nationalsozialistischen Regimes richtete.

Das offizielle Kirchenregiment versuchte mit Unterstützung des Staates, diese Entwicklung mit Gewalt aufzuhalten. Bereits im Juni waren im Bereich der Kirche Nassau-Hessen fünf Pfarrer in den Ruhestand und 14 strafversetzt worden.[21] Doch die Angehörigen der Bekennenden Kirche ließen sich nicht einschüchtern. Auf der 2. Reichsbekenntnissynode, die am 19. und 20. Oktober in Berlin-Dahlem stattfand, wurde ein kirchliches Notrecht verkündet und eine Vorläufige Kirchenleitung ins Leben gerufen, die die Autorität der offiziellen Kirchenbehörden nicht mehr anerkannte. Auch der in Nassau-Hessen Ende Oktober 1934 gebildete Landesbruderrat erhob den Anspruch, die rechtmäßige Leitung der Kirche Nassau-Hessens zu sein. Dies wurde auf sogenannten Bekenntnistagen verkündet, an denen allein in Frankfurt 12000 Personen teilnahmen. Die oppositionellen Pfarrer hatten sich auch von der Androhung ihres Landesbischofs Dietrich nicht beirren lassen, der ihnen die Einleitung von Disziplinarverfahren in Aussicht gestellt hatte. Dabei hatte er unter Hinweis auf den sogenannten Röhm-Putsch verkündet, daß doch gerade diese Ereignisse „auch den Blinden die Augen geöffnet und die einzigartige Größe des

Führers ... aller Welt gezeigt" habe.[22] Gerade dies, die angedeutete „Verbindung mit dem Fall Röhm" wurde in einem offenen Brief an Bischof Dietrich, der vom Landesbruderrat der Evangelischen Bekenntnisgemeinschaft für Nassau-Hessen unterzeichnet war, in scharfen Worten zurückgewiesen.[23] Dem Bischof wurde „evangelische Bruderliebe", „seelsorgerische, bischöfliche Weisheit und Würde" abgesprochen. Insgesamt haben 140 Pfarrer aus Nassau-Hessen ihrem Bischof den Gehorsam aufgekündigt. Auf großen Versammlungen, die in Frankfurt am 7. November im Hippodrom, in der Katharinen- und Dreikönigskirche stattfanden, schlossen sich 9000 der dort versammelten Männer und Frauen einer entsprechenden Erklärung an.[24]

Der Bischof versuchte, mit Gewaltmaßnahmen den Widerstand der BK zu brechen. Doch dies gelang nicht. Obwohl schon im April 1935 18 Pfarrer aus ihrem Amt entfernt und fünf in einem Konzentrationslager eingeliefert worden waren,[25] ging der Ausbau einer eigenen Kirchenorganisation voran. Im März 1935 wurde auch in vielen Gemeinden Nassau-Hessens die Erklärung der BK gegen das sogenannte Neuheidentum verlesen, womit vor allen Dingen die Publikationen und Erklärungen Rosenbergs gemeint waren.[26] Im September 1935 hatten sich von den insgesamt 800 Geistlichen der Landeskirche Nassau-Hessen 361 amtierende und weitere 90 noch nicht ordinierte Vikare der BK angeschlossen.

Doch dem im September 1935 ernannten neuen „Reichsminister für die kirchlichen Angelegenheiten", Hanns Kerrl, gelang es, die Front der BK zu durchbrechen, weil ein Teil der BK sich bereit zeigte, in dem neuen Reichskirchenausschuß mitzuarbeiten.[27] Auf der Bekenntnissynode in Bad Oeynhausen, die im Februar 1936 stattfand, konnten die Gegensätze innerhalb der BK nicht mehr überwunden werden. Ein gemäßigter Flügel war für die Zusammenarbeit mit dem Reichskirchenministerium. Ein radikaler verharrte jedoch auf den bisherigen Positionen und lehnte jeden Eingriff des Staates in die Kirche ab. Zu diesem radikalen Flügel gehörte auch die BK in Nassau-Hessen, die die Mitarbeit in dem neuen vom Staat gebildeten Landeskirchenrat ablehnte. Die Zweite Bekenntnissynode der Landeskirche Nassau-Hessen begründete dies am 12. März 1936 in Frankfurt mit dem Hinweis, daß auch der neue Landeskirchenausschuß sich nicht hinreichend genug von den Irrlehren der DC distanziert habe.[28] Daraufhin wurden zwei führende BK-Pfarrer von der Polizei aus Nassau-Hessen ausgewiesen. Im Mai 1936 sandte der radikale Flügel der BK eine Denkschrift an Hitler, in der gegen die Verletzung der Menschenrechte und gegen den staatlichen Antisemitismus protestiert wurde, der „zum Judenhaß" verpflichte, was gegen „das christliche Gebot der Nächstenliebe" verstoße. Teile dieser Denkschrift wurden auch in Nassau-Hessen von BK-Pfarrern von den Kanzeln aus verlesen.[29]

Im Februar 1937 trat dann der Reichskirchenausschuß und im Juli des gleichen Jahres auch der hessische Landeskirchenausschuß zurück. Das sogenannte Befriedungswerk Kerrls war damit gescheitert. Damit hatte die BK jedoch keineswegs gesiegt. Anfang des Jahres 1938 wurde Martin Niemöller verhaftet und in ein

Konzentrationslager verbracht, obwohl er am 2. März 1938 von einem Gericht offiziell freigesprochen worden war. Damit war der führende Kopf der BK beseitigt. Es mehrten sich nun die Anzeichen, die auf eine gewisse Anpassungsbereitschaft auch des radikalen Flügels der BK hindeuteten. Im Sommer des Jahres 1938 waren auch die Pfarrer der Landeskirchen, die wie Nassau-Hessen dem radikalen Flügel der BK angehörten, bereit, einen Eid auf Adolf Hitler abzulegen. Dazu kam es dann zwar nicht, dennoch deutete dies auf eine gewisse Kompromißbereitschaft hin.

Nachdem im September 1938 auch in Nassau-Hessen in den Gottesdiensten eine Gebetsliturgie durchgeführt wurde, in der im Zeichen der Sudetenkrise für die Erhaltung des Friedens gebetet wurden,[30] fand am 25. Januar 1939 in der Matthäuskirche zu Frankfurt eine Versammlung von 620 Pfarrern aus beiden Kirchenlagern statt. Der oppositionelle Landesbruderrat erklärte sich hier zur Zusammenarbeit mit der offiziellen Kirche bereit und verzichtete auf die weitere Ausübung seiner kirchenregimentlichen Funktion. Diesem sogenannten Einigungswerk stimmten in der Folgezeit fast alle Pfarrer der Kirche Nassau-Hessens zu. Maßgebend dafür war die Hoffnung, daß dadurch die in „Schrift und Bekenntnis" beruhende „Grundlage der Kirche" gewahrt werden würde.[31]

Doch so sehr man auch die Verbundenheit der evangelischen Kirche mit dem „deutschen Volke" betonte, so unbekümmert setzte sich die Gestapo über die Bestimmungen dieses sogenannten Einigungswerkes hinweg. Sie forderte und beschlagnahmte Adressenlisten und Personalpapiere von Mitgliedern der BK. Dennoch kam es nicht mehr zu größeren Protestaktionen. Nur Ende 1940 wurde in Frankfurt der Versuch abgewehrt, das Gesangbuch von allen Anklängen an Jüdisches zu „reinigen".[32] Erfolglos protestierten die Angehörigen des Landesbruderrates der BK gegen den auch in Nassau-Hessen praktizierten Ausschluß von sogenannten Judenchristen aus der Landeskirche. Von offiziellen Protesten gegen die Judenpolitik und Judenverfolgung des Regimes ist dagegen nichts bekannt geworden. Erst im Oktober 1943 wandte sich die XII. Bekenntnissynode der Altpreußischen Union gegen die „Vernichtung von Menschen", die „Angehörige eines Verbrechers, alt oder geisteskrank sind oder einer anderen Rasse angehören".[33] Eine derartige ebenso unmißverständliche wie im Grunde selbstverständliche Ablehnung des Massenmordes im Dritten Reich erfolgte jedoch von seiten der Landeskirche Nassau-Hessen nicht. Dies schließt jedoch nicht aus, daß einzelne Mitglieder der Kirche, Pfarrer wie Laien, einzelnen Verfolgten geholfen haben.

Anders als die evangelische hat die katholische Kirche den Nationalsozialismus vor 1933 aus theologischen und politischen Gründen abgelehnt und sich von ihm mit theologischen und politischen Methoden abgegrenzt.[34] Als die NSDAP nach 1930 zu einer immer schneller wachsenden Massenbewegung wurde, ließ sich jedoch die ablehnende Haltung, zu der auch Sakramentsverweigerung und Exkommunikation gehörten, nicht immer mit aller Konsequenz verwirklichen. Dennoch war es der NSDAP vor 1933 nicht gelungen, in die katholische Kirche einzubrechen und die Partei der katholischen Kirche, das Zentrum, auszuschalten. Innerhalb der katholischen Kirche gab es vor dem 30. Januar 1933 keine Gruppierung, die mit den Deutschen Christen zu vergleichen wäre. Nur sehr wenige Geistliche bekannten sich zur NSDAP. Noch vor den März-Wahlen des Jahres 1933, zu einem Zeitpunkt, als die führenden Repräsentanten der evangelischen Kirchen mit fliegenden Fahnen zum Nationalsozialismus überliefen, haben die katholischen Bischöfe zur Wahl des Zentrums aufgefordert. Das Ergebnis der Wahl ermöglichte der NSDAP jedoch, nun allein mit der DNVP die Regierung zu bilden. Das Zentrum, das in nahezu allen parlamentarisch gebildeten Regierungen der Weimarer Republik vertreten war, wurde nun nicht mehr gebraucht.

Die katholische Kirche und das Zentrum reagierten sehr schnell. Am 23. März 1932 stimmte das Zentrum im Reichstag dem Ermächtigungsgesetz zu. Am 28. März hob die Fuldaer Bischofskonferenz alle früheren Verbote und Warnungen vor der NSDAP auf.[35] Der Errichtung des nationalsozialistischen Terrorsystems sah die katholische Kirche mehr oder minder tatenlos zu. Nach der Zustimmung zum Ermächtigungsgesetz wurde dann das Zentrum auf Betreiben seines Parteiführers, des Prälaten Kaas, aufgelöst. Dafür gewann die katholische Kirche mit dem Reichskonkordat, das am 14. Juli 1933 im Reichstag verabschiedet und am 4. September ratifiziert wurde, zahlreiche Privilegien. Dazu gehörte u. a. die Tolerierung, ja gesetzliche Absicherung der Bekenntnisschulen und der zahlreichen Laien-, Frauen-, Handwerks- und Jugendvereine. Dafür nahm es die katholische Kirche hin, daß vor und während der Konkordatsverhandlungen auch Angehörige ihrer Jugend- und Kolping-Vereine von HJ- und SA-Kommandos überfallen wurden, und daß einige katholische Zeitungen in ihrer Arbeit behindert wurden.

So war es auch in Frankfurt, wo es ebenfalls zu Übergriffen auf Angehörige katholischer Jugendorganisationen durch Mitglieder der HJ und SA kam. Am 3. Juli wurden einige Redakteure der in Frankfurt erscheinenden linkskatholischen Rhein-Mainischen Volkszeitung und der Generalsekretär des inzwischen bereits aufgelösten „Friedensbundes deutscher Katholiken" verhaftet.[36] Wenige Tage später wurde auch der schon damals bekannte und angesehene katholische Publizist Walter Dirks in das Frankfurter Polizeigefängnis eingeliefert. Die katholische Kirche, vertreten durch den Limburger Bischof Hilfrich, schwieg dazu. Dies stieß auf die scharfe Kritik des Frankfurter Pfarrers Alois Eckert, der sich um ein Eingreifen des Bischofs zugunsten der Inhaftierten bemühte.[37]

Eckert gehörte auch zu den wenigen Pfarrern beider Konfessionen, die bereits im April 1933 die nationalsozialistische Judenpolitik kritisiert hatten. In einem Artikel, der am 4. April 1933 in der Rhein-Mainischen Volkszeitung in Frankfurt erschien, vertrat er die Ansicht, daß „kein Mensch... einfach wegen seiner Rasse minderen Rechtes" sei und „wegen seiner Zugehörigkeit zu einer Rasse diffamiert werden" dürfe.[38] Eine, wie sich Eckert ausdrückte, „Lösung der Judenfrage dürfe nicht von der Rasse her gesucht und gefunden werden". Obwohl Eckert es für nötig hielt, am Schluß seines Artikels zu betonen, daß er „kein Jude..., sondern ein katholischer Pfarrer aus gutem deutschen Frankenblut" sei, erkannte er, daß hier „deutsches

Unrecht" geschehe. Es sei „Aufgabe der christlichen Ethik", dem entgegenzutreten. Dies waren ebenso deutliche wie mutige Worte.

Dies gilt auch für das Schreiben Eckerts vom 30. Juli 1933 an Bischof Hilfrich.[39] Hier führte er aus, daß man innerhalb des katholischen Volkes „das Schweigen und die Passivität des deutschen Episcopates" nicht verstehe. Für das „bedrohte und recht anfechtbare Privateigentum der Fürsten" habe der „Episcopat vor einigen Jahren recht konkret und vernehmbar gesprochen, für Ehre, guten Namen, persönliche Freiheit, die wesentlichere Güter sind, beschränkt er sich auf sehr allgemein gehaltene Andeutungen". Eckert wollte nicht verstehen, daß die Kirche trotz des Konkordats „Stellung um Stellung" räume.

Damit hatte Eckert auf den neuralgischen Punkt hingewiesen, der das Verhalten der katholischen Kirche insgesamt in dieser Phase charakterisierte, die den Bestand des zunächst ja so vorteilhaften Konkordats mit dem nationalsozialistischen Regime nicht gefährden wollte. Im Laufe des Jahres 1934 häuften sich dann überall in Deutschland, auch in Frankfurt, die Angriffe insbesondere auf Mitglieder der katholischen Jugendorganisation. Am 19. April 1934 wurde den konfessionellen Jugendverbänden im Regierungsbezirk Wiesbaden das öffentliche Tragen von Tracht, Abzeichen, Fahnen, der Vertrieb von Presseerzeugnissen und das geschlossene Auftreten in der Öffentlichkeit verboten.[40] Doch die katholische Kirche schwieg auch dazu. Selbst als am 30. Juni 1934 der Führer der Katholischen Aktion, Klausener, ermordet wurde, gab es kein lautes Wort des Protestes. Wiederum auf Initiative des bereits erwähnten Pfarrers Eckert bildete sich darauf in Frankfurt ein Priesterkreis, die sogenannte Main-Rheinische Klerusfront, dem auch Vertreter anderer Diözesen angehörten.[41] Man traf sich in Frankfurt, um zu überlegen, was man für die „innere Widerstandstätigkeit in Klerus und Volk" tun könne. 1936/37 sandte dieser Kreis sogar ein Memorandum an die Deutsche Bischofskonferenz, in dem um ein öffentliches Wort der Kritik an der Judenverfolgung und der KZ-Willkür gebeten wurde. Die Bischöfe antworteten jedoch nicht.

Inzwischen verstärkte sich der Druck des Regimes auf die Mitglieder der katholischen Jugendvereine, die in indirekter und immer direkter werdender Weise aufgefordert wurden, endlich der HJ beizutreten.[42] Katholische Jugendpfarrer versuchten darauf vergeblich, den Bischof zu bewegen, die Unvereinbarkeit zwischen dem katholischen Bekenntnis und der Mitgliedschaft in der HJ zu erklären.[43] Doch in dem gemeinsamen Hirtenbrief der deutschen Bischöfe vom 20. August 1935 wurde nur an das „katholische Ehrgefühl" der Eltern appelliert, die ihre Kinder nur in solche Verbände schicken sollten, „in denen die religiöse Überzeugung geachtet" werde.[44] Doch die berufliche Zukunft ihrer Kinder, die häufig nur dann eine Lehrstelle erhielten, wenn sie Mitglieder der HJ waren, war vielen Eltern wichtiger. Es setzte ein massiver Rückgang der Mitgliederzahlen der katholischen Jugendvereine ein, wobei, wie der Frankfurter Kaplan Schäfer am 6. Oktober 1935 berichtete, „mittlere Beamte" und die „schlichten Leute" noch am ehesten bereit waren, „ihre

Kinder trotz Schwierigkeiten in unserer Jugend" zu belassen.[45] Doch die auf ein schärferes Vorgehen dringenden Jugendpfarrer fanden auch jetzt nicht die Unterstützung der Bischöfe.

Dennoch erfreute sich die Kirche gerade in dieser Zeit, als sie von seiten der Partei bedrängt und häufig auch öffentlich beschimpft wurde, einer unbeirrten Unterstützung innerhalb der Bevölkerung. Kirchliche Veranstaltungen, insbesondere das 700jährige Domjubiläum im August und September 1935 in Limburg, wurden von tausenden von Menschen besucht, die damit zumindest indirekt in gewisser Weise auch gegen die Kirchenpolitik des nationalsozialistischen Regimes protestierten. Die Nationalsozialisten nahmen dies zum Anlaß, um ihre antikirchliche Propaganda zu steigern. Doch dabei verstieg man sich zu Äußerungen, die gerade von gläubigen Christen als blasphemisch empfunden wurden und empfunden werden mußten. So erklärte der Gauwalter der DAF Hessen-Nassau am 9. Oktober 1935 auf einer Großkundgebung im Frankfurter Hippodrom: „Christus war groß, aber Adolf Hitler ist größer".[46] Geschickter und zum Teil auch erfolgreicher waren dagegen die Versuche, die moralische Integrität von katholischen Pfarrern und Ordensleuten in Frage zu stellen, um sie damit vom Kirchenvolk zu trennen. Diesem Ziel dienten die verschiedenen Devisen- und Sittlichkeitsprozesse, über die die nationalsozialistische Presse in großer Aufmachung berichtete. Dabei wurden die Klöster geradezu als „Brutstätten des Lasters" charakterisiert, in denen Unzucht mit weiblichen und insbesondere männlichen Jugendlichen an der Tagesordnung sein sollten.[47]

Anfang 1937 gaben die katholischen Bischöfe ihre bisher gezeigte Zurückhaltung auf. Anlaß war die am 14. März veröffentlichte Enzyklika „Mit brennender Sorge", in der der Papst die „Vertragsumdeutung", „Vertragsumgehung", „Vertragsaushöhlung" und die „mehr oder minder öffentliche Vertragsverletzung" des Konkordats seitens des nationalsozialistischen Regimes öffentlich kritisierte.[48] Er warf dem nationalsozialistischen Regime darüber hinaus vor, den Frieden gestört zu haben und von einer „grundsätzlichen Feindschaft gegen Christus und seine Kirche" geprägt zu sein. Letzteres wurde mit dem Hinweis auf die Verherrlichung „altgermanisch-vorchristlicher" Vorstellungen innerhalb der nationalsozialistischen Propaganda und Publizistik begründet. Schließlich wurden auch die Bestrebungen verurteilt, die darauf abzielten, „die Rasse oder das Volk oder den Staat oder die Staatsform" aus „ihrer irdischen Wertskala" herauszulösen und sie zu vergöttern.

Diese Kampfansage an zentrale Elemente der nationalsozialistischen Weltanschauung wurden auch in Frankfurt von den Kanzeln verlesen.[49] Die Enzyklika selber wurde vielfach abgeschrieben und an die Pfarrämter verteilt. Das nationalsozialistische Regime verschärfte darauf seinen Druck auf die Kirche. Verschiedene Geistliche wurden festgenommen, einige davon in die Konzentrationslager eingeliefert. Aus Frankfurt wurde der Kaplan Johann Lauck 16 Monate in Untersuchungshaft gehalten. Der Kaplan Abschlag wanderte für 8 Monate in das KZ Buchenwald. Der Sekretär des Arbeitersekretariats und des katholischen Volksbüros August Kunz befand sich ebenfalls mehrere Monate in Haft und wurde von der Frankfurter

Gestapo gefoltert, die ihn verdächtigte, illegales Material hergestellt und verbreitet zu haben. Der Frankfurter Sturmschar-Führer Bernhard Becker beging in der Gestapo-Haft Selbstmord, nachdem er ebenfalls auf Befehl des Frankfurter Gestapo-Chefs Rudolf Thorn gefoltert worden war. An seinem Begräbnis am 18. Dezember 1937 nahmen unter Leitung von Pfarrer Eckert fast 1000 Menschen teil, was zu Recht als „Demonstration gegen das NS-System" angesehen werden kann.[50]

Nachdem in der zweiten Hälfte des Jahres 1937 auch der Katholische Jungmännerverband und der Jugendbund Neudeutschland durch die Gestapo aufgelöst worden war, teilweise jedoch, als „Meßdienergruppen" oder „Bibelkreise" getarnt illegal weiterarbeiteten,[51] konzentrierten sich die Nationalsozialisten im Frühjahr 1938 auf das Ziel, das konfessionelle Volksschulwesen in Frankfurt zu beseitigen. Diese Aktion war sehr sorgfältig vorbereitet worden. Bereits im Januar 1938 war Oberbürgermeister Krebs nach Berlin gereist, um mit einem Staatssekretär im Erziehungsministerium ein Verbot der Konfessionsschulen zu besprechen.[52] Dort war ihm jedoch mitgeteilt worden, daß ein diesbezüglicher Gesetzesentwurf bisher von Hitler noch nicht unterschrieben worden sei. Die „Rechtsverhältnisse" seien auf diesem Gebiet in Deutschland „völlig verworren". Dies scheint die Partei in Frankfurt zum Anlaß genommen zu haben, um vollendete Tatsachen zu schaffen. Sie berief alle Frankfurter Erziehungsberechtigten zu sogenannten Aufklärungsversammlungen ein, auf denen die „Einführung der deutschen Gemeinschaftsschule in Frankfurt, als der einzig berechtigten Schulart propagiert" werden sollte.[53] Das bischöfliche Ordinariat Limburg wies alle katholischen Pfarrämter in Frankfurt an, am Himmelfahrtstag eine Erklärung zu verlesen, in der „schärfster Einspruch gegen jede Schmälerung des Rechtes, das durch die Bestimmungen des Volksschul-Unterhaltungsgesetzes und des Reichskonkordates festgelegt ist" erhoben wurde.[54] Gleichwohl kamen nach dem Bericht der Frankfurter Volkszeitung tausende von Eltern zu insgesamt 6 „überfüllten Massenversammlungen", auf denen sich „hundert Prozent der Frankfurter Elternschaft" für die Abschaffung der Konfessionsschulen ausgesprochen haben soll.[55] Sie teilten dies in einer ebenfalls einstimmig angenommenen Entschließung dem Gauleiter mit, indem sie darauf hinweisen, „daß die Einheit des deutschen Volkes nur dann gewahrt bleiben wird, wenn die heranwachsende Jugend eine einheitliche Erziehung erfährt".[56]

Während die Leitung der Landesgemeinde Hessen-Nassau der Deutschen Christen Oberbürgermeister Krebs „herzliche Glückwünsche" zu diesem „einmütigen Bekenntnis der gesamten Elternschaft der Gauhauptstadt zu der deutschen Gemeinschaftsschule" übermittelte,[57] protestierte das Bischöfliche Kommissariat Frankfurt scharf gegen die Beschlüsse der Elternversammlungen.[58] Sie verstießen gegen Recht und Gesetz und seien nur unter Druck und Zwang zustandegekommen. So seien Gegner des Beschlusses „niedergeschrien" worden und hätten an den „Leitungstisch oder auf die Bühne" kommen müssen, wenn sie ihre negative Einstellung zur Gründung von Gemeinschaftsschulen zum Ausdruck hätten bringen wollen. Auch das Bischöfliche Ordinariat verfaßte ein sehr scharfes Protestschreiben, das am

12. Juni in allen Frankfurter Pfarrgottesdiensten verlesen wurde.[59] Dabei wurde jedoch ausschließlich auf die Rechtslage verwiesen.

Tatsächlich scheint der Antrag Frankfurts, alle Konfessionsschulen in Gemeinschaftsschulen umzuwandeln, vom Kultusministerium in Berlin abgelehnt worden zu sein. Doch man fand einen Ausweg. Nach dem Vorbild Berlins, wo, wie sich Stadtrat Keller auf einer Dienstreise erkundigte, Konfessionsschulen nicht umgewandelt, sondern einfach als Gemeinschaftsschulen neugegründet worden waren,[60] beschloß der Frankfurter Oberbürgermeister am 1. August 1938, vom Schuljahr 1939 ab eine formelle „Neueinrichtung" von Gemeinschaftsschulen anstelle der bisherigen Bekenntnisschulen durchzuführen.[61] Bei diesem Verfahren, das vom Reichserziehungsministerium ausdrücklich gebilligt wurde, sollten die Eltern bei der Anmeldung ihrer Schüler angeben, ob ihre Kinder in Bekenntnisschulklassen unterrichtet werden sollten oder nicht. Wenn dies nicht der Fall war, wurden aus den bisherigen Bekenntnisschulen sogenannte Gemeinschaftsschulen, wobei sonst alles beim alten bliebe. Lehrer, die mit diesem Verfahren nicht einverstanden waren, sollten versetzt werden. Auf diese Weise wurden in Frankfurt die Bekenntnisschulen, deren Bestand im Konkordat ausdrücklich von der nationalsozialistischen Regierung garantiert worden war, beseitigt.

In krassem Kontrast zu den intensiven und sehr energischen Protesten der katholischen Kirche gegen die Umwandlung der Bekenntnisschulen zu Gemeinschaftsschulen stand ihr Verhalten während der Novemberprogrome. Für die verfolgten Juden gab es so gut wie keine Proteste. Der Limburger Bischof Hilfrich vertrat die Ansicht, daß er für die Juden nicht zuständig sei.[62] Pfarrer Alois Eckert schrieb dazu in seinen 1964 verfaßten Erinnerungen: „Wir erlebten die Kristallnacht, die Brandstiftung der Synagogen und die beginnende Verschleppung der Juden und – schwiegen schlechten Gewissens".[63] Bischof Hilfrich hielt es sogar für notwendig, in einem Hirtenbrief vom 6. Februar 1939 darauf hinzuweisen, „daß die christliche Religion kein Geist des Judentums" sei und nicht „aus der Natur dieses Volkes [gemeint sind die Juden] herausgewachsen", „also nicht von Rasse-Eigenschaften dieses Volkes beeinflußt" sei.[64] Die „Geschichte der Offenbarung" zeige statt dessen die „Todfeindschaft der führenden Kreise gegen den Heiland und die Verstocktheit des nachchristlichen Judentums".

Man kann und muß derartige Äußerungen heute nur mit Bestürzung zur Kenntnis nehmen. Zum Verständnis, nicht unbedingt zur Entschuldigung ist es aber notwendig, zu wissen, daß die katholische Kirche in dieser Zeit scharfen Angriffen von seiten des nationalsozialistischen Staates ausgesetzt war. So fand am 5. Dezember 1938 im Frankfurter Alumnat St. Georgen eine Haussuchung der Gestapo statt, weil diese einige Studenten „staatsfeindlicher" Bestrebungen verdächtigte.[65] Das Ermittlungsverfahren wurde jedoch dann eingestellt. Am 19. Januar 1939 löste die Frankfurter Gestapo dann alle katholischen Arbeitervereine im Bistum Limburg auf. Gleichzeitig begann Gauleiter Sprenger, der gesagt haben soll, daß er „dem Führer zum 50. Geburtstag einen klosterfreien Gau darbieten" wollte, die Klöster aufzuheben.⁶⁶ Dies wurde von seiten der Partei mit dem Hinweis auf angebliche „Mißstände in Klöstern der Diözese Limburg" begründet.⁶⁷ Die Partei führte im gesamten Kreis Groß-Frankfurt am 13. und 14. April 1939 „schlagartig" eine „Aufklärungsaktion" durch, die sehr sorgfältig vorbereitet worden war. Derartige Kampagnen wurden auch in der Folgezeit durchgeführt.⁶⁸ Zahlreiche konfessionelle Einrichtungen wurden beschlagnahmt.

Auch die unteren Gliederungen der Partei haben, wie aus verschiedenen Dokumenten hervorgeht,⁶⁹ die Tätigkeit der katholischen Kirche mit äußerstem Argwohn und mit offener Feindseligkeit beobachtet. Im Mai 1939 kam es in Frankfurt-Praunheim zu Ausschreitungen gegenüber den Teilnehmern einer Fronleichnamsprozession.⁷⁰ Die Straßen, durch die die Prozession zog, waren mit meterhohen Hakenkreuzen versehen. Die Türen von Katholiken, die ihre Häuser zur Prozession geschmückt hatten, wurden mit Inschriften wie „Weihrauch und Knoblauch" oder „Hier wohnt ein Judenknecht" beschmiert. Doch derartige Aktionen der Partei scheinen auf die katholischen Gläubigen wenig Eindruck gemacht zu haben. Kirchliche Veranstaltungen, insbesondere Wallfahrten wurden gerade in dieser Zeit besonders stark besucht. So nahmen tausende im August 1939 anläßlich der 700-Jahr-Feier des Kaiserdoms in Frankfurt an einer sogenannten Glaubensdemonstration teil.⁷¹ Die antikirchlichen Aktionen wurden zwar nach Ausbruch des Krieges abgeschwächt, aber keineswegs völlig eingestellt. Von einem „Burgfrieden", wie es in Schreiben der Partei hieß,⁷² konnte nicht die Rede sein.

Dennoch schwieg die Kirche nicht nur zur Verfolgung der Juden, sondern auch zur Ermordung der Geisteskranken, obwohl Bischof Hilfrich sehr genau über die Vorgänge orientiert war, die in seiner unmittelbaren Nachbarschaft in Hadamar passierten. Anders als Graf Galen hat der Limburger Bischof in seinen öffentlichen Predigten nicht zur „Euthanasie" Stellung genommen.⁷³ Allerdings protestierte er am 13. August 1941 in einem Schreiben an den Reichsjustizminister gegen diese Morde.⁷⁴ Am 8. Oktober 1941 wies er dann alle Ordensoberen und Leiter katholischer Anstalten für Geisteskranke und Schwachsinnige darauf hin, sich in keiner Weise an den Maßnahmen zu beteiligen, die auf den Abtransport und die spätere Tötung der Geisteskranken abzielten.⁷⁵ Öffentliche oder interne Proteste gegen die Verfolgung und Deportation der Frankfurter Juden sind dagegen aus dem Bereich der Limburger Diözese nicht bekannt geworden. Erst am 19. August 1943 haben die katholischen Bischöfe in einem gemeinsamen Hirtenbrief die „Tötung ... an schuld- und wehrlosen Geistesschwachen und -kranken, an unheilbar Siechen und tödlich Verletzten, an erblich Belasteten und lebensuntüchtigen Neugeborenen, an unschuldigen Geiseln und entwaffneten Kriegs- oder Strafgefangenen, an Menschen fremder Rassen und Abstammung" verurteilt.⁷⁶

Andererseits ist noch einmal darauf hinzuweisen, daß die katholische Kirche schließlich selber in einem schweren Abwehrkampf gegen die Nazis stand. Fast jeder zweite Geistliche der Diözese hat mindestens einmal mit der Gestapo zu tun gehabt, wobei allerdings häufig bereits eine intensive seelsorgerische Betreuung von Soldaten und insbesondere von Frauen und Jugendlichen durch die einzelnen Pfarrer ausreichte, um das Mißtrauen und den Verdacht der Verfolgungsorgane zu wecken.[77] Verfolgt und meist streng bestraft wurden Versuche, die kirchliche Jugendarbeit in der Illegalität fortzusetzen, die Predigten des Grafen Galen illegal zu verbreiten oder polnische „Fremdarbeiter" zum allgemeinen Gottesdienst zuzulassen. Insgesamt wurden fünf Pfarrer und 12 Ordensleute aus der Diözese Limburg in Konzentrationslager verschleppt. Fünf Menschen haben „für ihre katholische Glaubensüberzeugung" ihr Leben lassen müssen.[78]

Es steht uns nicht an, zu beurteilen, ob dies viel oder wenig war. Andererseits stünde es den beiden großen christlichen Konfessionen gut an, auch einen Blick auf das Verhalten der kleineren, häufig in abschätziger Weise als „Sekten" bezeichneten Glaubensgemeinschaften zu werfen. Hier findet man nämlich neben einigen Parallelen auch Kontraste zum Verhalten der beiden Kirchen im Dritten Reich. Dies soll im folgenden ganz knapp an der Geschichte der Glaubensgemeinschaft der Zeugen Jehovas in Frankfurt zur NS-Zeit gezeigt werden.

Die Zeugen Jehovas, die im Dritten Reich „ernste Bibelforscher" genannt wurden, stellten anders als Kommunisten, Sozialisten und Juden keineswegs das zentrale Ziel des nationalsozialistischen Hasses dar.[79] Vor 1933 hat sich ganz offensichtlich kein einziger führender Nationalsozialist mit ihnen näher beschäftigt. Dennoch wurden auch sie sehr bald von dem entstehenden terroristischen Dritten Reich betroffen. Anlaß dazu waren ganz offensichtlich Beschwerden und Verdächtigungen von seiten einzelner Partei- und Volksgenossen. Ein Beispiel dafür ist das Schreiben eines Frankfurter Bürgers, der sich am 3. April 1933 an Oberbürgermeister Krebs in seiner Eigenschaft als örtlicher „Vorsitzender des Kampfbundes für Deutsche Kultur" wandte und darauf aufmerksam machte, daß die „im Ausland betriebene Hetze über angebliche Greuel und Judenverfolgungen" von Religionsverbänden getragen und unterstützt würden, die „als echt amerikanisches Gewächs auch in Deutschland ihre Ableger gezogen" hätten.[80] In diesem Zusammenhang müsse man vor allen Dingen der „Internationalen Bibelforschergesellschaft" größte Aufmerksamkeit schenken und diesen Verband „beim derzeitigen Reinemachen in Deutschland... nicht... vergessen". Krebs wurde gebeten, alles einzusetzen, damit „besagtes amerikanisches Gewächs in Deutschland ausgerottet wird". Der Frankfurter Bürger warf den Zeugen Jehovas vor, dem „heutigen Staat" nicht weniger „feindlich" eingestellt zu sein als die Kommunisten. Außerdem sei die Religionsgemeinschaft der Zeugen Jehovas auf „echt jüdischer Grundlage" aufgebaut. Beides entsprach jedoch in keiner Weise den Tatsachen. Die Zeugen Jehovas standen dem Dritten Reich zunächst keineswegs feindlich gegenüber und lehnten Kommunisten, Katholiken und Juden strikt ab, was sie mit sehr merkwürdig wirkenden religiösen Überzeugungen begründeten, auf die hier nicht weiter eingegangen werden soll.

Aus dem erwähnten Schreiben des Frankfurter Bürgers geht jedoch hervor, daß dieser die Zeugen Jehovas deshalb so haßte, weil sein Schwiegersohn, seine Tochter und schließlich auch seine Frau der Sekte beigetreten waren, was offensichtlich zu schweren familiären Konflikten geführt hatte. Indem er seine eigenen negativen Erfahrungen verallgemeinerte, warf er den Zeugen Jehovas vor, in „wühlender Unterminierarbeit das deutsche Familienleben zu zersetzen". Seiner persönlich motivierten Ablehnung der Zeugen Jehovas gab er jedoch einen allgemein-politischen Anstrich. Dies gilt für die bereits erwähnten Verdächtigungen, die Zeugen Jehovas stünden mit Juden und Kommunisten in einer engen Verbindung, was völlig unsinnig war, und für seine Mitteilung, daß Vertreter der Zeugen Jehovas ihren Anhängern die Anweisung gegeben hätten, „sich der letzten Wahlen [gemeint ist die vom 5. März 1933] zu enthalten, die darüber entscheiden mußten, daß Deutschland wieder deutsch wird, daß Ehre, Gesittung und Gottesfurcht wieder zur Geltung kommen". Letzteres, die Zeugen Jehovas hätten zum Wahlboykott aufgerufen, erscheint nicht völlig unglaubwürdig zu sein.

Bemerkenswerterweise hat Oberbürgermeister Krebs diese Denunziation ganz offensichtlich ernst genommen. Er teilte dem „geehrten Parteigenossen" mit, daß er inzwischen eine „Untersuchung eingeleitet" habe, „ob Versammlungen dieser Gesellschaft etwa auch in Gebäuden der Stadtgemeinde abgehalten werden" würden, was in Zukunft grundsätzlich nicht mehr geschehen solle.[81] Im übrigen gab er dem Denunzianten den Rat, die Polizeibehörden zu veranlassen, „geeignete Schritte" gegen die „zersetzende Tätigkeit" der Zeugen Jehovas einzuleiten.

Der Vorfall zeigt, so belanglos er erscheinen mag, daß in einem Klima der allgemeinen Angst und der Verdächtigungen, wie es im Dritten Reich schon in den ersten Monaten des Jahres 1933 herrschte, auch die Zeugen Jehovas tangiert wurden, die ihre internationalen Kontakte nicht abbrechen wollten und konnten und sich offensichtlich nicht völlig und widerspruchslos in die neue „Volksgemeinschaft" eingliedern lassen wollten. Aufgrund derartiger Denunziationen kam es zu Verhaftungen von einzelnen Zeugen Jehovas und zu Verboten ihrer Tätigkeit in den einzelnen Ländern. Nachdem die „Vereinigung der Bibelforscher" bereits im April 1933 in Bayern und darauf auch in Thüringen und Baden verboten worden war, ordnete Preußen am 24. Juni 1933 die Auflösung und die Beschlagnahmung des Vermögens dieser Glaubensgemeinschaft an. Doch vermutlich aus Rücksicht auf die USA wurde dieses Verbot wieder gelockert. Die Zeugen Jehovas konnten weiterhin ihre religiösen Zeitschriften wie den „Wachtturm" aus dem Ausland beziehen. Doch schon im Frühjahr 1934 wurden diese Verbindungen wieder kontrolliert und behindert. Daraufhin beschloß eine internationale Tagung der Bibelforscher im September 1934 in Basel, die Werbetätigkeit in Deutschland trotz des staatlichen Verbots wieder aufzunehmen. Am 7. Oktober 1934 wurde auf Geheiß des Führers der Zeugen Jehovas, Rutherford, im gesamten Reich ein Brief verbreitet, der die Erklärung enthielt, daß sich die Bibelforscher nicht an das staatliche Verbot halten wollten.[82] Daraufhin wurde die Bibelforschervereinigung endgültig verboten.

Die Zeugen Jehovas ließen sich jedoch nicht einschüchtern und erhielten auf illegalem Wege religiöse Schriften und Anweisungen aus dem Ausland, in denen sie zu einer kompromißlosen Ablehnung des nationalsozialistischen Regimes aufgefordert wurden. In der Begründung wurde unter Heranziehung einzelner Bibelstellen die These vertreten, daß die Menschheit sich nun in einem Kampf zwischen dem „König des Nordens" (= Hitler) und dem „König des Südens" (= die Westmächte) befände, der zu einer Selbstzerfleischung und schließlich zur Endzeit führen werde.[83] Seit 1935/36 verweigerten die Zeugen Jehovas jede Eidesleistung auf das neue Regime, den „deutschen Gruß" und den Wehrdienst. Sie wurden von der Gestapo, die in den Zeugen Jehovas Schrittmacher des Weltbolschewismus und des Judentums sehen wollten, mit erbarmungsloser Härte verfolgt. Von der Justiz wurden die Zeugen Jehovas meist aufgrund des „Heimtückegesetzes" vom 20. 12. 1934, das die Heimtückeverordnung vom 21. März 1933 ablöste, verurteilt.

So wurden am 27. Mai 1937 vom Sondergericht Frankfurt drei Frankfurter Mitglieder der Zeugen Jehovas zu Gefängnisstrafen verurteilt.[84] Den Angeklagten wurde vorgeworfen, trotz des Verbots der Internationalen Bibelforscher Vereinigung Zusammenkünfte durchgeführt und ihre Zeitschrift „Wachtturm" sowie eine „Resolution" des Luzerner Bibelforscherkongresses verteilt zu haben. In dieser Resolution war die Verfolgung der Zeugen Jehovas in Deutschland scharf verurteilt worden, wobei jedoch gleichzeitig die Jesuiten und der Papst ebenfalls in äußerst aggressiver Weise attackiert wurden.[85]

Die Verfolgungsorgane des Dritten Reiches mußten es dann jedoch erleben, daß viele Zeugen Jehovas ihre Tätigkeit auch nach der Abbüßung von Gefängnisstrafen fortsetzten. Daraufhin wurden die Strafbestimmungen verschärft. Seit 1937 wurden aufgrund eines Sondergesetzes Kinder von verurteilten Zeugen Jehovas in staatliche Heime zwangseingewiesen. Zeugen Jehovas, die den Wehrdienst verweigerten, wurden nun immer häufiger in Konzentrationslager deportiert. Nach Ausbruch des Krieges wurden viele von ihnen dann auch wegen „Wehrkraftzersetzung" zum Tode verurteilt und hingerichtet. Trotz dieser grausamen und intensiven Verfolgungsmaßnahmen gelang es den Zeugen Jehovas immer wieder, ihre Organisation neu aufzubauen, wobei sie, ähnlich wie die kommunistischen und sozialistischen Widerstandsgruppen, teilweise voneinander unabhängige Zellen bildeten. Erst im Januar 1944 mußten sich die letzten Gruppierungen der staatlichen Übermacht ergeben. Bis zu diesem Zeitpunkt haben die Zeugen Jehovas Traktatliteratur aus dem Ausland bezogen, selber hergestellt und vereitelt. Dabei wurden zunehmend neben religiösen Argumenten (Hitler als „Söldling des Satans") auch soziale Anklagen gegen das Regime verwandt und vorgetragen.

Der ursprünglich rein religiös motivierte Protest und die radikale Verweigerung der Zeugen Jehovas erhielten dabei gewollt und nicht gewollt einen politischen Charakter. So haben verschiedene Zeugen Jehovas, vor allem Frauen, Wehrdienstverweigerer und Deserteure, auch solche, die nicht ihrer Glaubensgemeinschaft angehörten, versteckt und vor dem Zugriff der Gestapo bewahrt.[86] Insgesamt sind 6000 der ca. 20000 Zeugen Jehovas in Deutschland von den nationalsozialistischen Terrororganisationen verfolgt worden.[87] Ein Drittel von ihnen fand durch Hinrichtungen oder in den Konzentrationslagern den Tod. Aus diesen Angaben geht hervor, daß die religiös motivierte Ablehnung des Dritten Reiches und die Bereitschaft, für ihre Überzeugung in den Tod zu gehen, bei den Zeugen Jehovas ausgeprägter waren als bei den Angehörigen der beiden großen christlichen Konfessionen. Mit dieser Feststellung sind keine Wertungen verbunden, dennoch sollte uns diese vielfach vergessene Tatsache zu denken geben.

Dokumente

Dokumente zu Kapitel 2

„Aufbau und Wirkungsweise der Institutionen des Terrors in Frankfurt"

Dokument 1

Anonyme Denunziation vom 10. 2. 1933

(HStA Wiesbaden 483, Nr. 729)

Als Anhänger Ihrer Bewegung muß ich Sie auf einige Zustände in Fechenheim aufmerksam machen. Hier ist nämlich eine Clique, die im Geheimen arbeitet, trotzdem dieselben aus verschiedenen Parteilagern stammen. Zum Teil sind es Anhänger des früheren Idioten Ludwig J. (DVP), von der Zentrumspartei und SPD. Diese Leute sind jedem schön ins Gesicht, um zu erkunden, ob er Hitleranhänger ist. Haben sie festgestellt, dann drehen sie den Spieß herum, versuchen denselben auf alle mögliche Art und Weise zu denunzieren und ihm überall Hindernisse in den Weg zu legen, sei es in geschäftlicher Beziehung oder sonst auf eine Art. Deswegen hat auch keiner die Courage, sich öffentlich an ihren Veranstaltungen zu beteiligen. Es wäre angebracht, wenn Sie diese Leute auch einmal unter die Lupe nehmen würden. Es sind meistens aus der J.G. Leider weiß ich nicht von allen die nähere Adresse. Nachfolgend einige Namen von diesen Helden:
[folgen 55 Namen mit Berufsangaben und – teilweise – Hinweisen auf Parteizugehörigkeit]
... und noch viele andere, die ich mit Namen nicht kenne.

Ein Anhänger Hitlers

Dokument 2

Schreiben des Magistratspersonaldezernenten vom 23. 8. 1933 an das Schulamt, betr. „Durchführung des Gesetzes zur Wiederherstellung des Berufsbeamtentums"

(Stadtarchiv Frankfurt Mag.-Akte 1110/10)

Entsprechend einer Verfügung des Herrn Oberbürgermeisters wird ersucht, über alle Lehrkräfte, die bis in die zweite Hälfte des Jahres 1932 dem Zentrum, der Staatspartei, der SPD, der SAP, dem Reichsbanner Schwarz-Rot-Gold, der Eisernen Front, dem Republikanischen Richter- oder Beamten- oder Lehrerbund, dem Bund der freien Schulgesellschaften Deutschlands oder der Liga für Menschenrechte angehört haben, eine besondere Liste anzulegen und die in Betracht kommenden Personen unter Mithilfe der NS-Vertrauensmänner laufend still zu beobachten.
Von dem Veranlaßten bitten wir uns zu gegebener Zeit Kenntnis zu geben.

Dokument 3

Schreiben des Stadtgesundheitsamtes vom 8. 4. 1933 an den Herrn Magistratspersonaldezernenten, betr. „Beurlaubung von Ärzten städtischer Krankenanstalten"

(Stadtarchiv Frankfurt Mag.-Akte 1100/203)

In der Anlage übersenden wir die Akten des Titular-Oberarztes Dr. Werner V., Frankfurter Nervenheilanstalten Köppern, mit dem Antrag, das Dienstverhältnis des Genannten als

Assistenzarzt (Titular-Oberarzt) bei den Frankfurter Nervenheilanstalten Köppern i/Ts auf den 31. Mai des Jahres zu kündigen.

Dr. V. hat nach hierher gelangten Mitteilungen kommunistische Propaganda getrieben. Er ist der Sohn des „roten V." (Pastor in Thüringen), der eine große Rolle in der marxistischen Bewegung spielte. Seine Ehefrau ist Jüdin. Seiner Vorliebe für Rußland hat er u. a. auch dadurch Ausdruck verliehen, daß er seinen Kindern russische Vornamen beilegte.

Die Stelle muß wieder besetzt weren. Wir werden demnächst entsprechende Vorschläge unterbreiten.

Gleichzeitig übersenden wir die Personalakten der beim Hygienischen Institut beschäftigten Bakteriologin Dr. phil. Emmy K., die zwar evangelischen Bekenntnisses, jedoch jüdischer Abstammung ist. Die Genannte ist seit 1922 im städtischen Dienst. Nach dem Kündigungsschutzgesetz wäre hiernach eine Kündigungsfrist von fünf Kalendermonaten einzuhalten. Wir bitten, die Kündigung demgemäß auszusprechen, vorbehaltlich früherer Kündigung für den Fall, daß eine entsprechende gesetzliche Beordnung noch erfolgt.

Ob für diesen letztgenannten Fall eine Vertretung erforderlich ist, wird von uns geprüft und hierüber in den nächsten Tagen weiterer Antrag folgen.

Dokument 4

Schreiben des Ortsgruppenleiters der Ortsgruppe Ginnheim der NSDAP an die Kreisleitung vom 16. 3. 1933

(Stadtarchiv Frankfurt a. M. Mag.-Akte 1111/10)

Vor einigen Tagen kam der frühere O.G. Leiter der hiesigen SPD, F., welcher seit der Revolution in städtischen Diensten steht (Fürsorgeamt), zu mir und sagte:

„Es ist aber nicht schön von Ihnen, daß Sie so einen *unfreundlichen Bericht* über mich abgegeben haben, mir wurde das Schreiben von meinem Dienststellenvorsteher, welcher mich zu den darin gemachten Angaben vernehmen sollte, gezeigt."

Ich wurde unter *„vertraulich"* aufgefordert, über die Einstellung und frühere politische Betätigung des F. Bericht abzugeben.

Ich glaube nicht, daß das Verhalten des fraglichen Dienststellenvorstehers richtig ist und wäre entsprechende Belehrung dieses Beamten am Platze.

Dokument 5

Denunziation von Frau Helene K. durch Herrn Fritz R. vom 31. 8. 1933, „überreicht durch Blockwart V.".

(HStA Wiesbaden 483, Nr. 1180)

Die Helene K. war bei Frau Anna W., Wirtschaft „Zum guten Tröpfchen" Altegasse tätig. Die K. ist bewußte Kommunistin und machte hier fortgesetzt Propaganda für den Kommunismus, sie sprach dauernd vom Zusammenbruch des dritten Reichs, bezeichnete die Regierung und den Führer als Schwindler, sie verherrlichte Rußland, auch will sie nach Rußland gehen. Ihr Verlobter ist Russe und hat einen Sowjetpaß. Die K. rechnet mit dem Sieg des Kommunismus und betätigt sich in dieser Richtung, auch unterhält sie Beziehungen zu führenden Kommunisten. Sie wohnt in der Seilerstraße 33.

Dokument 6

Formular eines Schreibens des Oberbürgermeisters, betr. Entlassung aus dem „Beschäftigungsverhältnis zur Stadtgemeinde" auf Grund der „Zweiten Verordnung zur Durchführung des Gesetzes zur Wiederherstellung des Berufsbeamtentums" vom 4. 5. 1933.

(Stadtarchiv Frankfurt a. M. Mag.-Akte 1100/202, Bd. 1)

DER OBERBÜRGERMEISTER   Frankfurt a.M., den ....1933.

    Da Sie nicht die Gewähr dafür bieten, dass Sie jederzeit rückhaltlos für den nationalen Staat eintreten, werden Sie auf Grund von § 4 der Zweiten Verordnung zur Durchführung des Gesetzes zur Wiederherstellung des Berufsbeamtentums vom 4.V.1933 hiermit fristlos aus dem Beschäftigungsverhältnis zur Stadtgemeinde entlassen. Ihre bisherigen Lohnbezüge erhalten Sie noch bis zum .... 1933 einschliesslich.

    Gegen die vorstehend ausgesprochene Kündigung ist unter Ausschluss des Rechtsweges die Beschwerde zulässig. Diese ist binnen 2 Wochen, gerechnet vom Tage der Zustellung dieses Kündigungsschreibens ab, bei dem Herrn Regierungs-Präsidenten in Wiesbaden anzubringen.

<u>Gegen Empfangsbescheinigung !</u>
Herrn
    ....
    ....
    d.d............................

600.9.33.

Dokument 7

Schreiben des Blockwarts F. D. an die Ortsgruppe Günthersburg der NSDAP vom 10. 6. 1933, betr. „kommunistische Jugendtreffen"

(HStA Wiesbaden 483, Nr. 1186)

Wie ich schon des öfteren feststellen konnte, hat die Jugendabteilung der KPD noch Zusammenkünfte. Den Zusammenkunftsort konnte ich noch nicht ermitteln. Als Erkennungszeichen dient der Pfiff, wie ihn der Stuttgarter Sender früher als Pausenzeichen geführt. Ein Treffen hatte auch gestern abend wieder stattgefunden, an dem auch der Sohn des KPD-Mitgliedes Scherzer, Frankfurt, Böttgerstraße 11, 4. Stock, teilgenommen. Ich bitte, da ich in meinem Block zu bekannt bin, daß von einem weniger bekannten Mitglied die Beobachtung des Genannten durchgeführt wird. Falls ich unterdes weiteres Material sammeln kann, werde ich es der Ortsgruppe zukommen lassen.

Dokument 8

Meldungen der Ortsgruppe Günthersburg der NSDAP vom August 1933

(HStA Wiesbaden 483, Nr. 1180)

Betr.: Spieß, Bäckerweg 11, 4. Stock, SPD.
Dortselbst werden ab und zu Kisten abgeladen, es wird vermutet, daß marxistisches Material sich im Hause befindet, besonders zu beachten ist die Mansarde und Keller des Genannten.

Des weiteren Feinstein, Friedberger Landstraße 3, (Jude) trägt das Parteiabzeichen. Gemeldet wurde dies von der Zeitungsfrau dem SA-Mann G. [folgt Adresse]

Jordan, Böttgerstraße 29, 2. Stock, trägt den Generalanzeiger in folgenden Straßen: Verzeichnis liegt bei.
Es wird gemeldet, daß Selbiger mit einem Kinderwagen, der einen doppelten Boden hat, mit seiner Frau zusammen öfters beobachtet wird, den Zug von Hanau erwarten und auch Pakete empfangen.
Es wird vermutet, daß marxistische Flugblätter mit dem Zeitungsvertrieb befördert werden.

Blum, Theodor, Böttgerstraße 12, seine Frau geb. Seip, beide KPD.
Blum ist verdächtig, KPD-Propaganda zu betreiben. Tage und Nächte langes Fortbleiben von der Wohnung.
Am Tage nach der Razzia auf die Reichsbahn wurde er morgens eiligst von Radfahrern abberufen. Auch an den letzten Tagen (Vorfälle im Riederwald 31. 7. 33) ist hiermit in Zusammenhang zu bringen.

Enz, Würzburger Straße 4, 4. Stock, zahlt heute noch Beträge in die RGO [= Rote Gewerkschaftsopposition, kommunistische Gewerkschaft]. Die Frau des Scharführers D. vom Sturm 27 bestätigt dies.

Schmidt, Bernhard Ignatz, Böttgerstraße 12, 1. Stock, sagt am Muttertag Folgendes: Hitler bräuchte Geld (Spenden für Arbeitsbeschaffung gemeint), es sei auch Zeit, daß wir wieder einen Kaiser bekommen, damit nicht jeder Esel meint, er hätte die Macht in Deutschland.

Schmidt, Blum und Konsorten, alles KPD, arbeiten zusammen. Bekräftigt durch Blockwart B. [folgt Adresse]
[...]

Dokument 9

„Auskunft" der Ortsgruppe Gallus der NSDAP vom 17. 11. 1944 an die Staatspolizeistelle Frankfurt betr. Frau Helene E.

(HStA Wiesbaden 483, Nr. 996)

Streng vertraulich!

Auskunft Nr. 5/21 860   Datum: 31.10.44   Ortsgruppe: Gallus

für das Personalamt der Ortsgruppe Kreisleitung der NSDAP., Frankfurt a.M.

über ▓▓▓▓▓▓▓, Vorname: Helene

An die
Geheime Staatspolizei
Staatspolizeistelle Ffm
Frankfurt a/Main
Lindenstr. 27

Geburtstag: 13.3.07   Geburtsort: Ffm.
jetzige Wohnung: Lahnstrasse 72   seit 1940
frühere Wohnung: vorz. Friedberg-Fauerbach ~~enheimerstrasse 6~~
Anfrage vom: 24.10.44   Aktenzeichen: I A   Frist: Eilt!

Grund der Anfrage:
s. Anlage

Sichtvermerk des Gaupersonalamtes

Der Kreisleiter

Ffm., —————————

1. Konfession:	kath.	2. Familienstand: ledig	13. Politische Haltung nach 1933:	einwandfrei
3. Arbeitsplatz:	Wehrmacht(Luftwaffenhelferin		14. Charakter:	gut
4. Anzahl d. Kinder:	keine Arische Abstammung? Wehrmacht		15. Leumund:	gut
5. Kriegsteilnehmer 1914/18, Auszeichnungen:	entfällt		16. Familienverhältnisse:	geordnet
6a. Jetziges Militärverhältnis, Auszeichnungen:	Luftwaffenhelferin		17. Wirtschaftliche Verhältnisse:	geregelt
6. Strafen bekannt?	nein		18. Spendenbeteiligung:	entfällt
7. Pg.	nein seit ./. Nr. ./.		19. Sind Kinder in Gliederungen?	entfällt
8. SA., SS., NSKK., NSFK., DJ., BDM., NS.-Frauenschaft:	nein		20. Bezug von NS.-Schrifttum:	nein
9. DAF., NSV., NSKOV., NSRB., RDB. usw.:	nicht bekannt		21. Ehemann/Ehefrau wo Mitglied?	entfällt
10. RLB., Leno:	nein		22. Politische Zuverlässigkeit:	ist gegeben
11. Welche Führerstellung oder aktive Beteiligung:	keine		23. Beurteilung für die Zeit von 1940 bis 1944	
12. Politische Haltung vor 1933:	unparteiisch		24. Weltanschauliche Einstellung:	zeigt noch keine klare Haltung zum Nationalsoz.

Bemerkungen:
Anlage Wo.

Ffm., 17.11.44.   _____
                                   Ortsgruppenleiter

Dokument 10

Schreiben des Ortsgruppenleiters der Ortsgruppe Fechenheim der NSDAP an die Nationalsozialistische Kriegsopferversorgung, Ortsgruppe Groß Frankfurt a. M. vom 15. 9. 1934, betr. den Kriegsbeschädigten Konrad D.

(HStA Wiesbaden 483, Nr. 819a–819b.)

D., der früher der KPD und dem internationalen Bund für Kriegsbeschädigte angehörte, verfolgt heute noch seine kommunistischen Ideen.
Wir wissen, daß die verschworenen KPD-Angehörigen Zusammenkünfte abhalten, an denen sich D. ebenfalls betätigt. In einer Unterredung, die er am Tage nach der Rede des Führers betr. der Röhm-Revolte mit einem gewissen Sch. gehabt hatte, äußerte er sich folgendermaßen: „Hast Du die Rede Hitlers gehört? Das paßt mir gar nicht, ich bin jetzt überhaupt nicht mehr für Hitler zu haben, ich war schon weiter." In derselben Unterredung hat er sich auch sehr abfällig gegen den Ortsgruppenleiter K. geäußert. Als D. auf der Geschäftsstelle der OG [= Ortsgruppe der NSDAP] vernommen wurde, leugnete er alles ab, eine bekannte kommunistische Manier. Der Ortsgruppenleiter bezeichnete ihn als gemeinen Lügner, worauf D. sehr laut wurde und sagte, daß er dem Ortsgruppenleiter überhaupt keine Rechenschaft schuldig sei. Als D. die Türe hinter sich zugeschmissen hatte, holte ihn der OGL [= Ortsgruppenleiter] zurück, worauf D. einen Schreikrampf markierte und mit beiden Beinen heftig auf dem Boden herumstrampelte, obwohl D. als schwer *beinbeschädigt !!!* gilt. Auch in dieser Sache wäre eine gründliche Untersuchung erforderlich, da D. auch schon beobachtet wurde, wie er mit einem Stoßkarren Sachen transportierte, während er seinen Stock auf den Wagen gelegt hatte. D. ist uns als ein sehr minderwertiger Charakter bekannt.

Dokument 11

Schreiben der Baupolizei vom 13. 8. 1938 an den Oberbürgermeister, betr. „Verwaltungsgebäude der Gestapo".

(Stadtarchiv Frankfurt a. M., Mag.-Akte 2021, Bd. 31)

Besprechung mit Herrn G. von der Gestapo am Sonnabend, den 13. August 1938, vormittags 10 Uhr.
Die Gestapo hat die Absicht, das Grundstück Zeppelinallee 58, Ecke Kretzschmarstrasse und Ditmarstrasse, Eigentümer Ernst Wertheimer (Nichtarier) für die Zwecke der Gestapo zu erwerben. Das bestehende Wohnhaus soll erhalten bleiben und erweitert werden. Die notwendigen 30 Zellen sollen so untergebracht werden, dass sie von der Strasse nicht sichtbar sind.
Ich habe Herrn G. mitgeteilt, dass die Baupolizei eine grundsätzliche Erklärung erst nach Entscheidung des Herrn Oberbürgermeisters abgeben könnte. Das Grundstück läge im reinen Wohngebiet B II o. Eine weitere Bebauung müsse sich den Vorschriften dieses Baugebiets und der Eigenart der Umgebung einwandfrei einfügen, insbesondere darf der Eindruck der Zeppelinallee nicht beeinträchtigt werden. Die Anlage von Zellen müßte den gesundheitlichen Mindestanforderungen entsprechen. Ferner wurde auf die privatrechtlichen Verpflichtungen aus dem früheren Umlegungsvertrag aufmerksam gemacht.
Der Chef der Gestapo will am Dienstag, den 16. VIII. 1938 nach Berlin fahren, um die Frage des Grunderwerbs mit dem RFSSuChdDtPol. zu erörtern.

Dokument 12

Schreiben des Leiters der Staatspolizeistelle Frankfurt a. M. an den Oberbürgermeister vom 28. 3. 1941, betr. „Einweihung des neuen Dienstgebäudes der Geheimen Staatspolizei Frankfurt am Main Lindenstraße 27".

(Stadtarchiv Frankfurt a. M., Mag.-Akte 2021, Bd. 1)

st.
Der Leiter
der Staatspolizeistelle Frankfurt a. M.

Frankfurt a. M., den 28. März 1941

An
Herrn Oberbürgermeister
der Stadt des Deutschen Handwerks
Staatsrat Dr. K r e b s
in Frankfurt am Main.

Sehr geehrter Herr Staatsrat!

Am 1.4.1941 17⁰⁰ Uhr findet die Einweihung des neuen Dienstgebäudes der Geheimen Staatspolizei Frankfurt am Main Lindenstrasse 27 statt.

Ich lade Sie zu dieser Veranstaltung mit anschliessender Besichtigung ein.

Heil Hitler !

SS-Sturmbannführer u. Regierungsrat.

Dokumente zu Kapitel 3
„Der Widerstand der Arbeiterbewegung 1933–1935"

Dokument 1

Aus dem Flugblatt der illegalen KPD „Polizeibeamte! Vergeßt nicht ..." vom Dezember 1932 – Abschrift im Urteil des 5. Strafsenats des Reichsgerichts vom 29. 11. 1933 gegen Albert Nachtrab

(Dokumentationsarchiv des deutschen Widerstandes [Frankfurt] AN 2515)

Polizeibeamte! Vergeßt nicht, daß eure Eltern und Geschwister Fleisch und Blut von unserm Fleisch und Blut sind, daß sie hungern und darben wie alle anderen Ausgebeuteten. Schießt nicht auf uns! Schießt vorbei! Schlagt vorbei! Verhaftet keine revolutionären Freiheitskämpfer! Nennt uns die Spitzel und Provokatöre.
Rot Front!
Polizeibeamte! Wir sind immer gewillt, mit euch gemeinsam gegen unsre gemeinsamen Unterdrücker für das Wohl aller Hungernden und Ausgebeuteten zu kämpfen. Aber wir werden uns auch nicht von besonders brutalen und blutrünstigen Beamten widerstandslos niederknüppeln lassen.
Rot Front!
Polizeibeamte! Hitler hat jedem versprochen, was er sich wünschte und nichts gehalten. Die SPD-Führer haben auf dem Wege des kleineren Übels die Interessen aller Werktätigen mit Füßen getreten und am 20. Juli feige vor dem Angriff des offenen Faschismus kapituliert. Reiht euch in die revolutionären Reihen ein.
Polizeibeamtenangehörige! Vergeßt nie euren Männern, Vätern und Söhnen einzuhämmern, daß sie eurer gedenken, wenn sie losgehetzt werden, auf Arbeiter, Frauen und Kinder zu prügeln und zu schießen. Schließt euch unserm Kampf an. Vergeßt nie, daß die Ausgebeuteten und Ausgeplünderten die Mehrheit des deutschen Volkes bilden, daß ihr stündlich unter unserer Kontrolle lebt.
Rot Front!
Gegen Wahlrechtsraub
Massendienstverweigerung. Die letzten politischen Rechte sollen euch durch den Raub des Wahlrechts genommen werden. Mehr als bisher sollt ihr zu willenlosen Werkzeugen der Ausbeuterklasse gemacht werden. Setzt euch zur Wehr. Organisiert die Massendienstverweigerung. Bildet Kampfausschüsse in der Kaserne, in jedem Revier!
Polizeibeamte! Wir bieten euch zum Kampfe gegen die gemeinsamen Ausbeuter und Peiniger die Bruderhand. Schlagt sie nicht aus, unterstützt unsern revolutionären Kampf, verhaftet keine Flugblattverteiler, keine Malkolonnen, keine Demonstranten, keine Streikposten. Sabotiert die Befehle eurer Vorgesetzten gegen die revolutionäre Arbeiterschaft.
Rot Front!
Polizeibeamtendemonstrationen müssen sich naturnotwendig auch gegen die Ausbeuter der Arbeiter und den gesamten kapitalistischen Staatsapparat richten, der dauernd und nur zur Erhaltung des verfaulenden kapitalistischen Systems eingesetzt wird. Unterstützt unsern Kampf und ihr Polizeibeamte kämpft damit auch für eure Forderungen.
Rot Front!
Polizeibeamtenfrauen! Unsere Frauen und Kinder hungern. Wir wollen in diesem Winter nicht vor Hunger und Frost in irgendeinem Winkel zugrunde gehen. Wenn wir Ärmsten der

Armen leben wollen, muß der Kapitalismus sterben. Kämpfe zusammen mit deinem Mann, damit wir nicht bei vollen Speichern und Scheunen verhungern müssen! Wie ihr uns behandelt, so werden wir auch euch behandeln.
Rot Front!

Dokument 2

„Arbeit für 700 000 Mann" – Artikel im Organ der RGO (= Revolutionäre, bzw. Rote Gewerkschaftsopposition) „Der rote Gewerkschaftler" von Ende Mai 1933

(Aus: Barbara Mausbach-Bromberger, Arbeiterwiderstand in Frankfurt am Main. Gegen den Faschismus 1933–1945, Frankfurt/M. 1976, S. 50)

Mit großem Tamtam hat der nationalsozialistische Minister Seldte ein Programm verkündet, wonach 700 000 Arbeiter auf 1 Jahr Arbeit erhalten sollen. Die Hilflosigkeit der Regierung kommt nicht nur zum Ausdruck dadurch, daß bei einer Erwerbslosenzahl von 8 Millionen (wie Hitler selbst feststellte) diese Arbeitsbeschaffung keine Lösung ist, sondern vor allem auch durch die Art der Finanzierung.

Hören wir, wie sich die Herren die Finanzierung denken. Es wir erklärt, daß die Mittel beschaffen werden sollen durch eine innere Anleihe und weiter vor allem soll auch die Lohnpolitik mit einbezogen werden. Das starre Tarifsystem muß beseitigt werden, auch müsse die Sozialfürsorge eine weitere Senkung erfahren. (Zu lesen in den Frankfurter Nachrichten.)

Kollegen, Kolleginnen! Das heißt auf deutsch, daß der Lohn weiter herabgesetzt wird, daß vor allem auch wieder ein ungeheurer Raub an den Bettelpfennigen der Erwerbslosen durchgeführt wird.

Das ist das Programm des faschistischen 4-Jahresplans!

Aus den Knochen des Arbeiters soll das Letzte herausgepreßt werden, um das verfluchte kapitalistische System der Ausbeutung aufrecht zu erhalten.

Während in der Sowjet-Union mit Riesenschritten das Proletariat den Sozialismus aufbaut, der Wohlstand der Massen unaufhörlich sich hebt, wird in Deutschland unter der faschistischen Knute die Barbarei hergestellt. Die Sowjet-Union ist leuchtendes Beispiel für die Überlegenheit des marxistischen Sozialismus über den bankrotten Kapitalismus.

Das soll uns anfeuern zu kämpfen gegen faschistische Unterdrückung, für die Errichtung der Arbeitermacht in Deutschland. Für Sozialismus unter der Diktatur des Proletariats!

In diesem Sinne höher das Banner des revolutionären Klassenkampfes!

Dokument 3

„Hoher Besuch in der Rödelheimer Realschule" – Artikel in der illegal in Frankfurt erschienenen KPD-Zeitung „Der Rote Nidda Bote. Organ zur sozialen und nationalen Befreiung der KPD." vom April 1933

(Aus: Barbara Mausbach-Bromberger, Arbeiterwiderstand in Frankfurt am Main. Gegen den Faschismus 1933–1945, Frankfurt/M. 1976, S. 53.)

„Hoher" Besuch in der Rödelheimer Realschule.

Am Mittwochmorgen 7 Uhr wurden die Bewohner der Realschule „Auf der Insel" aus den Betten gejagt. Die Polizei mit einem Aufgebot von 8 Beamten und einem SS-Mann, an deren Spitze Pottereil, hatte das Verlangen, die, nur in ihren Hirnen herumspukenden, Waffen (Handgranaten, Maschinengewehre und Haubitzen), Schreib- und Druckmaschinen der Rödelheimer Kommunisten zu finden.

Das ganze Haus wurde von oben bis unten durchwühlt. Sämtliche Schränke wurden ausgeräumt und alles in die Stuben geworfen. Dazu kamen Federbetten und Matratzen. Der Erfolg blieb jedoch aus.

Nachdem die Polizei, welche sich wie die Hottentotten aufgeführt hat, das Haus verlassen hatte, sah es in den Wohnungen aus wie in Sodom und Gomora. Die Polizei scheint auf diese Weise ihren Teil zu Hitlers Arbeitsbeschaffung beizutragen.

Wir fragen, warum wurde das ganze Haus durchwühlt bis auf die Wohnungen im Parterre ganz links in der Ecke? Sind das die Gewährs- und Vertrauensleute (Polizeispitzel) der Polizei?

Dokument 4

„Fort mit den Blutgerichten" – illegales Flugblatt der kommunistischen „Roten Hilfe" von Anfang 1934

(aus: Mausbach-Bromberger, Arbeiterwiderstand, S. 63)

FORT MIT DEN BLUTGERICHTEN!

Arbeiter!   Arbeiterinnen!

Gegen wen richten sich die kommenden „Volksgerichte"?

Nur gegen Euch! Oder habt Ihr in dem einen Jahr Hitler-Regierung ein Urteil gegen einen Reichen gelesen, der wegen Hochverrat ins Zuchthaus kam?

NEIN ! Nur Arbeiter wurden zu ungeheuren Zuchthausstrafen verurteilt.

WEIL Sie für die Arbeiter eintraten und gegen die Reichen kämpften, wurden 174 000 Arbeiter in Konzentrationslager, Zuchthäuser und Gefängnisse gesperrt.

Göring erklärte einmal, es seien nur noch etwa 2 700 Schutzhäftlinge in Preussen. Ein anderes Mal erklärte einem anderen Berichterstatter, es seien noch etwa 6 000. Auch diese Zahl stimmt nicht. Er verschweigt bewusst, dass man hunderttausende in Zuchthäuser schleppte und 2 500 Arbeiter ermordete.

Durch die neuen VOLKSGERICHTE soll Eure Unzufriedenheit und euer mehr und mehr wachsender Widerstand gegen das Blutregiment und gegen die immer grössere Entrechtung und Ausbeutung im Blut erstickt werden.

Über 80 Proleten wurden bereits zum Tode verurteilt !

Über 30 Proleten bereits hingerichtet !

Hunderte sollen noch abgeschlachtet werden !

Auch Euer Kopf steht auf dem Spiel, auch das Leben Eurer Söhne ist nicht mehr sicher. Deutschland wird ein einziges grosses Schlachthaus werden, wenn Ihr nicht gegen diese Massnahme, gegen diese neue Terrorwelle Euren Widerstand entgegensetzt.

LAUFT STURM GEGEN DIESE BLUTGERICHTE

Schreibt Protestbriefe an Hitler, Göring und Hindenburg.

Reiht Euch ein in den antifaschistischen Befreiungskampf der Roten Hilfe !

STREIKT GEGEN HINRICHTUNGEN
  Rote Hilfe Deutschlands
  Bez. Hessen Frankfurt.

Dokument 5

„Proletarisches Volksgericht" – Illegale Flugschrift der KPD aus dem Jahre 1933
(Faksimile bei: Mausbach-Bromberger, Arbeiterwiderstand, S. 61)

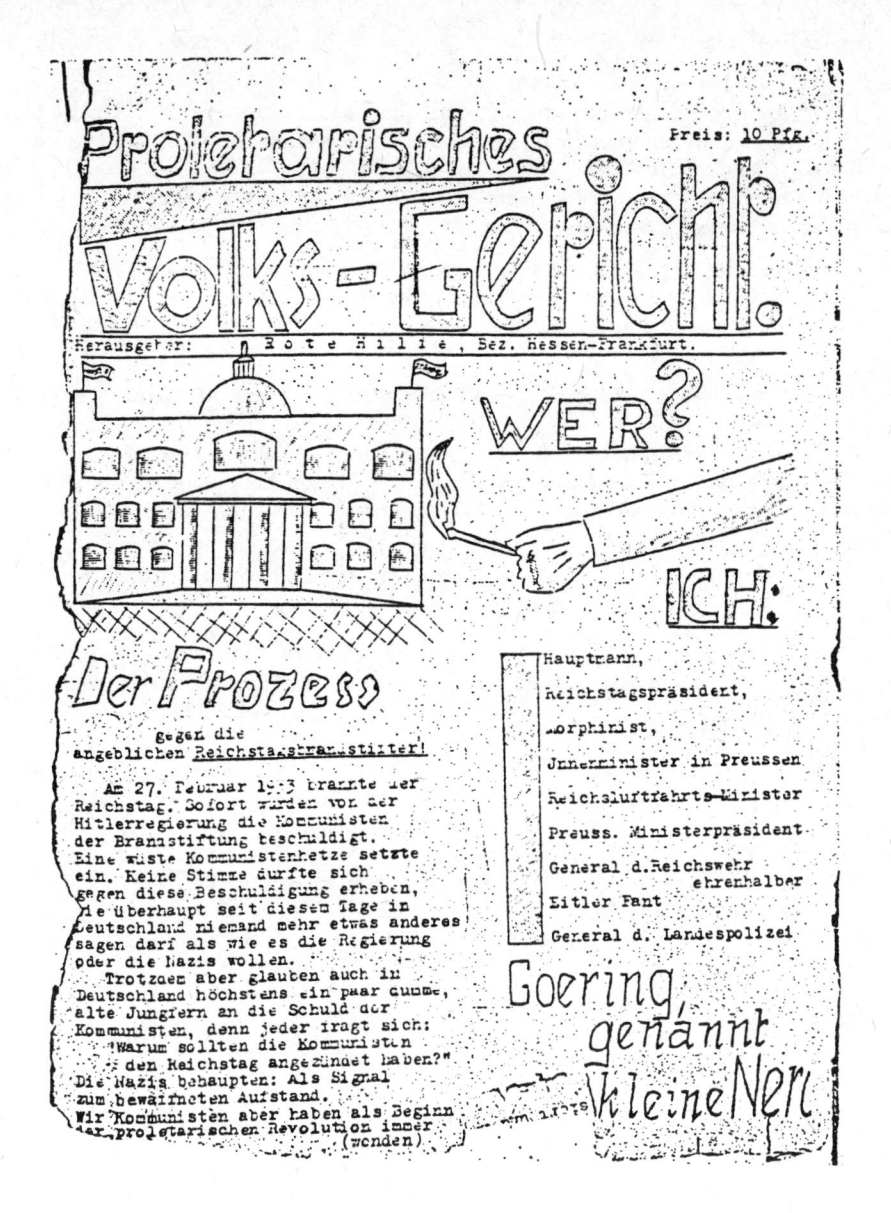

Proletarisches Volks-Gericht.

Herausgeber: Rote Hilfe, Bez. Hessen-Frankfurt.

Preis: 10 Pfg.

WER?

ICH:

Hauptmann,
Reichstagspräsident,
Morphinist,
Innenminister in Preussen
Reichsluftfahrts-Minister
Preuss. Ministerpräsident
General d. Reichswehr
            ehrenhalber
Hitler Fant
General d. Landespolizei

Goering, genannt kleine Nero

Der Prozess

gegen die angeblichen Reichstagsbrandstifter!

Am 27. Februar 1933 brannte der Reichstag. Sofort wurden von der Hitlerregierung die Kommunisten der Brandstiftung beschuldigt. Eine wüste Kommunistenhetze setzte ein. Keine Stimme durfte sich gegen diese Beschuldigung erheben, die überhaupt seit diesem Tage in Deutschland niemand mehr etwas anderes sagen darf als wie es die Regierung oder die Nazis wollen.

Trotzdem aber glauben auch in Deutschland höchstens ein paar dumme, alte Jungfern an die Schuld der Kommunisten, denn jeder fragt sich: "Warum sollten die Kommunisten den Reichstag angezündet haben?" Die Nazis behaupten: Als Signal zum bewaffneten Aufstand. Wir Kommunisten aber haben als Beginn der proletarischen Revolution immer

(wenden)

Dokument 6

Ausschnitte aus illegalen Propagandaschriften der KPD in Frankfurt aus dem Jahre 1933 – Abschriften im Urteil des Oberlandesgerichts Kassel vom 17. 8. 1933 gegen Karl Knorzer

(Stadtarchiv Frankfurt a. M. – S. 1/98 Nr. 5)

a.) Aus: „Informationsdienst"
[...] Wir sind eine Kampforganisation und haben als solche zu kämpfen... Unsere Devise heißt Kampf, Kampf und nochmals Kampf bis zum siegreichen Ende... also Kameraden restlos alle Mann an die Arbeit, um das morsche und faule System, das für uns bestimmt nichts Gutes bringt, so schnell wie möglich zu stürzen... Wir müssen sehen, unsere gefangenen Genossen sobald wie möglich mit allen Mitteln freizubekommen. [...]

b.) Aus dem Flugblatt „Das sind Tatsachen, die zu sagen heute verboten sind".
[...] Durch Kampf in den Betrieben und auf den Stempelstellen, in den Zechen und auf den Schiffen, im Heer und im Arbeitsdienstlager werdet ihr das kapitalistische System vernichten. [...]

c.) Aus: „Information – Warum bezieht Sowjetrußland noch Maschinen von Hitler-Deutschland?"
[...] Wenn zur Not nicht die Befreiung der Massen von sozialdemokratischen und faschistischen Auffassungen durch revolutionäre Agitation kommt, wenn zur Not nicht der Wille zur revolutionären Aktion, und das kommt nicht von selbst, dann ist nichts getan. [...]

Dokument 7

Ausschnitt aus der illegalen Flugschrift der KPD, „Kampf-Mai 1933" – Abschrift im Urteil des Oberlandesgerichts Kassel vom 17. 8. 1933 gegen Fritz Handwerk

(Stadtarchiv Frankfurt a. M. S. 1/98 Nr. 4)

[...] Die kommunistische Partei ruft Euch auf, Euren Kampfeswillen, Eure Kampfparolen und die Fahne des Klassenkampfes erneut und in verstärktem Maße emporzureißen. Nieder mit der faschistischen Diktatur! Nieder mit Hilter und dem Reformismus! Es lebe die revolutionäre Einheitsfront gegen den gemeinsamen Klassenfeind... Darum glaube, ich..., daß die proletarische Revolution in Deutschland siegen muß, daß der Faschismus in Deutschland geschlagen werden muß, geschlagen werden wird!!! Zur Eroberung der Arbeiterklasse gelangen die kommunistischen Parteien durch blutige Kämpfe und werden durch blutige Kämpfe gehen. [...]

Dokument 8

Der Strafsenat des Oberlandesgerichts Kassel über die Ziele und Strategien der illegalen KPD – Auszug aus dem Urteil vom 10. 8. 1934 gegen Karl Fehler u. a.

(Stadtarchiv Frankfurt a. M., S. 1/98, Nr. 10)

[...] In sämtlichen vorstehend benannten Schriften [= Aufzählung von einzelnen kommunistischen Flugschriften, Artikel aus der Inprekorr sowie dem „Braunbuch über Reichstagsbrand und Hitler-Terror"] wird offen auf den gewaltsamen Sturz der nationalen Regierung hingearbeitet, der Hochverrat also vorbereitet. So ist z. B. in der oben unter 2 erwähnten

Ausgabe der Zeitschrift „Die junge Garde" unter einem Artikel „Thälmann gefoltert und vom Tode bedroht" folgendes zu lesen: „Jungwerktätige, Proletarier in Stadt und Land, fallt den braunen Menschenschlächtern in den Arm... Schart euch fest in die Kommunistische Partei! Vorwärts für den Sturz der faschistischen Diktatur". Dann erscheint in Schlagzeilen: „Es lebe der Rote Kampfmai 1934! Für den Sturz der Hitler-Diktatur! für die Räte-Macht!"

Die vorstehend unter 4 erwähnte Druckschrift „Inprekorr" enthält S. 122, 123 folgenden hochverräterischen „Aufruf des Zentralkomitees der KPD": „Es lebe der rote Kampfmai 1934! Nieder mit der faschistischen Diktatur!... Es lebe der Streik und der politische Massenstreik! Es lebe die Diktatur des Proletariats in einem Räte-Deutschland!" S. 126 ist unter der Überschrift „Ungeheure Zuspitzung im Kirchenkampf" zu lesen: „Jetzt gilt es, mit allen Kräften dafür zu sorgen, auch diesen Riß (siehe Überschrift) im Gebäude des dritten Reiches zu verbreiten. Die evangelischen und katholischen werktätigen Massen müssen sich in geschlossener Einheitsfront mit den sozialistisch gesinnten Massen der Arbeiterschaft und unter ihrer Führung für den Kampf zum Sturz des faschistischen Systems und für den Sozialismus organisieren."

S. 130 dieser Schrift ist folgendes ausgeführt: „Die Aktion gegen den faschistischen Terror beschränkt sich nicht auf die Verteidigung der unmittelbar bedrohten Genossen, sie rüttelt die proletarischen Massen zugleich auf zur Offensive gegen das ganze faschistische Mordsystem, zum politischen Massenstreik, zur Organisierung der Generalabrechnung mit den kapitalistischen Räubern und den faschistischen Henkern, die allein für die proletarische Revolution, die proletarische Diktatur vollziehen wird."

Das Vorwort – angeblich von „Lord Marley" – zu dem oben unter 5 erwähnten Braunbuch endet mit den Sätzen „Die Wahrheit des Braunbuches soll helfen, daß jene Losungen, die heute in den Herzen und Hirnen deutscher Arbeiter lebendig sind, die in den Arbeiterquartieren illegal verbreitet werden, die nachts auch in deutschen Straßen an Wände und Pflaster geschrieben werden, – daß diese Losungen trotz Hitlers Henkern und Todesdrohungen bald zu den Sturmlosungen der deutschen sozialistischen Revolution werden: Sturz der Hitlerdiktatur! Brot und Freiheit durch die proletarische Diktatur, durch ein sozialistisches Rätedeutschland!" [...]

Dokument 9

Der Strafsenat des Oberlandesgerichts Kassel über die Formen und Methoden des kommunistischen Widerstandes in Frankfurt – Auszug aus dem Urteil vom 10. 8. 1934 gegen Karl Fehler u. a.

(Stadtarchiv Frankfurt a. M., S. 1/98, Nr. 10)

Die vielen in letzter Zeit vor dem hiesigen Strafsenat durchgeführten Verfahren wegen hochverräterischen Unternehmens haben ergeben, daß in Frankfurt a. Main auch heute noch eine Bezirksleitung der KPD ist. Von ihr aus wurde immer wieder bis in die neueste Zeit hinein versucht, den organisatorischen Zusammenhalt der illegalen KPD auf- und auszubauen und kommunistisches Gedankengut in das Volk hineinzutragen. Das Tätigkeitsgebiet dieser Bezirksleitung umfaßt ganz Süddeutschland. Schon mehrmals gelang es, die jeweiligen Bezirksleitungen auszuheben und zur Rechenschaft zu ziehen. Immer wieder jedoch übernahmen andere Personen deren Aufgaben und versuchten, die Organisationen der illegalen KPD wieder neu aufzuziehen. Zuletzt war bis zu seiner in der Nacht zum 1. Mai 1934 erfolgten Festnahme der Angeklagte Fehler mit in der Bezirksleitung tätig und zwar war er für den Vertrieb der illegalen Literatur verantwortlich. Er wurde bei seiner Tätigkeit von dem Angeklagten Gulbinat unterstützt, der die Weiterleitung und Verteilung an die kleinen illegalen Einheiten der KPD übernommen hatte.

Eine der Hauptaufgaben der Bezirksleitung war die Verbreitung kommunistischer Hetzschriften. Diese Schriften wurden meist in Abständen von einer Woche von einem „Kurier" aus dem Saargebiet zu von Fehler ausgemachten und dem Kurier mitgeteilten „Anlaufstellen" gebracht. Von dort aus wurden sie bei hauptsächlich von Gulbinat organisierten „Treffs" an untere Funktionäre, die bis jetzt nicht ermittelt sind, weitergeleitet, die ihrerseits in die Organisation zur Verteilung der illegalen Schriften eingegliedert waren und für die Weiterbeförderung und Verbreitung der Schriften zu sorgen hatten. Durch dieses ausgedehnte Netz von Zuträgern sollten die hochverräterischen Schriften unauffällig und darum ungefährdet verbreitet werden.

Am 1. Ostertag 1934, den 1. 4. brachte der Kurier zum ersten Male illegale Schriften zu der Anlaufstelle Laun. In dem Kaffee „Elias", dessen Inhaberin in Untermiete bei Laun wohnte, erfuhr er, daß Laun und seine Frau über Sonntag in den Taunus seien. Er erwartete in dem Kaffee „Elias" deren Rückkehr. Gegen 18 Uhr kamen die Eheleute Laun von ihrem Ausflug zurück. Frau Laun blieb nun in ihrer Wohnung, der Angeklagte Laun fuhr dagegen mit dem Fahrrad nach dem Strahlenbergerweg, um seine zweijährige Tochter abzuholen, die er bei Verwandten in Obhut gegeben hatte. Während seiner Abwesenheit teilte das Serviermädchen aus dem Kaffee Elias seiner Frau mit, daß ein Herr im Kaffee ihren Mann zu sprechen wünsche. Der Kurier wurde auf Veranlassung der Frau Laun in deren Wohnung geschickt. Er gab sich Frau Laun gegenüber als alter Fußballfreund ihres Mannes aus, erklärte, er sei auf Geschäftsreisen und möchte ihren Mann gern einmal wieder sprechen. Den inzwischen zurückgekommenen Angeklagten Laun begrüßte er wie einen alten Bekannten. Nachdem er sich dem Angeklagten gegenüber als Kurier zu erkennen gegeben und ihn aufgefordert hatte, Fehler zu holen, entfernte sich Laun unter dem Vorwand, sein Fahrrad einstellen zu wollen. Der Kurier verließ bald daraufhin die Wohnung Laun's mit dem Bemerken, er wolle sich im Kaffee „Elias" aufhalten. Laun fuhr inzwischen mit dem Fahrrad zu Fehler und teilte ihm mit, daß der erwartete Kurier angelaufen sei und ihn zu sprechen wünsche. Er fuhr mit dem Fahrrad zurück, während Fehler die Straßenbahn benutzte. Laun, der früher angelangt war, wartete im Kaffee Elias mit dem Kurier auf Fehler, der bald danach eintraf. In dem Kaffee Elias fand dann eine Unterredung zwischen dem Kurier und Fehler statt, die nach der Angabe des Laun, der mit diesem an demselben Tisch saß, so leise geführt wurde, daß er nichts davon habe verstehen können. Laun begab sich nach einiger Zeit in seine Wohnung. Nach etwa 20 Minuten folgten ihm Fehler und der Kurier. Der letztere packte dann in der kleinen Wohnküche Laun's in dessen Beisein aus einem von ihm mitgebrachten Koffer viele Exemplare der oben angegebenen Schriften aus. Die unverpackten Einzelstücke der illegalen Schriften wurden dann gemeinsam von Fehler und dem Kurier gezählt und wieder in den Koffer getan. Der Koffer wurde verschlossen und unter der in der Küche befindlichen Chaiselongue verborgen. Fehler und der Kurier entfernten sich bald darauf. Drei oder vier Tage später holte Fehler den Koffer mit Inhalt in Abwesenheit des Angeklagten Laun ab. Er versteckte ihn zunächst in einem Vorraum zu seinem Keller und leitete später den Koffer mit den illegalen Schriften bei einem Treff an den „Skala-Lichtspielen" an einen angeblich unbekannten Genossen weiter [...]

Dokument 10

Der II. Strafsenat des Oberlandesgerichts Kassel über Formen und Methoden des kommunistischen Widerstandes in Frankfurt – Auszug aus dem Urteil vom 2. 3. 1934 gegen Robert Birk und weitere 26 Angeklagte

(Stadtarchiv Frankfurt a. M., S. 1/98 Nr. 7)

[...] Nach dem Siege der nationalsozialistischen Revolution versuchten, wie allenthalben in Deutschland, so auch in Frankfurt/M. einzelne kommunistische Kreise, die inzwischen zum Erliegen gekommene KPD durch verschiedene Neuorganisationen neu zu beleben und so ihr hochverräterisches Ziel, die bestehende Staatsverfassung durch gewaltsamen Umsturz zu ändern, im geheimen weiter zu verfolgen. Der Anklage liegt ein Ausschnitt aus diesen Versuchen zu Grunde.

In Frankfurt a. M. hatte sich nach den Märzwahlen des Jahres 1933 eine weitverzweigte kommunistische Geheimorganisation gebildet, in der eine umfangreiche kommunistische Tätigkeit entfaltet wurde. Das ganze Stadtgebiet war in einzelne Zellen aufgeteilt, innerhalb deren unter der Oberführung der Bezirksleitung Frankfurt a. M. die Werbung für die kommunistische Idee, insbesondere bei den ehemaligen Parteiangehörigen fortgesetzt werden sollte. Sachlich war die Leitung auf verschiedene Personen verteilt, die jeweils ein bestimmtes Aufgabengebiet nach den Anweisungen der nächst höheren Stelle zu bearbeiten und zu verwalten hatten. Die praktische Arbeit bestand im wesentlichen in der Abhaltung von Beratungen, Einkassierung von Beiträgen, sowie in der Herstellung und Verbreitung von Flugblättern. Die Verbindung zu auswärtigen illegalen Stellen wurde durch ein genau ausgearbeitetes Kuriersystem aufrechterhalten. [...]

Dokument 11

Der II. Strafsenat des Oberlandesgerichts Kassel über Formen und Methoden des kommunistischen Widerstandes in Frankfurt – Auszug aus dem Urteil vom 1. 12. 1935 gegen Robert Schnabel u. a.

(Dokumentationsarchiv des deutschen Widerstandes [Frankfurt] AN 940)

[...] Die Stadtteilkassierer zogen die Mitgliedsbeiträge in ihrem Bezirk ein. Die Weiterleitung des Geldes erfolgt auf verschiedenen Wegen, teils unmittelbar an Bauer und Rebel, teils durch Vermittlung von Zimmermann, Lingner, Gretel Roth und *Lotte Fleckenstein* an diese.

Nachdem die Angeklagte Roth am 24. Juli 1933 verhaftet worden war, trat an ihre Stelle die Angeklagte Lotte Fleckenstein. Sie ist seit dem Jahre 1931 oder 1932 Mitglied der KPD, nahm Ende 1932 an kommunistischen Hausagitationen teil und war kurze Zeit Unterkassiererin. Kennzeichnend für die Angeklagte und ihre Beteiligung an dem Kassenwesen im Rahmen der Bezirksleitung ist die Art, wie sie zu der Mitwirkung herangezogen worden ist. Der bereits oben erwähnte Angeklagte Weckesser trat eines Tages, und zwar Anfang August 1933, an die ihm als Kommunistin bekannte Angeklagte heran, ob sie nicht wieder „arbeiten" wolle. Beide trafen sich am Lokalbahnhof, Weckesser noch in Begleitung einer Frau aus Bornheim. Sie fuhren dann alle drei zusammen zur Landesgrenze bei Offenbach. Dort trafen sie Bauer und Rebel. Die Fleckenstein kannte diese beiden Funktionäre von Kundgebungen her. Auf einem Spaziergang teilte nun Rebel der Fleckenstein mit, daß die Gretel Roth verhaftet worden sei und fragte sie, ob sie an deren Stelle treten wolle. Bauer würde ihr die Art ihrer Tätigkeit noch mitteilen. Die Angeklagte Fleckenstein sagte zu. An einem späteren Tage klärte sie Bauer verabredungsgemäß über ihre Tätigkeit auf, stellte sie auch dem Lingner vor dessen Wohnung vor.

Die Lotte Fleckenstein holte dann verschiedentlich Mitgliederbeiträge bei Lingner ab. Von ihr aus ging das Geld nun nicht, wie von ihrer Vorgängerin Roth unmittelbar an Bauer oder Rebel, sondern es schob sich nun noch weiterhin der Angeklagte Schenk dazwischen. Offenbar befürchteten die Funktionäre in der späteren Zeit in noch stärkerem Maße eine Entdeckung ihrer Umtriebe, die sie möglichst zu vermeiden suchten. Durch das Dazwischentreten einer weiteren Stelle blieben die Parteiführer nach außen hin noch eher gedeckt. Die Kuriertätigkeit des Schenk selbst ist an anderer Stelle zu würdigen. Einmal holte auch der frühere Redakteur Grade (von der kommunistischen Arbeiterzeitung) Geld bei der Fleckenstein ab. Daß Weckesser ihr einmal 40 RM brachte, ist bereits oben geschildert. [...]

Dokument 12

Der Generalstaatsanwalt in Kassel über Formen und Methoden des kommunistischen Widerstandes in Frankfurt – Auszug aus der Anklageschrift vom 16. 11. 1934 gegen Anna Eichhorn u. a.

(Dokumentationsarchiv des deutschen Widerstandes [Frankfurt] AN 946)

[...] Der Abtransport illegalen Schriftenmaterials.
Der Staatspolizeistelle in Frankfurt a. M. war aus anderen Ermittlungen gegen Ende des Jahres 1933 bekannt geworden, daß die Angeschuldigte Steigerwald als Kurieranlaufstelle für das Saargebiet und als Briefanlaufstelle für illegale Sendungen aus der Tschechoslowakei und dem Saargebiet verwendet wurde. Insbesondere war der Angeschuldigte von einem gewissen „Heinz" unter der Deckanschrift „Hans Jacke" der Versand illegaler Flugblätter aus der Tschechoslowakei mitgeteilt worden. Sie stand ferner, wie sie selbst zugibt, mit einem in Frankfurt tätigen Funktionär namens „Max" in Verbindung und wurde auch durch ihn über den Eingang illegalen Materials benachrichtigt. Der Polizei war zu der gleichen Zeit weiter bekannt geworden, daß das illegale Flugschriftenmaterial von Kurieren auf der Gepäckaufbewahrungsstelle des Frankfurter Hauptbahnhofs zur Aufbewahrung aufgegeben und dann von zuverlässigen Personen abgeholt werden sollte. Bei einem solchen Versuch konnten die in O.J. 8/34 durch den Strafsenat des Oberlandesgerichts in Kassel abgeurteilten Kommunisten Heinrich Weingärtner und Emil Miltenberger am 19. Dezember 1933 festgenommen werden. Mit ihnen wurde ein gewisser Engel verhaftet, der an dem Wegtransport des illegalen Gutes beteiligt war und der deshalb auch von dem Oberlandesgericht in Karlsruhe abgeurteilt wurde. Diese drei hatten von dem vorerwähnten „Max" den Auftrag zum Wegschaffen der Druckschriften erhalten. Das Material konnte damals beschlagnahmt werden.
Eine andere Sendung, in der sich die berüchtigten „Braunbücher" befanden, konnte zur gleichen Zeit von der Polizei beschlagnahmt werden, weil der Koffer auf der Gepäckstelle nicht abgeholt worden war. Zudem war auch hier der Polizei bekannt geworden, daß der Kurier, der die Ankunft der Sendung der Angeschuldigten Steigerwald melden sollte, deren Anschrift vergessen hatte und deshalb erst von dritter Seite zu der Angeschuldigten geschickt werden mußte.
An dem Abtransport einer weiteren Sendung, die von den Beamten der Staatspolizeistelle in dem „Pfälzerhof" beschlagnahmt werden konnte und die 6000 Stück „Luftschutz tut not" und 500 Stück „Weltfront gegen den imperialistischen Krieg und Faschismus" (illegale Flugschriften übelster Art) enthielt, waren schließlich die Angeschuldigten Eichhorn, Steigerwald, Eller und Schlereth beteiligt.
[...] Von Februar 1934 habe sie [= Anna Eichhorn] Flugschriften von einem anderen Unbekannten, der nach ihrer Ansicht im Gallusviertel wohne, erhalten. Diesen habe sie durch den ebenfalls in Kassel in O.J. 62/34 abgeurteilten Karl Fehler kennengelernt. Fehler habe ihr

auch den Auftrag erteilt, die KPD in der Bahnhofsgegend wieder aufzubauen. Das habe sie auch getan. Sie habe die Angeschuldigten Steigerwald, Eller und Hertzel kassiert. Der monatliche Beitrag habe 50 Pfennige betragen. Außerdem habe sie noch den vorerwähnten Möser, und seitdem der Angeschuldigte Schlereth in der Mühlbergschule sei, auch noch einen gewissen Meissingen, einen Robert Dora und einen Gross kassiert. Diese Personen hätten auch regelmäßig Flugschriften erhalten, die ebenfalls sofort bezahlt worden seien. Außerdem habe sie einem jugen Manne mit dem Vornamen „Walter", der auf der Kaiserstraße in einem jüdischen Wäschegeschäft tätig sei, ab und zu einige Flugblätter gegeben und von ihm dafür einmal 30 und einmal 40 Pfennige erhalten. Der Angeschuldigte Schlereth habe ebenfalls kassiert und die eingezogenen Beträge an sie abgeliefert. Es habe sich um Beträge zwischen 6.– und 11.– Mark gehandelt. Die eingesammelten Beträge habe sie durch Vermittlung des „Max" und eines weiteren Funktionärs mit dem Decknamen „Walter" an einen jüdisch aussehenden Unbekannten abgeliefert. Einmal habe sie etwa 10.– Mark dem „Max" gegeben. Als letztes Flugblatt habe sie die „Arbeiterzeitung" Nr. 8 vom 8. September 1934 erhalten und verteilt. [...]

Dokument 13
(Angeblich von der SPD und KPD-Bezirksleitung Hessen-Nassau gemeinsam verfaßter) Aufruf an „Werktätige in Stadt und Land! Sozialdemokratische und kommunistische Arbeiter! Gewerkschaftler!" (Auszug)

(nach: Mausbach-Bromberger, Arbeiterwiderstand, S. 88–90)

Terror und Hunger wüten über Hitlerdeutschland. Eineinhalb Jahre faschistischer Diktatur brachten unerhörten Lohnraub, Raub der Erwerbslosenunterstützung, Versklavung der werktätigen Jugend durch Arbeitsdienst und Landhilfe, Preissteigerung und beginnende Inflation! Eineinhalb Jahre Hitlerregierung brachten den Ruin der werktätigen Bauern durch Ablieferungszwang ihrer Produkte und die Enterbung der Bauernsöhne durch das Erbhofgesetz. Die Not der kleinen Gewerbetreibenden ist trotz aller Versprechungen der Nazis noch größer geworden. [...]

Hitler führt Deutschland in die Katastrophe, wenn nicht die geeinte Arbeiterklasse im Bündnis mit allen Werktätigen seinem verbrecherischen Treiben ein Ende bereitet.

Einheitliche antifaschistische Aktion ist deshalb das Gebot der Stunde! Schon stehen überall sozialdemokratische und kommunistische Arbeiter Schulter an Schulter im Kampf. Schon bilden sich überall, besonders in den Betrieben, antifaschistische Einheitsorgane zur Führung des Kampfes. Die sich immer stärker herausbildende und immer mutiger und siegesbewußter auftretende Einheitsfront der Arbeiterklasse beginnt bereits, auf die bisher irregeleiteten Werktätigen aller Bevölkerungsschichten tiefen Eindruck auszuüben.

In dem ehrlichen Bestreben, diesen Willen der Massen zur kämpfenden Einheitsfront über alles bisher uns Trennende hinweg zur unüberwindlichen Front des antifaschistischen Kampfes bis zum Sturz des Faschismus zu steigern, haben die illegalen Bezirksleitungen der Sozialdemokratischen und der Kommunistischen Partei in gemeinsamer Beratung beschlossen, sich zu einer Aktionseinheit zusammenzuschließen mit dem Ziel, den tagtäglichen Kampf aller Ausgebeuteten um Lohn und Brot zu breiten Massenkämpfen gegen den Faschismus und die hinter ihm stehende profitgierige Ausbeuterklasse bis zu ihrer Vernichtung durch die proletarische Revolution zu steigern, um dann durch die Diktatur der Arbeiterklasse im Bündnis mit allen Werktätigen den wirklichen Sozialismus aufzubauen...

In der Erkenntnis, daß zur Führung dieses Kampfes breite Einheitsorganisationen erforderlich sind, erblicken wir Bezirksleitungen der Kommunistischen und Sozialdemokratischen

Partei die erste und wichtigste Aufgabe unserer Aktionseinheit in dem Wiederaufbau der freien Gewerkschaften auf der Grundlage des proletarischen Klassenkampfes.

Wir fordern euch Sozialdemokraten und Kommunisten auf, unverzüglich in allen Betrieben gemeinsam illegale Gewerkschaftskomitees aus den erfahrensten und zuverlässigsten Kollegen und Kolleginnen zu bilden, welche durch illegale Vertrauensleute mit den einzelnen Abteilungen des Betriebes in Verbindung treten und Abteilungsgruppen der Gewerkschaft aufbauen. Diese Abteilungsgruppen machen es sich zur Aufgabe, die Mobilisierung aller Belegschaftsmitglieder zur Steigerung des Massenwiderstandes für betriebliche Forderungen und zu Massenkämpfen und Streiks vorzunehmen.

Um dem faschistischen Terror Einhalt zu gebieten und auch die Wehrhaftigkeit unserer Klasse zu steigern, rufen wir euch ferner auf, in allen Orten und Wohnblocks den gemeinsamen Aufbau eines illegalen antifaschistischen Massenselbstschutzes vorzunehmen, welcher sich u. a. auch zur Aufgabe stellt, in faschistischen Organisationen, wie SA, SS, HJ usw. die unzufriedenen Elemente zu erfassen und für unseren antifaschistischen Kampf zu gewinnen. Darüber hinaus schließt euch überall zu Einheitskomitees zur Befreiung aller eingekerkerten Antifaschisten zusammen. Schafft in den Landgebieten einheitliche Bauernkomitees zur Verteidigung der Lebenslage der Landbevölkerung. Schafft an allen Stempelstellen Erwerbslosenkomitees! Schafft einheitliche Jugend- und Frauenkomitees zum Kampf gegen Arbeitsdienst, Landhilfe und Militarisierung bzw. gegen den Hinauswurf der Frauen aus dem Produktionsprozeß und für Gleichstellung der Frauenlöhne mit denen der Männer.

Die Bezirksleitungen der Kommunistischen und Sozialdemokratischen Partei erklären, daß sie jeden Saboteur dieser Einheitsaktion als Feind der Arbeiterklasse betrachten und daß sie über diese Aktionseinheit hinaus eine restlose Klärung aller Meinungsverschiedenheiten und die Schaffung der einen revolutionären Partei der Arbeiterklasse anstreben. Antifaschisten in Stadt und Land! Sozialdemokraten und Kommunisten! Je schneller wir diese unsere Aktionseinheit in allen Betrieben, Stempelstellen und Orten zur höchsten Entfaltung bringen, je schneller wir uns im gemeinsamen Kampfe zusammenfinden, desto schneller werden wir Hitler und die kapitalistische Ausbeuterklasse zum Teufel jagen.

Dokument 14

Auszug aus dem Urteil des II. Strafsenats des Volksgerichtshofs vom 28. 1. 1937 gegen Paul Apel u. a.

(Stadtarchiv Frankfurt a. M., S. 1/98, Nr. 1)

[...] Im Herbst 1934 nahm der Zeuge Botta, der der KPD angehörte, Beziehungen zu Kirchhof auf, um mit ihm über die Frage der Einheitsfront zu verhandeln. Kirchhof gab sich dabei als Bezirksleiter der SPD in Frankfurt aus, sprach von dem Aufbau von SPD-Gruppen in Frankfurt, Mainz, Wiesbaden, Kronberg und Kelheim und bezeichnete als gemeinsames Ziel die Beseitigung des Faschismus. Im November 1934 hatte er mit Botta und Heps, der Unterbezirksleiter der KPD in Höchst war, eine Zusammenkunft im Sodener Wald. Dabei hatte Heps in Bezug auf die Einheitsfront die Auflösung der SPD-Zellen und deren Angliederung an die KPD verlangt. Kirchhof stellte in Aussicht, zu einer weiteren Besprechung im Schwanheimer Wald einen SPD-Arbeiter aus den IG-Werken für die RGO-Arbeit mitzubringen. Während bei dieser Besprechung Botta den Standpunkt vertrat, daß der illegale Aufbau der Einheitsfrontorganisationen in den Betrieben begonnen werden müßte, wollte Kirchhof einen Massenselbstschutz in den Wohnvierteln organisieren. Botta und Kirchhof unterhielten sich dann noch über einen geplanten gemeinsamen Aufruf der SPD und KPD, wovon Kirchhof 300 Stücke in der SPD herstellen oder verbreiten sollte.

Durch Vermittlung Bottas hatte Kirchhof auch mehrere Besprechungen mit dem KPD-Oberberater Strüwe. Bei einer solchen auf der Eschenborner Landstraße erklärte er sich wiederum bereit, an der Errichtung der Einheitsfront durch Bildung Freier Gewerkschaften unter kommunistischer Führung und eines Massenselbstschutzes mitzuarbeiten und dann in die Bezirksleitung der Einheitsfront einzutreten. Zu einem neu verabredeten Treffen am Märchenbrunnen in Frankfurt erschien Kirchhof nicht. Inzwischen hatte Zeller von den Kommunisten eine Flugschrift erhalten, in der bereits der geplante Aufruf zur Einheitsfront stand. Der Aufruf war mit „Bezirksleitung der SPD und der KPD in Frankfurt a./M." unterzeichnet und wurde Veranlassung zu einem Artikel in der „Roten Fahne", der Ende Dezember 1934 mit der Überschrift erschien: „Die Einheitsfront gebildet! Hessen-Nassau in der Führung im Reich voran". Tatsächlich war die Einheitsfront aber noch nicht hergestellt.

Kirchhof hatte dann noch durch Vermittlung Bottas zwei Zusammentreffen mit dem neuen Bezirksleiter der KPD in Frankfurt, Kassner, und dessen Gehilfen Glaabs am Zoo in Frankfurt. Kassner verlangte von ihm eine Aufstellung über den Aufbau der SPD im Bezirk von Frankfurt und Verbindung zu den führenden Personen. Kassner hatte aber kein Vertrauen zu Kirchhof, so daß diese Unterredung zu keinem praktischen Ergebnis führte.

Im November oder Dezember 1934 unterrichtete Kirchhof den Apel über seine Verhandlungen mit der KPD, der ihn anwies, diese Beziehungen aufzugeben. Daraufhin zog sich Kirchhof allmählich von den Kommunisten zurück. Er sagte Botta, er sei als Bezirksleiter der SPD abgesetzt worden und könne nichts mehr veranlassen, er selbst sei aber nach wie vor für die Einheitsfront, der Parteivorstand in Prag könne beschließen, was er wolle, die junge Generation wolle ernsthaft und gewaltsam den Kampf gegen den Faschismus führen. [...]

Dokument 15

Der Generalstaatsanwalt in Kassel über Formen und Methoden des kommunistischen Widerstandes – Auszug aus der Anklageschrift vom 29. 9. 1934 gegen Hugo Schumacher und Hans Theis

(Stadtarchiv Frankfurt a. M. S. 1/98, Nr. 12)

[...] Am 16. August 1934 trafen sich beide vor der Wohnung des Schumacher und gingen von hier auf Umwegen zur Körnerwiese in Frankfurt/M. Hier sollte einige Zeit später eine Kundgebung der Hitler-Jugend stattfinden. Schumacher brachte in einem Paket einen Topf mit weißer Farbe und einen Pinsel mit. Auf der Wiese gab er beides dem Theis, der auf Veranlassung des Schumachers seine braune Hitlerjugendhose angezogen hatte, damit sie nicht unnötig auffielen. Theis begann alsbald, eine Sichel zu malen. Er wollte hierzu noch den Hammer malen, als ein Trupp junger Männer unter ihnen der Zeuge Lengler hinzukam. Lengler fragte die Angeschuldigten nach ihrem Treiben. Schumacher erklärte, sie malten für den Tag der „100000". Schumacher nahm dem Theis den Pinsel fort und malte auf den Erdboden „eine 100000" und zwar, wie der Zeuge Lengler meint, mit „einer wunderbaren Technik".

Da aber Theis dem Zeugen auf dessen Fragen unrichtige Angaben über seine Zugehörigkeit zur Hitler-Jugend machte, kam diesem und seinen Begleitern die Sache verdächtig vor. Sie veranlaßten den Theis beiseite zu treten, und sahen dann, daß er begonnen hatte, das kommunistische Zeichen – Hammer und Sichel – auf der Straße neben dem Bürgersteig zu malen.

Der Zeuge Lengler forderte die beiden Angeschuldigten auf, mit ihm zu kommen. Unterwegs kamen andere Personen hinzu, die teils gegen Theis Stellung nahmen, die aber auch meinten, man solle die beiden laufen lassen. Als sich der Zeuge Lengler bemühte, die einander widersprechenden Parteien zu beruhigen, benutzte Schumacher die Gelegenheit und fuhr heimlich mit dem Rad des Theis, das er führte, davon. Erst später meldete er sich freiwillig auf der zuständigen Polizeiwache. [...]

Dokument 16

Die „Deutschland-Berichte" der Sopade über Terror und Widerstand in Frankfurt

(Deutschland-Berichte der Sozialdemokratischen Partei Deutschlands [Sopade] 1934–1940, Frankfurt / M. 1980 –
a) 1. Jg. 1934, S. 300; b) 1. Jg. 1934, S. 565;
c) 2. Jg. 1935, S. 546 f; d) 2. Jg. 1935, S. 843;
e) 2. Jg. 1935, S. 1133; f) 3. Jg. 1936, S. 27 f)

a.) Juni / Juli 1934
„Wir rechnen damit, daß der Schwindel der Hitlerdiktatur in sechs Monaten zu Ende ist. Wir propagieren auch diese Auffassung, um die Unsicherheit zu verstärken."

b.) September / Oktober 1934
„Ende August war Hitler-Jugend damit beschäftigt, an der St. Bernhardus-Kirche in Frankfurt / Main Werbeplakate für den Tag der Hunderttausend am 1. und 2. September anzubringen. Ein katholischer Geistlicher erhob dagegen Einspruch, aber ohne Erfolg. Der Kaplan, der hinzukam, wurde von den Hitlerjungen sogar tätlich angegriffen. Ein Schlächtermeister aus der Nachbarschaft, der kirchlich gesinnt ist, wollte seinen Sohn aus der Horde herausholen und wegen Beteiligung an dem Angriff auf den Kaplan bestrafen. Jetzt wandte sich die ganze Wut der Hitlerjungen gegen den Schlächtermeister, dem sehr deutlich klar gemacht wurde, daß er einem Hitlerjungen gegenüber nicht das Recht habe, ihn zu züchtigen. Kurze Zeit darauf erschien SA bei dem Schlächtermeister und nahm ihn mit. Der Mann ist von der Polizei aus der SA-Kaserne abgeholt und in das Gefängnis eingeliefert worden. Sein Verbleib ist unbekannt."

c.) Mai 1935
Über Wahlen in Betrieben:
„Straßenbahn – Frankfurt : Belegschaft 2983 Mann. Ungültige Stimmen 73 Prozent.
I.G.-Farben, Frankfurt: Belegschaft etwa 3500 Mann. Ungültige Stimmzettel 48 Prozent.
I.G.-Farben, Höchst / Main : Belegschaft 5 bis 6000 Mann. Ungültige Stimmen 30 Prozent. Die Abstimmung fand in der Kantine statt. Starker Terror. In den Umschlägen lagen Zettel mit folgendem Inhalt: ‚Heil Hitler heißt der deutsche Gruß. Die Reichswehr steht Gewehr bei Fuß. Jetzt kommt auch bald der große Krach, dann heißt es wieder Guten Tag'".
Adler-Werke – Frankfurt: Belegschaftsstärke etwa 4000 Mann. Ungültige Stimmen 40 Prozent.
Opelwerke – Rüsselsheim: Belegschaftsstärke etwa 5000 Mann. Über das Wahlergebnis konnten Ziffern nicht in Erfahrung gebracht werden. Es hieß einfach: die Liste ist gewählt."

d.) Juli 1935
„Der Sozialdemokrat Knothe aus Frankfurt a. Main wurde wegen illegaler Arbeit zu 2½ Jahren Zuchthaus verurteilt."

e.) Oktober 1935
„Man bekommt doch wieder etwas Hoffnung, wenn man so auf den Straßen und

Wirtschaften, insbesondere aber an den Markttagen in Tönen schimpfen hört, die einem ganz ungewohnt geworden sind. Das Überraschendste bei der Sache ist, daß die Polizei, auch wenn sie SA bei sich hat, nicht eingreift. An die Frauen auf den Markttagen trauen sie sich scheint's nicht ran. Es wird gut sein, wenn man dieses Schimpfen nicht allzu hoch in Rechnung stellt. Viel entscheidender erscheint mir, was ich gleichzeitig über die Stimmung in den Naziformationen berichte. Wenn es so aussieht, dann kann man doch auf einen bedeutenden Stimmungswechsel schließen."

f.) Januar 1936
„In Frankfurt/Main hängt an jedem arischen Geschäft das Plakat: „Deutsches Geschäft" mit dem Hakenkreuz. Darüber ist jetzt bei einem Viertel aller Geschäfte eine andere Tafel angebracht, auf der in nachgeahmter hebräischer Schrift steht: „Juden sind hier unerwünscht". Bei Woolworth steht außerdem eine Tafel: „Dieses Geschäft ist ein rein arisches Unternehmen".
In den jüdischen Kreisen ist die Stimmung außerordentlich niedergedrückt und pessimistisch. Man hat sich innerlich vollständig darauf eingestellt, daß man in Deutschland eine minderwertige Rasse ist und zieht sich freiwillig in ein Ghetto zurück, auch wo man es gar nicht nötig hat. Man geht in kein Café und Theater, auch wenn man gar nicht jüdisch aussieht. Es wird nie anders werden, sagen die Juden. Alles ist in eine völlige Dumpfheit und Hoffnungslosigkeit verfallen. Es wird überhaupt nicht mehr über etwas anderes gesprochen als darüber, ob der und der Volljude oder Mischling ist, ob man drin bleiben oder herausgehen solle, ob die und die Heirat noch möglich ist oder nicht. Es ist erschreckend, mit anzusehen, wie früher lebenslustige junge Leute überhaupt keinen anderen Gesprächsstoff kennen.
Diese Abgeschlossenheit der Juden und der Nichtarier hat merkwürdige Folgen. So gibt es z. B. einen Verband christlicher Nichtarier, der eine wirkliche Daseinsberechtigung hat. Denn bei den Ariern haben diese Leute nichts zu suchen, zu den Juden wollen sie nicht gehen, weil sie Christen sind. Infolgedessen hat dieser Verband die Aufgabe, die einfachsten gesellschaftlichen Beziehungen (gemeinsame Ausflüge, gemeinsames Turnen usw.) herzustellen. Politisch nimmt er eine katastrophale Haltung ein und wenn diese Leute in die NSDAP eintreten könnten, würden sie es mit Wonne tun.
Die Einzelaktionen haben nach den Nürnberger Gesetzen aufgehört. Aber man rechnet damit, daß der Judenterror nur mit Rücksicht auf die Olympiade vorübergehend gemildert sei und daß auch die Nürnberger Gesetze nach der Olympiade in voller Schärfe durchgeführt werden, insbesondere der Wirtschaftsboykott. Der Verkauf von Geschäften, die Versteigerung von Wohnungseinrichtungen usw. hat etwas nachgelassen, ist aber immer noch sehr groß. Die in den Nürnberger Gesetzen vorgesehene Genehmigung bei Ehen mit Nichtariern mit Ariern wird praktisch nicht erteilt. Es werden Schwierigkeiten über Schwierigkeiten gemacht.
Ein jüdischer Buchhändler erzählt, daß er dauernd Zuschriften von der Schrifttumskammer erhielt, in denen man ihn zur Aufgabe seines Geschäftes veranlassen wollte. Anfang dieses Jahres hieß es in einer solchen Zuschrift etwa: „Da Juden nicht in der Lage sind, deutsches Kulturgut zu verwalten, bitten wir um baldigste Mitteilung, wann Sie Ihr Geschäft zu liquidieren gedenken." Schon 1935 hat man ihm die Buchhändlerkarte abgenommen. Jetzt haben die jüdischen Buchhändler gemeinsame Schritte unternommen, um diese Frage zu klären. Aber insgeheim kaufen nach wie vor alle in jüdischen Buchhandlungen und dieser Buchhändler liefert sogar an staatliche Stellen, nur darf das eben niemand wissen. Ein nicht unbekannter halbjüdischer Schriftsteller, dessen Bücher bisher noch in Deutschland erlaubt waren, hat vor kurzem von der Schrifttumskammer die Mitteilung bekommen, daß sein neues Buch in Deutschland verboten ist."

Dokument 17

„Die Ziele der SPD" – Auszug aus dem Urteil des 2. Senats des Volksgerichtshofs vom 28.1.1937 gegen Paul Apel u. a.

(Stadtarchiv Frankfurt a. M. S. 1/98, Nr. 1)

[...] Infolge der staatlichen Neuordnung nach dem 30. Januar 1933 erfolgte auch die Auflösung der Sozialdemokratischen Partei Deutschlands (SPD) und ihrer Nebenorganisationen. Durch das Gesetz gegen die Neubildung von Parteien vom 14. Juli 1933 wurde ihr für die Zukunft jede Möglichkeit eines gesetzmäßigen Wiederaufbaues und einer parlamentarischen Betätigung genommen. Schon im Jahre 1933 rückte die SPD, wie sich aus der illegalen getarnten Druckschrift „Julius Cäsar, Der gallische Krieg" ergibt, von ihrer früheren Kampfweise ab und erstrebt seitdem den gewaltsamen Sturz der Regierung Adolf Hitlers, also die gewaltsame Änderung der Verfassung des Deutschen Reiches. Dies wird nochmals zum Ausdruck gebracht in einer Erklärung, die von dem Vorstand der SPD in Prag in der Ausgabe der gerichtsbekannten illegalen SPD-Zeitung „Sozialistische Aktion" vom 25. Januar 1934 veröffentlicht und in der getarnten Schrift „Die Kunst des Selbstrasierens" abgedruckt worden ist. Die Erklärung trägt die Überschrift „Kampf und Ziele des revolutionären Sozialismus. Die Politik der Sozialdemokratischen Partei Deutschlands".

Es heißt darin unter anderem:
„Im Kampf gegen die nationalsozialistische Diktatur gibt es keinen Kompromiß, ist für Reformismus und Legalität keine Stätte. Die sozialdemokratische Taktik ist allein bestimmt durch das Ziel der Eroberung der Staatsmacht, ihre Festigung und Behauptung zur Verwirklichung der sozialistischen Gesellschaft. Die Taktik bedient sich zum Sturz der Diktatur aller diesen Zwecken dienenden Mittel...

... Dieser Kampf ist nur Durchgangsstadium zur Eroberung der ganzen Staatsmacht. Der Sturz der Despotie wird sich, wenn nicht Katastrophen ihn herbeiführen, nur in der gewaltsamen Niederringung, nur durch den Sieg im Revolutionskampf vollziehen. Er wird sich ergeben, wenn die Bedingungen ausgenützt werden von einer entschlossenen, von Kampfgeist durchseelten, von einer erfahrenden Elite geführten Partei des revolutionären Sozialismus. Er kann nur erwachsen aus der Tat der Massen selbst."...

Im übrigen sucht die SPD durch Lügen- und Greuelhetzen das Ansehen der deutschen Regierung zu untergraben und auch so den Boden für ein gewaltsames Vorgehen vorzubereiten. Das geschieht insbesondere mit Hilfe der Druckschriften der SPD, namentlich der „Sozialistischen Aktion", die schon in der zweiten Hälfte des Jahres 1933, in verstärktem Maße aber seit Anfang 1934 mittels wohl ausgebauter Organisation über die Reichsgrenzen eingeführt und in erheblichen Mengen im Inland verbreitet wurde. [...]

Dokumente zu Kapitel 4
„Widerstand aus Arbeiterbewegung und Arbeiterschaft 1935–1945"

Dokument 1

Auszug aus der Anklageschrift des Generalstaatsanwalts Kassel vom 18. 11. 1940 gegen Ludwig Bernhard, Jakob Dahlberg, Hugo Moses u. Emil Haag.
(Stadtarchiv Frankfurt a. M., S. 1/98, Nr. 1)

[...] Die Angeschuldigten Bernhardt, Dahlberg und Moses kennen sich vor allem aus Geschäftsbeziehungen seit längerer Zeit. Während Moses schon früher häufig zu Besuchen in die Wohnung des Bernhardt kam, sind die Besuche Dahlbergs vor allem seit Anfang November 1939 immer häufiger geworden. So trafen diese drei Angeschuldigten sehr oft in der Wohnung Bernhardts zusammen.

Neben geschäftlichen Fragen besprachen sie immer die allgemeinen Tagesfragen und vor allem seit Kriegsbeginn die politischen und militärischen Ereignisse. Der eine kannte des anderen frühere politische und jetzige staatsfeindliche Einstellung. Sie machten auch bei ihren Gesprächen kein Hehl daraus.

Der Angeschuldigte Bernhardt äußerte immer wieder Zweifel daran, daß der Krieg für Deutschland „eine günstige Entwicklung" nehmen werde. Er glaubte auch nicht an die Richtigkeit der deutschen Meldungen und meinte, die würden alle „ausgeschmückt".

Der Angeklagte Dahlberg besprach mit Bernhardt wiederholt „gemeinwirtschaftliche Fragen" und brachte dabei seine kommunistischen Ideen zum Ausdruck. Er betonte, daß er „sich mit seiner Person immer für die arbeitende Klasse eingesetzt habe; wenn die Entwicklung nicht so gekommen sei, wie er es sich vorgestellt und gewünscht habe, so habe er wenigstens seine Pflicht als Mensch erfüllt, möge auch sein Kampf umsonst gewesen sein". Der Angeschuldigte Moses beklagte sich bei diesen abendlichen Diskussionen immer über die Maßnahmen der nationalsozialistischen Regierung. Gerade er habe doch eine „solche Behandlung nicht verdient, da er immer redlich und ehrlich im Leben gewesen sei".

Die gleichgerichtete politische Gesinnung (Moses ist seit 1933 offenbar immer mehr Anhänger des Kommunismus geworden) brachte es im Zusammenhang mit den politischen Unterhaltungen auch bald dahin, daß die Angeschuldigten zusammen Rundfunk hörten [...]

Angeblich vor allem auf Betreiben des Moses kam es nun auch trotz des ihnen bekannten Verbots zum Abhören ausländischer Sender, so des Senders Mailand und des Senders Beromünster, von denen der letztere nicht gerade deutschfreundliche Nachrichten brachte. Bernhardt selbst hat diese Sender auch mehrmals allein ohne Anwesenheit der beiden anderen Angeschuldigten angehört und zwar mindestens bis August 1940. Im Anschluß an das gemeinschaftliche Abhören wurde der Inhalt der Sendungen besprochen und den deutschen Nachrichten gegenübergestellt. [...]

Dokument 2

„Streik bei Opel Rüsselsheim" – von der Gestapo abgefaßte Abschrift eines illegalen Flugblattes über den Streik bei Opel im Juli 1936

(Faksimile in: Mausbach-Bromberger, Arbeiterwiderstand, S. 108)

Schon wieder greifbares Resultat nach 3½-jähriger faschistischer Ausbeutungspolitik in unserem Bezirk. 300 Arbeiter sind bei Opel infolge dem seit Jahren in verstärktem Maße überhandnehmenden Lohnabbau in den Streik getreten. 300 Arbeiter haben die Initiative ergriffen und der Ausbeutungspolitik der Kapitalisten und damit den faschistischen Henkersknechten vom Schlage der Hitler-Goebbels und Konsorten tatkräftigen Widerstand geleistet. Hervorgerufen durch das seit langem bestehende Krümpersystem waren die Löhne der Opelarbeiter auf einem solchen Stand angelangt, daß der weitaus größte Teil der Belegschaft Hungerlöhne von RM 10.– bis 15.– pro Woche bekam.

Arbeiter in allen Betrieben

Wir rufen Euch zur tatkräftigen Mitarbeit und Unterstützung der Opelbelegschaft auf. Auch Ihr habt dieselben Forderungen! Auch Ihr seid von der Nazipartei betrogen und mit leeren Phrasen abgespeist worden. Wie lange soll der Schwindel noch dauern?

Die KPD als Vertreterin des klassenbewußten und revolutionären Proletariats lebt und wartet auf Euch! Nieder mit der Hitlerregierung – Her mit dem wahren Sozialismus!!!

Dokument 3

Bericht über eine Abteilungsleiterbesprechung der Gestapo in Berlin vom 16. 1. 1937 über den Streik bei Opel

(Dokumentationsarchiv des deutschen Widerstandes, Frankfurt, AN 2313)

Am 16. 1. 37 fand beim Abteilungsleiter eine Besprechung über den Streik bei der Fa. Opel statt, an der teilnahmen die beteiligten Vertreter der Arbeitsfront aus Frankfurt a. M., der Leiter der Staatspolizeistelle Ffm. und sein Sachbearbeiter, der Referent für politische Wirtschaftsangelegenheiten, von Gestapo Ass. Fehlis und sein Sachbearbeiter sowie für das Ref. II A-Marxismus-Krim.Rat Opitz.

Zweck der Besprechung war, aus der Behandlung der Streikvorkommnisse Lehren für die Zukunft zu ziehen. Die sofortige fristlose Entlassung aller am Streik beteiligten 260 Personen wurde gebilligt, auch die Inschutzhaftnahme der Rädelsführer. Erwünscht wäre gewesen, wenn die Stapo Ffm. durch ein Netz von Vertrauensleuten im Werk rechtzeitig von der Stimmung, der Streikabsicht und über die Personen der Drahtzieher informiert gewesen wäre. Es ist daher als wichtig anerkannt worden, daß die Staatspolizeistellen in allen derartigen Werken ein Netz von Vertrauensleuten aufziehen, die aber keinesfalls als Nationalsozialisten oder Parteimitglieder bekannt sein dürfen. Dieses Vertrauensmännernetz wird in Zukunft noch größere Bedeutung erhalten, wenn kommunistischerseits der unsichtbare Streik angezettelt und durchgeführt werden wird. Die Taktik der Kommune beim Streik heißt heute: „Langsamer arbeiten" (s. die umseitige Abhandlung aus der Zeitschrift „Deutsche Gewerkschaft-Informationen")

Weitere Aufgabe der Staatspolizei muß es sein, sich ein genaues Bild über die politische Zusammensetzung der Belegschaft zu verschaffen, insbesondere eine Kartei aller politisch unzuverlässigen Arbeitsgefolgschaftsmitglieder aufzubauen, damit sie in der Lage ist, bei einem Streik sofort die durch Kartei und durch V-Männer bezeichneten politisch Verdächtigen aus der Gefolgschaft zu nehmen. Durch diese Maßnahme wird es möglich sein, die Streiksolidarität zu erschüttern und die Festnahme aller am Streik nicht böswillig Beteiligten zu verhindern.

Die Festnahme aller am Streik Beteiligten, die bei Opel noch erforderlich war, weil das Vertrauensmännernetz und die Kartei nicht vorhanden waren, gibt ihm oft erst eine erhebliche politische Bedeutung, die er vorher in dem Maße nicht gehabt hat und schafft immerhin eine gewisse Märtyrerstimmung und fördert den Solidaritätsgeist der übrigen Belegschaftsmitglieder, die bisher am Streik noch nicht beteiligt waren. [...]

Dokument 4

Schreiben des Gaupropagandaleiters der NSDAP Hessen-Nassau vom 24. 4. 1937 an alle Kreispropagandaleiter, betr. „Kommunistische Hetzsender".

(HStA Wiesbaden 483, Nr. 10121-10126)

    Seit einigen Wochen gehen aus verschiedenen Teilen des Gaues Hessen-Nassau Meldungen ein, wonach auf dem Rundfunkkurzwellenband (zwischen 20–40 m) deutschsprachige Hetzsender in steigendem Masse abgehört werden.
    Ich ersuche bis Donnerstag, den 6. Mai 1937 um ausführlichen und vertraulichen Bericht darüber, wie diese Sender zu hören sind, wie weit die Bevölkerung bereits darauf aufmerksam geworden ist und wie sich der Empfang stimmungsmässig auswirkt. Selbstverständlich dürfen die Feststellungen in dieser Richtung nicht so erfolgen, dass die Bevölkerung erst recht auf diese Sender aufmerksam wird.
    Ich nehme dabei an, dass bereits Material bei den Kreisleitungen vorliegt.
    Den Termin vom 6. 5. 37 bitte ich unter allen Umständen einzuhalten.

Dokument 5

Schreiben der Geheimen Staatspolizei, Staatspolizeistelle in Frankfurt a. M. vom 30. 8. 1939 an den Oberbürgermeister betr. „den bei der Feuerlöschpolizei beschäftigten Fürsorgearbeiter Ludwig Krebs".

(Stadtarchiv Frankfurt a. M., Mag.-Akte 2352 Bd. 1)

Geheime Staatspolizei
Staatspolizeistelle in Frankfurt a. M.

B.-Nr. II A 4 - 8455/39

Frankfurt a. M., den 30. August 1939
Bürgerstraße 22, Fernsprecher 30361

Betrifft: Den bei der Feuerlöschpolizei beschäftigten Fürsorgearbeiter Ludwig Krebs.
Vorgang: Dortiges Schreiben vom 19.8.39 Ru/G.
Anlagen: Ohne.

    Krebs wurde wegen gemeinschaftlichen Abhörens des Senders "Moskau" und des sogen. "Deutschen Freiheitssenders" auf Kurzwelle 29,8 festgenommen. Über den Ausgang des Verfahrens ist hier noch nichts bekannt.

An
den Herrn Oberbürgermeister
- Personalamt -
in Frankfurt am Main.

Im Auftrage:
gez. Grosse
Beglaubigt.

Dokument 6

Schreiben des Personalamtsleiters vom November 1939 an den Oberbürgermeister, betr. „Verhaftung des bei der Feuerlöschpolizei beschäftigt gewesenen Fürsorgearbeiters Ludwig Krebs"

(Stadtarchiv Frankfurt a. M., Mag.-Akte 2352, Bd. 1)

Dem Herrn Oberbürgermeister unter Bezugnahme auf die beifolgenden Akten der Staatsanwaltschaft in der Strafsache gegen Krebs u. a. vorgelegt. Wie aus diesen Untersuchungsakten der Staatsanwaltschaft in der Strafsache gegen Krebs u. a. hervorgeht, war gegen den bei der Feuerlöschpolizei beschäftigt gewesenen Fürsorgearbeiter Ludwig Krebs und gegen den bei der Gemeinnützigen Arbeitsstätte beschäftigt gewesenen Fürsorgearbeiter Karl Krämer ein Untersuchungsverfahren anhängig. Diese Untersuchung hat ergeben, daß die beiden Arbeiter Ludwig Krebs und Karl Krämer gemeinschaftlich den Sender „Moskau" und den sogenannten „Deutschen Freiheitssender" abgehört haben. Das Verfahren gegen die Arbeiter Krebs und Krämer ist jedoch eingestellt worden, weil in dem Handeln der Beschuldigten Krebs und Krämer der Vorsatz, den gewaltsamen Umsturz vorzubereiten, nicht genügend zum Ausdruck kommt. Ich nehme hierzu Bezug auf die Verfügung des Herrn Oberreichsanwalts bei dem Volksgerichtshof vom 6. 9. 1939 (Bl. 31 der Untersuchungsakten) und die Entscheidung des Herrn Oberstaatsanwalts vom 14. 9. 1939 (Bl. 32 der Untersuchungsakten). Die Arbeiter Krebs und Krämer stehen nicht mehr im städtischen Dienst. Es erübrigt sich somit, irgendwelche Maßnahmen gegen sie von hier aus zu ergreifen. Ich schlage jedoch vor, die Arbeitsfürsorgestelle des Städt. Fürsorgeamtes anzuweisen, für die Folge von einer nochmaligen Vermittlung der beiden Arbeiter zu einer städt. Amts- oder Dienststelle abzusehen, da sie für eine Beschäftigung im städt. Dienst ungeeignet sind. Die Vorgänge und die Untersuchungsakten der Staatsanwaltschaft bitte ich, mir zu gegebener Zeit wieder zurückzugeben, damit ich das Erforderliche von hier aus veranlassen kann.

Dokument 7

Die Deutschland-Berichte der Sopade über Terror und Widerstand in Frankfurt

(Deutschland-Berichte der Sozialdemokratischen Partei Deutschlands [Sopade] 1934–1940, Frankfurt / M. 1980
a) Jg. 3, 1936, S. 995; b) Jg. 3, 1936, S. 1037
c) Jg. 3, 1936, S. 67; d) Jg. 4, 1937, S. 715)

a) August 1936
„Das Sondergericht Frankfurt a. M. verurteilte die Sozialdemokraten Paul Abel, Frankfurt a. M., Architekt Karker, Münster, und Leicher, Kelkheim, zu je zwei Jahren, sechs Monaten Zuchthaus".

b) August 1936
„Ein 27 jähriger Mann aus Frankfurt a. M. wurde zu sechs Wochen Haft verurteilt, weil er im November 1935 in einer Apfelweinwirtschaft ein knallrotes Halstuch getragen hatte."

c) Januar 1936
„Das Arbeitsgericht Frankfurt wies die Klage eines Arbeiters ab, der nach 24 jähriger Betriebszugehörigkeit wegen Nichtbeachtung des Hitler-Grußes fristlos entlassen worden war."

d) Mai 1937
Der Sozialdemokrat Valentin Schmetzer aus Frankfurt (Main), der „wegen politischer

Umtriebe" zu drei Jahren Zuchthaus verurteilt wurde, ist durch Tod von seinen Zuchthausqualen erlöst worden.

Schmetzer war vor Hitler Sekretär des Gemeinde- und Staatsarbeiterverbandes. Er wurde im November 1935 verhaftet und 1936 verurteilt. Ein Viertel seiner Strafe hatte er bis zu seinem Tode verbüßt. Eines Tages erhielt Frau Schmetzer folgendes Telegramm: „Sie haben Ihren Mann im Zuchthaus abzuholen, da seine Krankheit sich verschlimmert hat. Nach Wiederherstellung hat er sich bei uns wieder zu melden. Die Krankheit gilt nur als Strafunterbrechung." Trotz erheblicher wirtschaftlicher Schädigung durch die Verurteilung ihres Mannes und dessen Strafverbüßung, hat die Frau doch die erforderlichen Mittel von etwa 50,– RM aufgebracht und ihren Mann mit einem Auto aus dem Zuchthaus in das Frankfurter Krankenhaus gebracht. Einige Tage später ist er gestorben. Am 28. April 1937 wurde er auf den Hauptfriedhof in Frankfurt a/Main beigesetzt.

Dokument 8

Der Strafsenat des Oberlandesgerichts Kassel über Ziele und Methoden des Widerstands der Arbeiterbewegung – Auszüge aus dem Urteil gegen Albrecht Ege u. a. vom 18. 11. 1942

(Dokumentationsarchiv des deutschen Widerstands [Frankfurt] AN 2587)

[...] Nachdem die kommunistischen und sozialistischen Organisationen in den Jahren 1936/37 letztmalig durch umfangreiche staatspolitische Aktionen zerschlagen worden waren, gingen die Staatsgegner aufgrund ihrer bei der organisierten illegalen Tätigkeit gesammelten Erfahrungen allmählich zur unorganisierten hochverräterischen Betätigung über. In der folgenden Zeit nahm ihre Arbeitsweise offenbar aufgrund der Weisung zentraler Stellen immer verstecktere Formen an, d. h. es wurde nicht mehr wie bis dahin durch Mitgliederwerbung, Beitragszahlung, Verbreitung illegaler Schriften bzw. durch Geldsammlungen der organisatorische Zusammenhalt aufrechterhalten, sondern man war bemüht, einen losen Zusammenhalt unter den noch als gut angesehenen Genossen aufrechtzuerhalten und von diesen Verbindungen aus durch eifrige Mundpropaganda die Zersetzung der Massen zu betreiben. Als Kern der illegalen Tätigkeit bildeten sich kleine Personenkreise, die als lose Zusammenkünfte getarnte Treffs unterhielten, wobei sie sich wechselseitig über die neuesten politischen Ereignisse informierten und sich in ihrer staatsfeindlichen Einstellung zu bestärken suchten. Zur Schulung und Diskussion wurden in ihrem Kreise vielfach die Nachrichten verbotener Auslandssender sowie Gerüchte staatsabträglicher Art verwendet, und die von ihnen im eigenen Sinne ausgelegte Erkenntnis wurde zum Gegenstand eingehender Aussprachen gemacht. Wenngleich sie schon unter dem Eindruck der seit dem Jahre 1938 bestehenden politischen Hochspannung zu einer intensiveren illegalen Hetzpropaganda übergegangen waren, so verstärkte sich ihr Treiben noch nach Kriegsausbruch wesentlich mehr, jedoch durch verschiedentliches staatspolizeiliches Einschreiten gewarnt, unter Anwendung erhöhter Vorsicht. Als beliebtes Mittel, die Zusammenkünfte zu tarnen, wurden gerade in den letzten Jahren mit Vorliebe sogenannte Skatrunden gebildet. Schon vor Ausbruch des Krieges vertrat man die Auffassung, daß die gesamten politischen Verhältnisse in Europa zu einer kritischen Auseinandersetzung führen müßten, bei der zugleich die weltanschaulichen Gegensätze in Europa zum Nachteil des Nationalsozialismus beseitigt würden. Man war der Auffassung, daß man sich auf den Sturz der derzeitigen Regierung vorbereiten müsse, um im gegebenen Augenblick einen Stab zuverlässiger Mitarbeiter zur Führung der Massen und Übernahme der politischen Macht zur Verfügung zu haben. Diese Arbeitsweise entspricht voll den durch ausländische Hetzsender verbreiteten Richtlinien, die durch deutsche Emigranten und durch marxistische Zentralstellen vom Auslande herausgegeben wurden. [...]

Dokument 9

Auszug aus dem Urteil des Oberlandesgerichts Kassel vom 18. 11. 1940 gegen Albrecht Ege u. a.

(Dokumentationsarchiv des deutschen Widerstandes [Frankfurt] AN 2587)

[...] Die sämtlichen Angeklagten haben – zum Teil regelmäßig mindestens an jedem Sonnabend, zum Teil nur gelegentlich – in der Wirtschaft Bender-Schuch in Frankfurt/Main-Praunheim verkehrt. Es ist dies ein allen Frankfurter Marxisten bekanntes früheres Parteilokal der SPD, in dem jetzt allerdings auch Nationalsozialisten und Angehörige der Polizeischule verkehren und dessen 1938 verstorbener Inhaber in der SPD eine Rolle spielte. Seine Witwe hat sich mit einem Ziegelmeister Wehner wiederverheiratet, sie führen die Wirtschaft weiter.

Am 1. Mai 1933 z. B. wurde in diesem Lokal schon eine öffentliche Versammlung von Angehörigen der SPD und KPD abgehalten, bei der rote Fahnen geschwenkt und die Internationale gesungen wurde; an ihr hat der Angeklagte Manthey teilgenommen, der dieserhalb rechtskräftig bestraft ist. In der Folgezeit blieb diese Wirtschaft der Treffpunkt marxistischer Kreise, die dort immer wieder zusammenkamen und deren politische Umtriebe erst durch das staatspolizeiliche Eingreifen ihr Ende fanden, was zur Einleitung des Strafverfahrens geführt hat. Die eingeweihten Personen wußten, daß dort stets politische Gesinnungsgenossen zusammen waren, mit denen man sich verbunden fühlte und mit denen man sich entsprechend der übereinstimmenden staatsgegnerischen Einstellung aussprechen konnte.

In den illegalen Kreisen nicht nur der SPD, sondern auch der KPD war dies allgemein bekannt. Als z. B. im Jahre 1935/36 in Frankfurt/Main von der KPD die Bildung der illegalen Einheitsfront mit der SPD illegal betrieben wurde, nahmen deshalb, wie weiter unten noch eingehender zu schildern ist, maßgebende KPD-Funktionäre, wie die bereits Verurteilten Wilhelm Schuster, Emil Janus, Friedrich Otto und Karl Jakobi die Verbindung zu dieser SPD-Gruppe in der Wirtschaft Bender-Schuch auf.

Ein Teil der Angeklagten hat in dieser Wirtschaft schon seit vielen Jahren an einem runden Tisch zusammengesessen. Sie sind dort seit etwa 2 Jahren durch einen Vertrauensmann der Geheimen Staatspolizei regelmäßig überwacht worden. Dessen Meldungen haben sich, wie der Zeuge Kriminaloberassistent O. bekundet hat, überall als zuverlässig erwiesen. Die Angeklagten haben auch einen großen Teil der von ihm gemeldeten Äußerungen zugeben müssen. Es rechtfertigt sich deshalb, den Feststellungen des Senats die Mitteilungen dieses Vertrauensmannes weitgehend zugrunde zu legen. Andererseits muß aber auch zugunsten der Angeklagten davon ausgegangen werden, daß diejenigen von ihnen, von denen der Vertrauensmann keine staatsfeindlichen Reden gemeldet hat, solche auch nicht geführt haben oder doch zum mindesten sich sehr zurückgehalten haben.

In der Wirtschaft Bender-Schuch wurde grundsätzlich nicht mit „Heil Hitler" gegrüßt. Als nach dem Tode des früheren Inhabers Bender das Rundfunkgerät aus einem Nebenraum in das Gastzimmer gebracht wurde, waren die regelmäßigen Stammgäste des runden Tisches darüber ungehalten und bezeichneten den deutschen Nachrichtendienst als „Zimt". Die Wehrmachtberichte wurden als unwahr hingestellt und es wurden Zweifel in den günstigen Ausgang des Krieges gesetzt. Nach einem Ausspruch des Angeklagten Hofmann handelt es sich bei den beteiligten Personen um „übrig gebliebenes Strandgut aus der Zeit vor 1933".

Die einzelnen Angeklagten haben sich nun, wie folgt, betätigt:

1. der Angeklagte Ege:

Ege, der Weltkriegsteilnehmer, aber nicht im Besitz des Frontkämpferehrenkreuzes ist, wurde 1904 Mitglied der SPD und betätigte sich in marxistischem Sinne bis zur Machtübernahme an hervorragender Stelle, vor allem innerhalb der Gewerkschaft, linksgerichteter Genossenschaften und als Stadtverordneter. In Frankfurt/Main war und ist er als einer der maßgeblichen Männer der früheren Sozialdemokratie bekannt.

Nach 1933 setzte er seine marxistische Betätigung illegal fort. Er traf sich mit den Gesinnungsgenossen in bekannten marxistischen Verkehrslokalen, Kaffees Rothschild und Metz in Frankfurt/Main zu gemeinsamer Aussprache und erwarb dort auch von dem Funktionär Schmetzer einige Male verbotene Schriften gegen Entgelt. Wegen dieser hochverräterischen Betätigung, die bis 1935 andauerte, wurde er durch das Urteil des Strafsenats in Kassel vom 1. 4. 1936 (O Js 161/35) zu einem Jahr und 2 Monaten Gefängnis verurteilt, die er bis zum 4. 1. 1937 verbüßte.

Gleichwohl blieb er in der Folgezeit weiterhin in umfangreicher Weise in illegaler Weise tätig. Er traf sich nunmehr mit gleichgesinnten Personen in der Gastwirtschaft Metz im Baumweg in Frankfurt/Main. Zu diesem Kreis gehörten u. a. der frühere preußische Landtagsabgeordnete der SPD Wittich, der soldemokratische Fraktionsvorsitzende Karl Kirchner. Der Wirtschaftsinhaber Metz war früher sozialdemokratischer Reichstagsabgeordneter. Nach Außenhin wurden die Zusammenkünfte als Skatabende getarnt. Als Metz ihnen im Jahre 1940 nahelegte, aus seiner Wirtschaft fernzubleiben, weil er eine staatspolizeiliche Überwachung vermutete, siedelten sie in die Gastwirtschaft Jung in Frankfurt/Main über, wo sie ihre Zusammenkünfte in der gleichen Form wie bisher fortsetzten. Ege will jedoch dort nur einmal erschienen sein.

Ege wußte es so einzurichten, daß er auch bei sonstigen Gelegenheiten mit früheren Marxisten zusammentraf, z. B. anläßlich der Beerdigung von Genossen und auf einem Ausflug des Frankfurter Volkschores, der am 2. Mai 1942 zu der Festeburg führte, deren Wirt Rack früher sozialdemokratischer Stadtverordneter war. Zweck auch dieser Zusammenkunft war es, den Zusammenhalt unter den früheren Genossen weiterhin aufrechtzuerhalten.

Aus demselben Grunde unterhielt Ege persönlichen Verkehr mit einem gewissen Rebholz, dem letzten Vorsitzenden der SPD in Frankfurt; ferner mit dem einschlägig Verurteilten, inzwischen verstorbenen Redakteur Stephan Heise und dessen Ehefrau, in deren Geschäft er nach dem Tode ihres Mannes noch regelmäßig seine Tabakwaren einkaufte.

Selbst nach außerhalb hielt er ähnliche Verbindungen aufrecht. So stand er im Briefwechsel mit dem früheren Leiter der Gewerkschaft der Zimmerer in Frankfurt/Main Wilhelm Kremser, jetzt wohnhaft in Breslau-Lissa.

In der Hauptsache aber traf er in den letzten Jahren mit mehreren Gesinnungsgenossen in der Gastwirtschaft Bender-Schuch zusammen. Er führte dort stets das große Wort. Es wurde, wie einer der Mitangeklagten sich ausgedrückt hat, sogleich lebhaft, wenn er sich an den runden Tisch setzte. Wie von ihm selbst zugegeben wird, hörte er schon seit längerer Zeit regelmäßig die feindlichen Rundfunksendungen; er gibt selbst an, es sei in den letzten Monaten nur gelegentlich vorgekommen, daß er dies nicht getan habe. Gewöhnlich stellte er seinen Apparat zu Hause gegen 23 Uhr auf das Ausland ein, und zwar, obwohl ihn seine Frau wiederholt warnte und ihn bat, davon abzulassen. Die aus den ausländischen Sendungen empfangenen Hetznachrichten gab er in mehr oder weniger versteckter Form am runden Tisch an die anderen weiter, vor allem besprach er sie mit den Mitangeklagten Hofmann und Winterling-Emden. Wenn er es diesen auch nicht ausdrücklich sagte, so vermuteten sie doch alsbald, daß er seine Kenntnisse aus den ausländischen Sendungen schöpfte.

Aus der großen Zahl seiner umstürzlerisch-hetzerischen Auslassungen sind noch folgende genauer festzustellen gewesen:

Am 22. 3. 1941:
„Die Schäden, die uns die Engländer durch Bombenabwurf zufügen, sind schlimmer, als man uns glauben machen will. Ich bekomme Nachrichten in Form von seitenlangen Briefen, z. B. daß in Düsseldorf große Verheerungen angerichtet worden sind."

Am 29. 3. 1941:
„Hitler hat bis jetzt im März herum immer etwas gebracht. Es müßte demnach eigentlich bald etwas steigen. Bisher hat es aber in diesem Jahr noch nichts außer Lebensmittelabzug gegeben."

Am 3. 5. 1941:
„Am 1.5. 1941 bin ich bei Rack auf der Festeburg gewesen und dort mit vielen alten Kämpfern zusammengetroffen, u. a. mit dem früheren SPD-Fraktionsvorsitzenden Kirchner. In den nächsten Wochen wird man wahrscheinlich das Ende des Dramas erkennen, indem Hitler in die Zwangslage kommt, auch Rußland anzugreifen. Meiner Meinung nach werden die deutschen Panzer die Baltischen Staaten glatt überrennen und evtl. noch weit nach Rußland hineinstoßen; dann wird aber wahrscheinlich die Versorgung unserer Truppen recht schwierig."

Am 10. 5. 1941:
„Der Wechsel Molotows hat nicht viel zu bedeuten. Stalin bekommt nur die Zügel etwas fester in die Hand. Das ist nicht wahr, daß die Russen nichts mehr liefern, es hat aber etwas gegeben zwischen uns und Rußland. Stalin wird die Sache wahrscheinlich noch etwas hinausschieben, und zwar vermutlich bis zum Herbst. Hitler sitzt vollkommen fest. Seine letzte Rede ist eine vollständige Ratlosigkeit gewesen. Man weiß eben tatsächlich nicht, wie es weitergehen soll. Unsere Truppen in Afrika stehen auf verlorenem Posten."

Am 17. 5. 1941:
„Rudolf Hess ist getürmt."
Dieses Ereignis wurde überhaupt in diesem Kreise freudig begrüßt.

Im August 1941:
„In Finnland ist eine ziemlich große Friedenspartei vorhanden. Die Nazis haben von ihren japanischen Bundesgenossen nicht viel zu erwarten, denn die Amerikaner werden sie wirtschaftlich schon ohne Krieg kaputtmachen."

Am 19. 9. 1942:
„Es ist unglaublich, auf welche Art und Weise die Juden heute um ihre Häuser gebracht werden. In der Wolfgangstraße 15 und 17 gehörten 2 Häuser den Damen Rosi und Berti Lindheimer, von denen mir die Rosi gut bekannt ist. Die zwei Frauen wurden eines Tages auf das jüdische Gemeindebüro bestellt. Dort wurde ihnen eröffnet, sie sollten ihre Häuser räumen. Daraufhin haben sie in der Liebigstraße ein Zimmer mit einem Küchenverschlag gemietet. Die Einrichtungen der beiden Häuser sind verkauft worden. Der Erlös ist den Damen aber nicht zugute gekommen. Er ist vielmehr auf einem Bankkonto gesperrt worden. Die Juden werden also heute regelrecht um ihre Häuser gebracht. Das sind raffinierte Raubrittermethoden in einem Kulturstaat."
Bemerkt hierzu sei, daß der Angeklagte zugegeben hat, diese Jüdinnen wohnten nicht in einem Zimmer mit einem Küchenverschlag, sondern hätten eine schöne 3-Zimmer-Wohnung inne.

Am 15. 11. 1941:
„Es ist eine Schwäche für Japan, daß ihr Botschafter bei der amerikanischen Regierung vorgesprochen hat; Japan wird wohl die ihm auferlegten fast unannehmbaren Bedingungen annehmen müssen, denn im Falle eines Krieges hat es sofort den Engländer, den Russen und auch Indochina gegen sich. In 5 Jahren aber hat es Japan nicht einmal fertiggebracht, mit den Chinesen fertigzuwerden."

Am 3.1. 1942:

„Nach der Marneschlacht sagte Moltke zu Wilhelm, der Krieg sei verloren. So war es dann auch. Genauso wird es Brauchitsch auch zum Adolf gesagt haben. Brauchitsch wollte nicht mehr vorgehen, aber Adolf hat es immer wieder befohlen. Brauchitsch, Milch, Bock, wie man jetzt auch hört, Keitel wollen die Verantwortung nicht mehr tragen. (Der Angeklagte gibt zu, dies vom Londoner Sender gehört zu haben.)
Meine Frau liegt im Krankenhaus. Sie hat viel Besuch von Bekannten gehabt, fast die ganzen früheren Stadtverordneten waren da, vor allem Kirchner, Rebholz, Heise und seine Frau, desgleichen ein Bäckermeister. Es war ein Mordsandrang. Eine andere Kranke, die in demselben Zimmer liegt, hatte Besuch von der NSV. Von unserer Seite hat jedoch niemand mit Heil Hitler gegrüßt.
Ein Bauer in Praunheim hat an die Fa. Hartmann & Braun für einige tausend Mark Land verkauft. Den Erlös hat er seiner Tochter gegeben, um damit eine auf ihrem Haus lastende Hypothek zu löschen. Als sie das Geld auf der Hypothekenbank einzahlen wollte, ist ihr gesagt worden, sie solle es auf eine Sparkasse bringen, die Hypothek müsse stehenbleiben. Ihr könnt euch denken, was der Bauer für eine Wut hatte. Der ist sein Land und sein Geld los, denn von dem gesparten Geld sieht man doch nichts wieder. Der wird von der „Gesellschaft" kuriert sein. Den Banken ist auch eine Hypothek lieber als Geld."

Am 21.2. 1942:

„Die Gestapo hat den Heise wieder geholt und nach Oranienburg geschafft. Er ist denunziert worden. Man muß staunen, was die Stapo nicht alles weiß, sie hat sogar gewußt, daß Heise den Ohlhoff in Mainz besucht hat; deswegen muß man sehr vorsichtig sein. Die Burschen aus der Lindenstraße (Staatspolizeistelle in Frankfurt/Main) sind es gewesen, die ihn nach Oranienburg gebracht haben. Hier im Lokal ist der Kellner der Horchposten. Der neue Wirt ist ein Lump, dem man nicht trauen kann. Wenn der Heiner (der frühere Wirt Bender) noch da wäre, hätte die Gestapo die Bude hier schon längst zugemacht."

Am 25.2. 1942:

„Das Regiment 119, das sich hauptsächlich aus Darmstädtern zusammensetzt, ist gänzlich vernichtet.
Ich habe einen Freund bei einer großen Viehgenossenschaft. Er hat mir geschrieben, daß ein großer Schweinemord stattfindet, weil die Bauern keine Futtermittel haben. Es werden daher Schweine von 30 bis 40 kg geschlachtet. Nach Mitteilung meines Freundes aus Schlesien, der auch früher in einer Gewerkschaft war, ist Schlesien jetzt der Luftschutzkeller Deutschlands, weil alle Deutschen aus luftbedrohten Gebieten dorthingehen."

Im April 1942:

„Wir haben den alten Genossen Grünewald beerdigt. Bei dieser Gelegenheit waren wieder einmal alle Genossen beisammen, wie z.B. Kirchner, Mierbach, Ullrich und ich. Der Grünewald ist nur deshalb gestorben, weil die Verbrecher (gemeint war die Geheime Staatspolizei) seinen Sohn noch einmal vier Jahre nach Oranienburg gebracht haben."

Am 16.5. 1942:

„Am 2. Mai war ich mit einem Genossen bei dem Gesangverein „Volkschor" in der Festeburg bei Rack. Es waren außerdem noch andere Genossen anwesend.
Die Frau Heise hat einmal gefragt, ob sie wegen ihres Mannes noch einmal zur Stapo gehen solle. Ich habe ihr nicht abgeraten, obwohl ich wußte, daß dies doch keinen Zweck hat, weil für die Freilassung ihres Mannes doch ganz andere maßgebend sind. Die kleinen Pinscher in der Lindenstraße sind ja doch nur die Ausführenden."

Am 23.5.1942:

„In Mannheim sind 14 Mann erschossen worden. Das ist ein Beweis dafür, daß es überall gährt. Die Verbrecher können sich nur noch durch den allerschärfsten Terror halten."

Gelegentlich erzählte Ege auch, daß Göring einen Attentatsversuch auf Hitler gemacht habe. Weiterhin berichtete er von Festnahmen bei der Fa. Hartmann & Braun, die durch die Geheime Staatspolizei vorgenommen worden seien. Als im Oktober 1941 einige Gäste mit dem Abzeichen der NSDAP in der Wirtschaft anwesend waren, war er darüber ungehalten und fragte noch besonders den Mitangeklagten Winterling-Emden, wer diese Leute seien.

In bewußt gegnerischer Haltung gegenüber dem Nationalsozialismus hielt er den Verkehr mit Juden aufrecht. So beschäftigte er einen geistig rückständigen Sohn der Familie Lindheimer, dessen Vater inzwischen nach London emigriert ist, in seinem Garten, um in anzulernen. Dafür bekam er von der Familie monatlich 20,- RM, die er sich stets selbst in der Wohnung abholte. Außerdem ließ er der Familie Lindheimer Erzeugnisse aus seinem Garten zukommen. Weiterhin verkehrte er mit einer Jüdin Schwarz und ließ ihr eine Reisetasche aus Wachstuch anfertigen, als sie damit rechnete, evakuiert zu werden. Von Frau Lindheimer erhielt er vor ihrer Evakuierung eine Schreibmaschine geschenkt. Im Jahre 1937 erhielt er von einer Jüdin Friedlein, die nach England auswandern wollte, eine größere Anzahl Bücher marxistischen oder unerwünschten Inhaltes. Diese wurden noch jetzt in seinem Besitz vorgefunden. Seine erst in der Hauptverhandlung aufgestellte Schutzbehauptung, die Bücher gehörten gar nicht ihm, sondern sie seien von einem gewissen Quint, der sie aus dem Nachlaß eines Juden erworben habe und der inzwischen verstorben sei, bei ihm untergestellt worden, ist offensichtlich unglaubhaft.

Diese Feststellungen beruhen zum Teil auf den eigenen Angaben des Angeklagten. Soweit er sie jetzt in Abrede stellt, wird er teils durch das Geständnis, das er früher vor der Geheimen Staatspolizei insoweit abgelegt hatte und das er damit abtun will, daß er angibt, seine Angaben seien falsch protokolliert worden, sowie durch die Angaben der Mitangeklagten und die mit ihnen übereinstimmenden Meldungen des Vertrauensmannes überführt.

Der Angeklagte Ege hat sich somit durch das ständige Abhören der ausländischen Sender des Verbrechens gegen § 1 der Rundfunkverordnung und durch das Weitererzählen der von ihm gehörten Nachrichten, die, wie einer weiteren Darlegung nicht bedarf, geeignet waren, die Widerstandskraft des deutschen Volkes zu gefährden, gegen § 2 der gleichen Verordnung schuldig gemacht. Der erforderliche Strafantrag der zuständigen Staatspolizeistelle liegt vor. Und zwar ist ein besonders schwerer Fall gegeben. Das folgt einmal aus der langen Zeit, in der der Angeklagte seine Tat verübt hat, sowie insbesondere daraus, daß er es zum Zwecke der Vorbereitung eines gewaltsamen Umsturzes getan hat, noch dazu nachdem er wegen eines letzteren Verbrechens bereits vorbestraft ist.

Denn Ege hat die Hetznachrichten der ausländischen Sender nicht etwa aus großer Geschwätzigkeit oder Sensationslust verbreitet, sondern weil er als alter Marxist und früherer führender Gewerkschaftsangestellter seine Zuhörer, die, wie er wußte, gleichfalls alte Marxisten waren und in der Hauptsache aus diesem Grunde in dem als marxistisch verseucht allgemein bekannten und berüchtigten Lokal Bender-Schuch zusammenkamen, in dieser ihrer Gesinnung erhalten und bestärken und sie für den ersehnten Sturz der nationalsozialistischen Regierung durch sogenannte Mundpropaganda zu einsatzbereiten Genossen schulen wollte. Damit im Einklang steht auch der sonstige fortgesetzte Verkehr mit früheren Marxisten und Juden. Ege hat sich somit – und zwar durch dieselbe Handlung im Sinne des § 73 Strafgesetzbuchs – der Vorbereitung eines hochverräterischen Unternehmens schuldig gemacht (§§ 80 Abs. II, 83 Abs. II StrGB.).

Dagegen vermochte der Senat nicht festzustellen, daß die Tat Eges darauf gerichtet war, zum Zwecke der Vorbereitung des Hochverrats einen organisatorischen Zusammenhalt herzustellen oder aufrechtzuerhalten. Einen solchen organisatorischen Zusammenhalt bildete der runde Tisch der Wirtschaft Bender-Schuch noch nicht, und es kann auch nicht mit genügender Sicherheit festgestellt werden, daß er zu einem solchen ausgestaltet werden sollte. Zwar mag er auch dort gebildet werden können, wo eine fest geschlossene Organisation mit Aufnahme von Mitgliedern und Zahlung von Beiträgen noch nicht gegeben ist, sondern nur ein lockerer Zusammenhang besteht. Es war aber zu berücksichtigen, daß an dem runden Tisch auch Personen verkehrten, die nicht frühere Marxisten waren und die der Zeuge Kriminaloberassistent O. als einwandfrei bezeichnet. Das schließt aber die Annahme einer auch noch so losen Organisation aus.

Vorweggenommen sei bereits hier, daß der Tatbestand Vorbereitung eines hochverräterischen Unternehmens mit der genannten Maßgabe auch bei den übrigen verurteilten Angeklagten gegeben ist und zwar auch bei denen, denen irgendwelche eigenen hochverräterischen Reden nicht nachgewiesen sind. Denn diese Angeklagten haben alle durch ihre Anwesenheit und das widerspruchslose Anhören der Hetzreden Eges diesen, die anderen Anwesenden und sich selbst ihrer marxistischen, die Wiederaufrichtung eines marxistischen Reiches und den Sturz der nationalsozialistischen Regierung erstrebenden Gesinnung bestärkt und somit, da jede auch nur entfernt auf den Umsturz hinzielende Tätigkeit zur Erfüllung des Tatbestandes ausreicht, sich objektiv der Vorbereitung eines hochverräterischen Unternehmens schuldig gemacht. Dessen waren sie auch bewußt, ja sie haben es auch gewollt. Denn andernfalls wären sie, die selbst alte Marxisten sind, nicht regelmäßig in das als marxistisch verseucht bekannte Lokal immer wieder gekommen und hätten nicht stets von neuem die Hetzreden Eges angehört, sondern hätten sich ferngehalten. Bei denen, die, wie noch auszuführen ist, selbst hetzerische Reden, wenn auch geringeren Umfangs, gehalten haben, kann das einem Zweifel nicht wohl unterliegen. Sie haben sich durch ihre eigenen Reden mit denen Eges identifiziert. Aber auch diejenigen, die sich insoweit zurückgehalten haben, haben das Verhalten Eges gebilligt und das durch ihr ständiges Wiederkommen und widerstandsloses Zuhören unmißverständlich zum Ausdruck gebracht und auch zum Ausdruck bringen wollen.

Die über Ege zu verhängende Strafe konnte bei der Intensität seines verbrecherischen Willens wie sie aus der langen Dauer seiner strafbaren Tätigkeit und aus dem Umstand hervorgeht, daß er sich seine Vorstrafen nicht hat zur Warnung dienen lassen, vielmehr unmittelbar nach seiner Entlassung aus der Strafhaft mit seiner Straftat eingesetzt hat, ferner bei Berücksichtigung dieser Vorstrafen und der besonderen Gefährlichkeit jeder hochverräterischen Betätigung während des Krieges nur die *Todesstrafe* sein.

Zugleich waren ihm die bürgerlichen Ehrenrechte dauernd abzuerkennen und der von ihm benutzte Rundfunkapparat, sowie die bei ihm beschlagnahmten Bücher einzuziehen. [...]

Dokument 10

Der Strafsenat des Oberlandesgerichts Kassel über Einheitsfrontbestrebungen in Frankfurt-Praunheim – Auszug aus dem Urteil des Strafsenats des Oberlandesgerichts in Kassel gegen Albrecht Ege u. a. vom 17./18. 11. 1942

(Dokumentationsarchiv des deutschen Widerstandes [Frankfurt] AN 2587)

[...] Hofmann wurde zuerst Ende 1935 Anfang 1936 illegal tätig. Damals teilte der inzwischen wegen eines hochverräterischen Unternehmens abgeurteilte Kommunist Karl Weißenberger dem wegen des gleichen Deliktes ebenfalls verurteilten Zeugen Wilhelm Schuster mit, er habe erfahren, daß in Praunheim in der Wirtschaft Bender-Schuch eine illegale SPD-Gruppe bestehe und beauftragte ihn, mit dieser Gruppe, Beziehungen aufzunehmen und sie für die Bildung einer proletarischen Arbeitsfront zu gewinnen. Schuster besuchte demgemäß die Wirtschaft Bender-Schuch und sah dort den Angeklagten Hofmann, den er von Ansehen kannte, da er in seiner Nähe wohnt. Auf dem Nachhauseweg schloß er sich ihm an und brachte das Gespräch auf die Bildung der Einheitsfront. Hofmann äußerte sich aber ablehnend und erklärte, sie hätten Anweisung von Prag, sie sollten eine abwartende Haltung einnehmen und mit den Kommunisten nichts unternehmen; es sei ja auch paradox, daß sie gemeinsame Sache machen wollten, wo doch die Kommunisten immer so allgemein auf die Führung der SPD schimpften. Bei Zusammentreffen mit Schuster gab er ihm auf sein Ersuchen zur Unterstützung der Angehörigen gefangener Kommunisten wiederholt Beträge von –,50, 1.– und 2.– RM, insgesamt jedenfalls mehr als 5.– RM.

Nachdem demnächst die Kommunisten durch einen gleichfalls abgeurteilten Friedrich Otto vergeblich versucht hatten, Verbindung mit den SPD-Leuten in Praunheim zu gewinnen, gelang es Schuster, auch Hofmann zu einer Besprechung über die Bildung der Einheitsfront mit einem mit dem Namen „Polfritz" bezeichneten Kommunisten zu veranlassen. Hofmann war sogleich bereit; die Besprechung hat auch stattgefunden, sie führte aber wiederum zu keinem Ergebnis. Das gleiche gilt für eine Besprechung, die dem gleichen Ziel galt und wahrscheinlich einige Zeit später in der Nähe des Schauspielhauses Frankfurt/Main nach Vermittlung durch Schuster zwischen Hofmann und dem gleichfalls inzwischen abgeurteilten Kommunisten Janus stattfand.

Ist somit Hofmann zunächst auf das Anerbieten der Bildung einer Einheitsfront nicht eingegangen, so hat er sich späterhin gleichwohl darauf eingelassen und durch sein geschildertes Verhalten der Vorbereitung eines hochverräterischen Unternehmens schuldig gemacht. Denn er hat an wiederholten Treffs zu diesem Zwecke mit Abgesandten der illegalen kommunistischen Partei teilgenommen und hat diese in ihren Bestrebungen zu fördern gesucht, sie auch durch Bekundung einer gegnerischen Einstellung gegen den Nationalsozialismus in ihrer feindlichen Haltung gegen diesen bestärkt [...].

Dokumente zu Kapitel 5
„Der Kirchenkampf in Frankfurt"

Dokument 1

Erklärung der Pfarrschaft der Frankfurter Landeskirche zur gegenwärtigen Lage in Frankfurt / Main vom 26.2.1933.

(Aus: Dokumentation zum Kirchenkampf in Hessen und Nassau, Bd. 1, Darmstadt 1974, S. 370)

1. Die Kirche kann den Dienst an Volk und Nation nur erfüllen in der unbedingten Bindung an das Evangelium von Jesus Christus.
2. Sie ist berufen, dem ganzen Volke zu dienen, unabhängig von Parteien und Weltanschauungen. Wohl hat jeder Christ die Aufgabe, am Leben des Volkes und Staates mitzuarbeiten und gegebenenfalls auch Partei zu nehmen. Die Kirche aber ist unabhängig. Die Richtschnur ihres Handelns ist allein das Wort Gottes, wie es in der Heiligen Schrift Alten und Neuen Testamentes bezeugt ist.
3. Wir erkennen Volkstum, Rasse und Staat als von Gott gesetzte Lebensordnungen an, die zu erhalten wir berufen sind. Wir wissen aber, daß in einer Welt der Sünde alle diese Ordnungen keine ausschließliche Gültigkeit und keine erlösende Kraft haben. Die Kirche hat das Wort Gottes als allein maßgebend für alles menschliche Gemeinschaftsleben zu bezeugen.
4. Alle Erneuerung, die wir für unser Volk sehnlichst erhoffen, kann nur gewirkt werden durch den Geist Gottes. Ihm zu gehorchen in den uns gesetzten Ordnungen des Lebens, ist darum die ernste Forderung der Kirche. Der Ungehorsam der Gottlosigkeit ist der Tod alles Lebens im Großen wie im Kleinen. Indem wir Gehorsam gegen Gottes heiligen Willen fordern, sagen wir der Gottlosigkeit in uns und außer uns zugleich den schärfsten Kampf an.
5. Durch das Evangelium gibt es über alle Grenzen hinweg eine ‚Christenheit auf Erden' im Sinne einer Verbundenheit aller derer, ‚die da Kinder heißen im Himmel und auf Erden'. Darum bejahen wir die Mission und rufen zu ihrem Dienst an allen Völkern und Rassen.
6. Wir lehnen es ab, eine vollkommene irdische Welt zu verheißen, weil alles Leben auf Erden unter dem Kreuz steht. Das Ziel, auf das die Kirche hinlebt, hinarbeitet, hinleidet, ist das Reich Gottes. Die gewisse Hoffnung auf das Kommen des Reiches gibt uns die Kraft zu opfervollem und freudigem Dienst in und an der Welt. Wir rufen alle Glieder der Kirche zu diesem Dienst und zu treuem Festhalten an dem Bekenntnis des Glaubens.

Dokument 2

Telegramm der Frankfurter Pfarrer Fricke, Veidt, Wallau vom 12. 12. 1933 an Reichsbischof Müller.

(Dokumentation zum Kirchenkampf in Hessen und Nassau, Bd. 1, S. 419)

Die unterzeichneten Pfarrer von Ffm. erklären im Namen von 31 Frankfurter Pfarrern, also der überwiegenden Mehrheit der Frankfurter Pfarrerschaft, und der ihnen anvertrauten Gemeinden nach ernster Beratung der kirchlichen Lage:

Wir lehnen aus sachlichen und persönlichen Gründen Pfr Dr. Dietrich/Wiesbaden in jedem geistlichen Führeramt der neuen Landeskirche Nassau-Hessen ab. Wir anerkennen den Führungsanspruch der Hessischen Landeskirche und stehen mit der überwiegenden Mehrheit der Pfarrerschaft und des Kirchenvolkes geschlossen hinter Prälat Dr. Diehl, dessen alsbaldige Berufung zum Landesbischof wir erbitten, weil wir in ihm den erfahrenen und bewährten

Kirchenführer sehen, den einzigen, der für den schwierigen Aufbau der neuen Kirche in Betracht kommt. Prälat Diehl als Landesbischof bietet Gewähr für ruhigen, geordneten kirchlichen Aufbau. Jede andere Lösung bringt schwerste kirchliche Erschütterung und Auseinanderbrechen der eben erst mühsam konstituierten großhessischen Kirche.

Fricke, Veidt, Wallau.

Dokument 3

Aufruf des Landesbischofs der Evangelischen Landeskirche Nassau-Hessen, Dietrich, vom 4. Juli 1934

(Aus: Wilhelm Lueken, Kampf, Behauptung und Gestalt der Evangelischen Landeskirche Nassau-Hessen, Göttingen 1963, S. 185)

Die Ereignisse des 30. Juni 1934 haben auch den Blinden die Augen geöffnet und die einzigartige Größe des Führers, die mir immer feststand, aller Welt gezeigt. Er ist uns von Gott geschenkt. Und wer jetzt nicht vorbehaltlos auf seine Seite tritt, ist bösen Willens: reaktionär. Ich wende mich an die mir unterstellten Geistlichen unserer Landeskirche. Es ist der Wille des Führers, daß eine deutsche Evangelische Kirche wird. Er wartet seit den Julitagen des Jahres 1933 darauf. Theologische Streitigkeiten der Pfarrer haben es bis zur Stunde dazu nicht kommen lassen. Der Führer hat lange genug gewartet. Ich verbiete daher für den Bereich der Evangelischen Landeskirche Nassau-Hessen jede Zugehörigkeit der Geistlichen zum Pfarrernotbund oder einer Pfarrerbruderschaft oder die Mitwirkung an der Bildung und Teilnahme an sog. Freien Synoden. Geistliche, welche bisher dazu gehörten, haben die Verbindung sofort zu lösen.

Ich wiederhole zum letzten Mal, daß Bibel und Bekenntnis bis zur Stunde keinen Augenblick in unserer Landeskirche in Gefahr waren, höchstens bei jenen vermeintlichen Schutzherrn einer „theologischen Existenz heute". Geistliche, welche dieser Verordnung nunmehr nicht nachkommen, machen sich nach § 2 des Kirchengesetzes über die Dienstvergehen der Geistlichen und Kirchenbeamten vom 22. März 1934 (Gesetz- und Verordnungsblatt Seite 51) eines Dienstvergehens schuldig. Gegen sie wird ein Disziplinarverfahren eröffnet mit dem Ziele der Entfernung aus dem Kirchenamt.

Dokument 4

Offener Brief des Landesbruderrates der Evangelischen Bekenntnisgemeinschaft für Nassau-Hessen an den Landesbischof Lic. Dr. Dietrich vom 8. 11. 1934

(Lueken, Kampf, Behauptung und Gestalt, S. 186–188)

Herr Landesbischof!

Die theologische Fakultät der Universität Gießen hat am 2. November ds. Js. auf der Nassau-Hessischen Landessynode feierlich erklärt:

„Aus Anlaß der Tagung der Synode der evangelischen Landeskirche Nassau-Hessen vom 2. November 1934, auf der die Theologische Fakultät Gießen zum ersten Male vertreten ist, sieht sich die Theologische Fakultät veranlaßt, folgendes festzustellen:

1. *Die gegenwärtige Synode ist nach kirchenrechtlichen und theologischen Grundsätzen unrechtmäßig.* Weder die Reichskirchenverfassung noch die evangelische Auffassung des Verhältnisses von geistlichem Amt und Gemeinde geben einem Bischof das Recht, Synoden nach eigenem Ermessen ohne Mitwirkung der Gemeinden zusammenzusetzen. Die darauf zielenden Verordnungen des Reichsbischofs sind ungesetzlich.

2. *Der gegenwärtige Landesbischof entbehrt des Vertrauens in den Gemeinden.* Er hat sie durch ein in Deutschland einzig dastehendes Kirchenvorstehergesetz entmündigt, hat anders-

denkende Pfarrer in der Öffentlichkeit politisch verdächtigt und Gewaltmaßnahmen in die in ruhiger Entwicklung aufstrebenden Kirchen eingeführt. Die Theologische Fakultät kann ihn daher nicht als einen Bischof im evangelischen Sinne des Wortes ansehen. Er hat nach lutherischer Auffassung von der Kirche sein Amt verwirkt. *Sie fordert ihn auf, von seinem Amte zurückzutreten* und damit die Bahn für einen wirklichen kirchlichen Frieden freizugeben."

Am 7. November 1934 haben sich in Frankfurt a. M. etwa 9000 im Hippodrom, in der Katharinen- und Dreikönigskirche versammelte Männer und Frauen dieser Erklärung angeschlossen.

An demselben Tage haben sich etwa 140 Pfarrer aus allen Teilen von Nassau-Hessen in feierlichem Gottesdienst vom derzeitigen Kirchenregiment abgewandt und dem Reichsbruderrat der Evangelischen Bekenntnisgemeinschaft unterstellt.

Auch der Bruderrat der Bekenntnisgemeinschaft Nassau-Hessen tritt der Erklärung der Gießener Fakultät in vollem Umfange bei und fügt folgendes hinzu:

1. Bei Ihrer Kandidatur als Landesbischof war Ihr Verhalten derart, daß es von dem damaligen hessischen Kirchenbevollmächtigten dem Reichsbischof gegenüber mit den schärfsten Worten gerügt wurde.

2. Sie haben sich unter Ausnutzung der besonderen Zeitumstände in den Besitz Ihres Kirchenamtes gebracht: die Synode, von der Sie sich als Bischof haben vorschlagen lassen, war nicht nach kirchlichen Gesichtspunkten gebildet und deshalb nach kirchlichem Recht ungesetzlich.

3. Sie haben nach der Übernahme Ihres Bischofsamtes leitende Geistliche und Kirchenbeamte, die bei Kirchenvolk, Gemeinden und Pfarrern in hohem Ansehen standen, ohne Not und in *unwürdiger* Form ihres Amtes enthoben, wie Sie auch schon vorher den früheren Landesbischof D. Kortheuer, dem Sie persönlich zu viel Dank verpflichtet waren, rücksichtslos aus dem Amt entfernten. Sie haben dadurch nicht nur das Ansehen der Kirche schwer geschädigt, sondern auch die Kirchenkasse durch Zurruhesetzung arbeitsfähiger, arbeitsfreudiger, erfahrener Männer in nicht zu verantwortender Weise belastet.

4. Sie haben sich Männer zu Mitarbeitern gewählt, deren Eignung zu ihrem hohen Amte von vornherein zweifelhaft sein mußte, und Männer berufen, die mit Ihnen oder mit dem inzwischen gestürzten Rechtswalter Jäger verwandt oder befreundet waren.

5. Sie haben bei dem Zusammenschluß der drei Landeskirchen die Verträge über die Bildung der Großhessischen Kirche nicht nach ihrem wahren Sinn und Geist erfüllt; Sie haben bei der Bildung des Kirchenregiments sowohl die frühere Hessische Landeskirche wie die frühere Frankfurter Landeskirche benachteiligt.

6. Sie haben durch Ihre Anordnungen und durch die Gesetze der Landeskirche, für die Sie verantwortlich sind, insbesondere durch das Kirchenvorstehergesetz, die Synoden, die Gemeinden und die Pfarrer in einem Maße *entrechtet und geknechtet,* wie es keine andere Landeskirche kennt. Sie haben dadurch die verantwortliche Mitarbeit der Synodalen und Kirchenältesten ausgeschaltet. Sich selbst aber haben Sie die alleinige Entscheidung in allen Angelegenheiten der Kirchenleitung angemaßt. Beides geht gegen unveräußerliche Grundsätze der Reformation.

7. Sie haben die Geistlichen, statt sie in der Verkündigung des Evangeliums zu bestärken, in der pflichtmäßigen Verteidigung der Heiligen Schrift, ja noch jüngst in der wirksamen Abwehr gefährlichster Angriffe auf das Christentum gehindert. Sie haben durch Ihre Vorschriften über die Verbreitung von Drucksachen die gewissensmäßige Aufklärung der Gemeinden über den Ernst unserer kirchlichen Lage zu vereiteln gesucht, obwohl Sie wissen mußten, daß das Bekenntnis, ja der ganze Bestand der Kirche schwer bedroht ist.

8. Sie haben sich zum rücksichtslosen Vertreter der *unevangelischen Gewaltpolitik* des Reichsbischofs und seines Rechtswalters gemacht. Sie haben die Führung Ihres Amtes nicht

auf das Vertrauen der Gemeinden und Pfarrer, sondern weithin nur auf die Hilfe von Polizeigewalt gegründet. Sie haben als *einziger* Landesbischof in Deutschland die Zugehörigkeit zu Pfarrernotbund, Pfarrerbruderschaft und Bekenntnissynode verboten und unter die Strafe der Amtsenthebung gestellt, obwohl es sich bei dieser Zugehörigkeit um ernste Fragen des Gewissens handelt. Sie haben durch eine große Zahl von Dienststrafverfolgungen das Recht in der Kirche schwer erschüttert und ohne zwingenden Anlaß *Unruhe, Angst und Kummer in viele Pfarrhäuser und Gemeinden gebracht.* Sie sind verantwortlich für die Zusammensetzung der sog. Dienststrafgerichte, in denen nicht unabhängige Richter Recht sprechen, sondern nur je ein Vertreter der Kirchenregierung die Entscheidung fällt.

9. Sie haben unsere Pfarrer vor aller Öffentlichkeit politisch verdächtigt, am ungeheuerlichsten dadurch, daß Sie den Pfarrernotbund in Verbindung mit dem Fall Röhm gebracht haben. Sie haben aber auch sonst die Ehre unserer Pfarrer herabgesetzt. Sie wußten, wie ernst unsere Pfarrer den Kampf um die Kirche nahmen; gleichwohl scheuten Sie sich nicht, in Ihrer Universitätsrede zu Frankfurt vor aller Öffentlichkeit unsere Pfarrer dadurch zu *verhöhnen*, daß Sie mit Beziehung auf den Kirchenkampf sagten: Ein Zirkus sich streitender Pfarrer habe immer etwas Amüsantes.

10. Sie haben sich in Ihren Erlassen und bekanntgewordenen Ansprachen als ein kalter und harter Mann erwiesen. Ihrer gesamten Amtsführung fehlt die größte und vornehmste Tugend eines echten Christen: die *evangelische Bruderliebe*. Es fehlt ihr auch die seelsorgerische, bischöfliche Weisheit und Würde.

Wir fassen unsere Anklagen dahin zusammen:

Ihre Amtstätigkeit entbehrt der einwandfreien Rechtsgrundlage; und Sie persönlich haben sich das Ansehen und das Vertrauen, das Ihr hohes Amt erfordert, nicht erworben.

Der Landesbruderrat der Evangelischen Bekenntnisgemeinschaft für Nassau-Hessen: Pfarrer Veidt, Pfarrer Lueken, Pfarrer Rumpf, Pfarrer von Bernus, Pfarrer Eckardt-Worms, Pfarrer Köhler-Darmstadt, Pfarrer Wagner-Eibelshausen, Professor D. Cordier, Oberlandesgerichtsrat i. R. Dr. Barthelmes, Justizrat Dr. Schmidt-Knatz, Rechtsanwalt Dr. Wilhelmi.

Dokument 5

Schreiben des Kreis-Schulungsreferenten der NSDAP Kreis Obertaunus-Maintaunus an das Gauamt für Volksgesundheit Hessen/Nassau vom 25. 4. 1937, betr. Bericht über einen Vortrag von Prof. Dr. R. in der Evangelischen Kirche Kronberg/Cs. über ‚rassischvölkische Religion und Christentum'.

(HStA Wiesbaden 483, Nr. 2027)

[...] Ausgehend von den „Gegnern des Christentums" – Bolschewismus als größter – werden die Bestrebungen nach einer Rassischvölkischen Religion als der nächste Gegner bezeichnet. In polemischer Weise werden wissenschaftliche und andere Begriffsbestimmungen der „Rasse" vorgetragen, der nordische Rassenanteil als 50% (nach Günther) in Zusammenhang gebracht mit allem Minderwertigen der germanischen und deutschvölkischen Geschichte. Im Gegensatz dazu wird die Rassenmischung (Mischung verschiedener wertvoller Rassen) gestellt als der Boden, auf dem allein hohe Kulturleistungen möglich seien. Das germanische Sich-Eins-Fühlen mit der Gottheit wird als Mystik bezeichnet, die es mit dem chinesischen Tao, der semitisch-arabischen Religion und dem islamischen Sufismus gemeinsam habe; im Gegensatz dazu stehe der arisch-persische Glaube an Gott als höheres Wesen.

Die vorchristlichen Germanen werden als Barbaren bezeichnet, es werden Sagen und Überlieferungen zitiert (ein germanischer Fürst tötet aus eigensüchtigen Gründen seine 9 Söhne im Gegensatz zum biblischen Abraham, den sein Judengott auf die Probe stellt, indem er ihm befiehlt, seinen Sohn Isaak zu schlachten). Diesen Barbaren wird dann die Wohltat der

Christianisierung zuteil. Der Sachsenmord Karls des Großen wird als rein politische Maßnahme ohne Zusammenhang mit dem „Christentum" dargestellt. Der „Heliand" wird als Ausdruck begeisterter Aufnahme des „Christentums" durch die Barbaren bezeichnet. In diesem Stile geht es weiter. Zwei wesentliche Tatsachen der Menschheit würden heute übersehen: die Einheit der Menschheit und das Geschichtliche; zu letzterem wird ausgeführt, die Geschichte lehre, daß das menschliche Einzelwesen zum Träger der Kultur, zum Mitglied des Volkes *nur* durch Einflüsse des Milieus werde; Anlagen werden unberücksichtigt gelassen.

Im ganzen Vortrag kein Wort zum Hauptproblem und Ereignis unserer Tage, die Einigung der Nation. Das feierliche Bekenntnis der Reichsregierung zum Christentum, die Bezeichnung des Winterhilfswerks als wahrhaft christliche Tat erscheinen dem Redner widersinnig, da gleichzeitig rassisch-religiöse Bestrebungen geduldet und sogar propagiert wurden.

Dokument 6

Aus der Rede Gauleiters Sprenger auf dem Opernplatz – Ausschnitt aus Frankfurter Volksblatt vom 7. 9. 1935.

[...] Auch andere Staatsfeinde machen sich wieder mausig in Deutschland. Man nannte sie früher Zentrum und heute sind sie unter der Parole politischer Katholizismus bekannt.

Die Religion ist in Gefahr, sagt der Zentrumsmann, meint aber damit, daß er nicht mehr an der Macht sei. Er sieht, seine Machtposition ist endgültig verschwunden, darum versucht er, über die Kirche und über die Kanzel auf das Volk Einfluß zu gewinnen. Auch in unserem Gau sind landauf und -ab derartige Stimmen zu hören, obwohl in Deutschland verboten ist, von den Kanzeln herunter Politik zu machen. Sie spekulieren eben auf die Duldsamkeit des Dritten Reiches.

Anhand von unzähligen Beispielen und Vorkommnissen klärt der Gauleiter die Versammlungsteilnehmer über die hetzerischen Kanzel-Predigten verschiedener katholischer und evangelischer Pfarrer auf, die stürmische Entrüstung hervorriefen. Wer derart gegen den heutigen Staat und seine Führer handelt, so erklärte der Gauleiter weiter, hat das Recht verwirkt, noch zur deutschen Volksgemeinschaft gezählt zu werden. So wird von dem politischen Katholizismus u. a. auch das Erbgesundheitsgesetz abgelehnt. Deutschland gibt zur Ernährung und Erhaltung von erbkranken Menschen, die uns belasten jährlich 1,2 Milliarden Mark aus. Was könnten wir mit diesem Geld an Aufbauarbeit leisten! Da ist es doch Selbstverständlichkeit, daß in dieser Beziehung vorgebeugt werden muß, wenn wir im Lebenskampf bestehen wollen, müssen wir ein Volk von gesunden Menschen sein. Die Vorsehung will, daß das am Leben bleibt, was gesund ist. Ferner sind die Devisenschiebungen verschiedener katholischer Orden eine Sünde am deutschen Volk.

Papst Leo XIII. sagte einmal seinen Gläubigen, daß es die größte Sünde sei, Politik mit Religion zu verquicken. Das sollen sich die Herren merken. Nach diesem Grundsatz sollen sie ihre Haltung einrichten, dann sagt und tut ihnen kein Mensch etwas. Auch gewisse Protestanten sind heute wieder unsere schärfsten Gegner. Sie alle sollen sich hüten, denn wir werden jeden einzelnen herausfinden.

Das Volk macht den Kirchenstreit doch nicht. Es will in Frieden seiner Arbeit nachgehen. Bei uns heißt es, jeder soll nach seiner Fasson selig werden. Die Menschen sind vor dem Gesetz alle gleich, und wir werden gerade den Gebildeten um so härter anfassen, der sich einer strafbaren Handlungsweise im weitestgehenden Maß bewußt sein muß.

Der Führer hat bei der Machtübernahme am 23. März gesagt, daß die nationalsozialistische Regierung in den beiden christlichen Konfessionen die wichtigsten Faktoren zur Erhaltung unseres Volkstums sieht. Sie werden die zwischen ihr und den Ländern abgeschlossenen Verträge respektieren. [...]

Dokument 7

Schreiben des Gauwarts „Deutsches Volksbildungswerk"
der DAF NS-Gemeinschaft „Kraft durch Freude" vom 7. 8. 1939 an den
Gauschulungsleiter, betr. das Buch „Wir brauchen Entspannung" von
Dr. Alfred Lechler.

(HStA Wiesbaden 483, Nr. 10852)

Die Deutsche Arbeitsfront
NS GEMEINSCHAFT
Kraft durch Freude
Gaudienststelle Hessen-Nassau

Gauwart
Deutsches Volksbildungswerk
Hk/R.

Frankfurt/Main, den 7. August 1939
Bürgerstraße 69/77

An den
Gauschulungsleiter Ruder
Frankfurt a.M.
Adolf Hitler Haus

N.S.D.A.P. Gau-Hessen-Nassau
Gau-Schulungsamt
Eingegangen: Geb.-S. 1587
9. AUG. 1939

Durch Zufall gelangte das Buch "Wir brauchen Entspannung" von Dr. Alfred Lechler in meine Hand. Diese Arbeit ist ein Beweis dafür, mit welchen Mitteln christliche Anschauungen heute in unser Volk getragen werden.

Nachdem sich der Verfasser in der Einleitung mit medizinischen Erkenntnissen auseinandersetzt, kommt er im Kapitel 8 "Christenglaube und Entspannung" zu der Erkenntnis, daß sich der nationalsozialistische Grundsatz "Gemeinnutz geht vor Eigennutz" durchaus mit den Forderungen der Bibel deckt (Seite 82,) "Der Christ findet vor dem Zubettgehen durch das Lesen in der Bibel und beim Gebet innere Ruhe und kann dadurch meist eher einschlafen als derjenige, der seine Sorgen und Mißstimmungen in die Nacht hineinnimmt." Nach den Feststellungen des Herrn Dr. Lechler kann der Christ auch ein längeres Leben erlangen als der Nichtchrist. Es ist interessant, daß Herr Dr. Alfred Lechler leitender Arzt der Kuranstalt Hohemark/Ts. ist.

Heil Hitler !

1 Buch anbei.

Sprecher: Sammel-Nr. 20024   Postscheckkonto: Frankfurt/Main 42072   Bankkonto: Bank der Deutschen Arbeit Nr. 2593
Nassauische Landesbank Nr. 6747

Dokument 8

Aus dem Stimmungsbericht der Kreisleitung der NSDAP Frankfurt vom 2. 10. 1943.
(HStA Wiesbaden 483, Nr. 10885)

[...] Von den Propagandaleitern wird darauf hingewiesen, daß der sogenannte Burgfriede mit den Konfessionen von diesen einseitig ausgenutzt wird. Die Kirchen ziehen immer mehr Menschen an sich, wobei ihnen die gegebenen Verhältnisse besonders zustatten kommen. Während in vielen Ortsgruppen schon Räumlichkeiten für einen anständigen PL [= Politische Leiter der NSDAP] fehlen, hat die Kirche genügend Raum. Während unsere PL. in ihrer Freizeit mit dem Parteidienst mehr als beschäftigt sind, kann der Pfarrer mit seinen Mitarbeitern in Ruhe Veranstaltungen planen, für die uns größtenteils nicht nur Räumlichkeiten, sondern auch Zeit fehlen. Auf der anderen Seite geht bekanntermaßen zurzeit eine gewisse geistige Sehnsucht durch das Volk, die teilweise mit bestem Erfolg von den Konfessionen genutzt wird. Man sollte zumindest versuchen, durch stärkeren Filmeinsatz an Sonntag-Vormittagen dem entgegen zu arbeiten. [...]

Dokument 9

Aus dem Artikel von Pfarrer Alois Eckert in der „Rhein-Mainischen Volkszeitung" (Frankfurt) vom 4. 4. 1933.

[...] Die Lösung der Judenfrage, wie sie heute versucht wird, halten wir vor unserem christlichen Gewissen nicht für richtig und nicht für gerecht, in ihrer Mehtode sowohl wie in ihrer sittlichen Haltung. In ihrer Methode. Die Lösung der deutschen Judenfrage kann nicht von der Rasse her gesucht und gefunden werden. Kein Mensch darf einfach wegen seiner Rasse minderen Rechtes sein und wegen seiner Zugehörigkeit zu einer Rasse diffamiert werden. Nach der Lehre des Christentums ist diese Zugehörigkeit zu einer Rasse eine göttliche Gegebenheit, die der betreffende Mensch gehorsam und dankbar anzunehmen und die der Mensch der anderen Rasse gehorsam und ehrfurchtsvoll zu respektieren hat. Auch für den menschlichen, nicht nur christlichen Wert eines Menschen gilt das Wort des Paulus: „Da heißt es nicht mehr Heide oder Jude, Beschnittener und Unbeschnittener, Barbar und Szythe." Das ist christliche Ethik. Eine nur von der Rasse her begründete menschliche Wertdifferenz kennt sie nicht. Darum lehnt sie es ab, in unchristlicher und ungerechter Vereinfachung des deutschen Judenproblems zu sagen: Sie sind Juden, also sind sie Schädlinge am deutschen Volkskörper, also müssen sie eliminiert oder ins Judengetto zurückgedrängt werden. Jude ist nicht gleich Jude, so wenig wie Deutscher gleich Deutscher und Slawe gleich Slawe ist. Es gibt in jeder Rasse Gute und Schlechte. Wenn die Verantwortlichen für die Kulturschäden unseres Volkes gesucht werden sollen, dann muß das mit anderen Methoden geschehen. Im Namen der christlichen Gerechtigkeit.

Auch in einer anderen sittlichen Haltung. Nicht mit dem Gesetz der alttestamentlichen Blutrache, das überhitzt und übersteigert wird bis zu Formulierungen wie: Wenn du mir ein Auge einschlägst, dann schlage ich dir den Kopf ab, und wenn du mir einen Zahn einschlägst, dann kostet es dich den Kiefer. Mit solchen Worten, die eine groteske Verhältnislosigkeit zwischen Schuld und Vergeltung postulieren, gehen wir wahrhaftig nicht zurück zum alten ehrlichen christlich-germanischen Recht, damit schaffen wir auch kein neues, das wir mit unserem ehrlichen deutschen Namen decken können.

Darüber kann uns auch nicht täuschen, daß sich dieses „Recht" gegen die Juden richtet. Hier geschieht deutsches Unrecht. Und Unrecht trifft auf die Dauer immer den schwerer, der es tut, als den, der es leidet. Gibt es eine „jüdische Moral", die schuld ist an der deutschen Nachkriegsnot, dann kann sie weder von der jüdischen Rasse aus definiert noch einfach von der germanischen Rasse her überwunden werden. Hier liegt vielmehr primär eine Aufgabe der christlichen Ethik. Und mir scheint, daß diese Aufgabe weiter reicht als nur bis zu den Juden.

Zum Schluß habe ich noch zu sagen, daß ich kein Jude bin, sondern ein katholischer Pfarrer aus gutem deutschem Frankenblut. Und diesen Artikel habe ich nicht für die Juden, sondern für die Deutschen geschrieben – im Namen der christlichen Gerechtigkeit.

Dokument 10

Schreiben des Kreispropagandaleiters der NSDAP Kreis Groß-Frankfurt vom 12. 4. 1934 an alle Ortsgruppenleiter des Kreises.

(HStA Wiesbaden 483, Nr. 1638)

```
N. S. D. A. P.
Kreis Gross-Frankfurt a.M.                Den 12. April 1934.
Der Kreis-Propagandaleiter.


              R u n d s c h r e i b e n   Nr. D 13 / 1934
              ================================================
              An alle Ortsgruppenleiter des Kreises Gr.-Frankf.
              ================================================

        V E R T R A U L I C H  !


                Verschiedentlich ist eine verstärkte Oppo-
        sition von Seiten der katholischen Geistlichkeit
        unter dem Deckmantel der Kirche gegen die national-
        sozialistischen Jugendorganisationen, d.h. also ge-
        gen die H.J., B.d.M., Jungvolk bemerkt worden.
                Es ist bis zum 16.ds.Mts. zu melden, ob und
        welche Vorkommnisse in dieser Richtung innerhalb der
        OG-Bereiche zu verzeichnen sind.
                Der Termin ist unter allen Umständen einzu-
        halten.


        F. d. R.                          Heil Hitler !
        [Unterschrift]                    gez. Dr. K r e b s
        Kreis-Propagandaleiter.           Kreisleiter.
```

Dokument 11

Schreiben des Pfarramtes Fechenheim vom 17. 5. 1934 an die Ortsgruppe der NSDAP, betr. der „Genehmigung" einer Vortragsfolge über „Mutter und Kind"

(HStA Wiesbaden 483, Nr. 726)

Zu dem Pfarrabend, den die hiesige kath. Pfarrgemeinde am Sonntag, 27. Mai abends 8.00 Uhr in der Turnhalle der Turngemeinde 1860 beabsichtigt, haben wir anliegende Vortragsfolge vorgesehen. Wir geben dem Abend religiösbildendes Gepräge unter Berücksichtigung des hohen Gedankens der Reichsregierung „Mutter und Kind". Darum sind die Vortragstexte des 1. Teils religiösen Inhalts. Der 2. Teil soll aufbauend auf dem 1. dem Gedanken „Mutter und Kind" dienen. Dafür ist bestimmt die Ansprache und das nach dem Märchen von Andersen gleichbenannte Märchenspiel „Geschichte einer Mutter".

Wir bitten um gütige Genehmigung der Vortragsfolge und legen Abschrift des Stückes zur Einsichtnahme bei.

Dokument 12

Aus einem SD-„Lagebericht" vom 14. 6. 1936 über die „Katholische Aktion"

(HStA Wiesbaden 483, Nr. 627-628)

[...] Durch die schlagartige Veröffentlichung der z. Zt. in Koblenz verhandelten Verbrechen in den Franziskanerklöstern wurde einige Verwirrung in die Reihen der KA [=Katholische Aktion] gebracht. Wie wenn der Wolf unter die Schafe springt, liefen die sonst so folgsamen ‚Gläubigen' kopflos durcheinander und nur mit Mühe konnten ihre ‚Hirten' wieder Ordnung unter sie bringen. Es war vorerst jedem Pfarrer selbst überlassen, wie er sich dazu stellt. Der eine versuchte, alles als Lüge hinzustellen, der zweite versuchte, die ganze Sache zu bagatellisieren und der dritte zeigt die offene Ablehnung gegen diese Schädlinge an der Kirche. Erst am Sonntag, den 7. des M. war eine einheitliche Stellungnahme, von der Kanzel aus, festzustellen. Unter Hinweis auf die Verdienste des heiliggesprochenen Missionars Damian, die Leistungen der barmherzigen Schwestern in der Krankenpflege wird gezeigt, wie das kath. Ordenswesen in ‚Wirklichkeit' aussieht. Die zur Stunde in den Zeitungen hierüber gegebenen Darstellungen seien falsch. Das starke Anwachsen der NS-Jugendverbände hat auch auf diesem Gebiete die KA auf den Plan gerufen. In fast ununterbrochener Reihe schwört fast jeden Sonntag einer der Jugendstände aufs Neue ‚unserem Herrn und Führer Jesus Christus und der heiligen katholischen Kirche' Treue und Gefolgschaft, wobei man sich redliche Mühe gibt, eine gewisse Kampfstimmung zu erzeugen. Die Existenzberechtigung der NS-Jugendverbände wird so nebenher als zweitrangig wohl anerkannt, teilweise wird sogar dazu aufgefordert, in diese einzutreten, doch möge man den Versuchungen, die da in vielgestaltiger Form an einen herantreten als mannhafter Katholik standhaft entgegentreten und den katholischen Geist, ohne den ein deutscher Junge oder ein deutsches Mädchen nicht denkbar ist, in diese Reihen hineintragen. [...]

Dokument 13

Bericht über eine Reise des Oberbürgermeisters Krebs nach Berlin vom 20. 1. 1938, betr. Gespräch Staatssekretär Zschintzsch über die „Einführung der Gemeinschaftsschule"

(Stadtarchiv Frankfurt a. M. Mag.-Akte 5300/2 Bd. 1)

Hinsichtlich der Einführung der Gemeinschaftsschule in Deutschland ist eine gesetzliche Regelung in der nächsten Zeit nicht zu erwarten. Der Führer habe einen ihm vorgelegten Entwurf dieser gesetzlichen Regelung nicht unterschrieben. Minister Rust selbst werde in dieser Frage vorläufig nichts unternehmen. Die Rechtsverhältnisse auf diesem Gebiete seien in Deutschland völlig verworren. Bayern habe die allgemeine Einführung der Gemeinschaftsschule und das Verbot der Confessionsschulen abgelehnt.

Dokument 14

Schlagzeile des „Frankfurter Volksblattes" vom 25./26. Mai 1938.

Frankfurter Volksblatt
AMTLICHES ORGAN DER NSDAP — FÜR DEN GAU HESSEN-NASSA

Nummer 140 — Frankfurt a. M., Mittwoch/Donnerstag, 25./26. Mai 1938 — Preis 10

In Frankfurt a. M. nur noch Deutsche Gemeinschaftsschule

Einmütiges Bekenntnis der gesamten Elternschaft der Gauhauptsta

Dokument 15

Einladung an „alle Erziehungsberechtigten" zur Teilnahme an „Aufklärungsvorträgen" am 24. 5. 1938 über die Frage der Einführung der „Deutschen Gemeinschaftsschule in Frankfurt am Main".

(Stadtarchiv Frankfurt a. M., Mag.-Akte 5300/1 Bd. 1)

An alle Erziehungsberechtigten!

Frankfurt a. M., den 24. Mai 1938

Neben dem Elternhaus wird der Charakter eines Kindes und damit der Wert des Menschen vor allem durch die starken sittlichen Kräfte der Schule bedingt. Höchstes Verantwortungsgefühl vor dem Garanten der Zukunft des deutschen Volkes — vor unserer Jugend — zwingt jeden Erziehungsberechtigten, der Frage des Schulwesens sorgfältigste Aufmerksamkeit zu schenken. Wir als Vertreter der Eltern wissen, daß hierüber noch in hohem Maße Unklarheiten bestehen. Um sie zu beseitigen, veranstalten wir **heute**, am 24. Mai 1938, abends 20 Uhr, in den umseitig aufgeführten Sälen und Lokalen

Aufklärungsvorträge

für alle Erziehungsberechtigten. Wir wollen damit in Frankfurt am Main der Deutschen Gemeinschaftsschule einen freien Weg bahnen, da wir von dem festen Willen beseelt sind, auch unser Teil beizutragen, jede Quelle des Streites und des Hasses zum Versiegen zu bringen.

Wir lehnen eine religionslose Schule ab, weil wir ihre Mängel und Schäden nur zu gut aus der Zeit der Vergangenheit kennen. In der Deutschen Gemeinschaftsschule wird Religionsunterricht in beiden Konfessionen erteilt.

Wir laden Sie zu einem dieser Aufklärungsvorträge ein. Wenn Sie nicht kommen sollten, nehmen wir an, daß Sie zur Einführung der Deutschen Gemeinschaftsschule in Frankfurt am Main Ihre Zustimmung geben.

Diese Einladung gilt als Ausweis.

Für die Frankfurter Schulgemeinden:

Wilhelm Leonhardt
Otto Gumpert
Philipp Pfeiffer
Heinrich Giesecke
Heinrich Seip
Friedrich Höhle
Paul Alt

Die Aufklärungsvorträge finden in folgenden Sälen statt:

Aula der Gewerbeschule, Moltke-Allee 23

Volksbildungsheim, Eschenheimer Anlage 40/41

Festsäle Mank, Röderbergweg 122

Schwanthaler Hof, Schwanthalerstraße 48/50

Sporthaus Keglerheim, Wingertstraße 29

Gesellschaftshaus zur Einigkeit, Kaiserstraße 37

Beginn 20 Uhr   **Eintritt frei!**

Dokument 16

Schreiben des Bischöflichen Ordinariats Limburg an die katholischen Pfarrämter in Frankfurt/Main vom 25. 5. 1938.

(Stadtarchiv Frankfurt a. M., Mag.-Akte 5300/2 Bd. 1)

Bischöfliches Ordinariat   Limburg, den 25. Mai 1938.

Ad N.O.E.3878.

Folgender Erlass ist am Feste Christi Himmelfahrt in allen Gottesdiensten zu verlesen.

Am 24.d.Mts. wurden den Erziehungsberechtigten durch ihre Kinder Einladungen der "Frankfurter Schulgemeinden" zu Aufklärungsversammlungen überbracht. Diese Versammlungen sollten an dem Abend desselben Tages stattfinden. In diesen wurde die Einführung der deutschen Gemeinschaftsschule in Frankfurt, als der einzig berechtigten Schulart propagiert. Begründet wurde dies damit, dass jede Quelle des Streites und des Hasses zum Versiegen gebracht werden soll.

Wir erheben entschieden Einspruch gegen die Unterstellung als seien konfessionelle Schulen Quellen des Streites und des Hasses.

Wir erheben schärfsten Einspruch gegen jede Schmälerung des Rechtes, das durch die Bestimmungen des Volksschul-Unterhaltungsgesetzes und des Reichskonkordates festgelegt ist. Wer die Durchführung dieser gesetzlichen Bestimmungen hindert, handelt gesetzwidrig, nicht derjenige der ihre Beachtung fordert.

Wir erheben energisch Einspruch dagegen, dass die Nichtteilnahme an den Versammlungen als Zustimmung zur Einführung der deutschen Gemeinschaftsschule betrachtet werden soll.

Hilpl.

An die
    katholischen Pfarrämter
    in Frankfurt /Main.

Dokument 17

„Hundert Prozent waren dafür" – Bericht des Frankfurter Volksblattes vom 25./ 26. 5. 1938 über die ‚Massenversammlungen' der Frankfurter Erziehungsberechtigten

In 6 überfüllten Massenversammlungen haben die Frankfurter Erziehungsberechtigten am Dienstagabend zur deutschen Gemeinschaftsschule Stellung genommen. Dem Aufruf eines Elternausschusses, der durch schriftliche Einladungen und Plakatierungen erfolgt war, waren Tausende von Eltern unserer Jugend gefolgt. In einmütiger Geschlossenheit bekannten sich 100 Prozent der Frankfurter Elternschaft zur deutschen Gemeinschaftsschule und sandten an den Gauleiter und Reichsstadthalter Sprenger folgende mit begeistertem Beifall aufgenommene Entschließung:

„Die am Dienstag, dem 24. Mai 1938 in sechs Kundgebungen versammelten Eltern und Erziehungsberechtigten tragen dem Gauleiter einstimmig folgende Entschließung vor:

Von der Überzeugung durchdrungen, daß die Einheit des deutschen Volkes nur dann gewahrt bleiben wird, wenn die heranwachsende Jugend eine einheitliche Erziehung erfährt, bekennen wir uns zur deutschen Gemeinschaftsschule. Wir lehnen für die Zukunft alle andersgearteten Erziehungseinrichtungen ab und sind des festen Willens, unsere Kinder nur noch in eine deutsche Gemeinschaftsschule zu schicken. Wir bitten daher den Gauleiter, alles zu tun, daß die Gemeinschaftsschule in Frankfurt a. M. Wirklichkeit wird. Wir glauben damit zugleich einen Beitrag zum inneren Frieden unseres Volkes zu liefern. Damit bekennen wir uns zur großen deutschen Volksgemeinschaft als dem Ziel der nationalsozialistischen Bewegung und unseres Führers *Adolf Hitler.*"

Der Vollständigkeit halber soll erwähnt werden, daß sich nach den Versammlungen *ganze vier Personen gegen die deutsche Volksgemeinschaft* erklärt haben. Die verantwortungsbewußten Erziehungsberechtigten Frankfurts, deren Kindern einmal die Zukunft Deutschlands in die Hand gelegt wird, fordern mit diesem Entschluß die Gemeinschaftsschule als die alleinige Erziehungsstätte unserer Jugend.

Diese Niederlage der jahrelangen Zwietracht war vorauszusehen. Der *Wille zur Gemeinschaft,* der durch den Nationalsozialismus in Deutschland zum alleinherrschenden Prinzip hervorgehoben wurde, mußte naturnotwendig auf dem Gebiete der Erziehung diesen Sieg davontragen. Durch diese Entscheidung der Elternschaft ist für immer ein gefährlicher *Streitpunkt* zwischen Staat und Kirche beseitigt worden.

Keiner sollte dieser Sachlage mehr Dank wissen, als die Kirche selbst. In freiwilligem und feierlichem Entschluß hat die Elternschaft unserer Gauhauptstadt allem Trennenden eine deutliche Absage erteilt und sich, frei von allem Hader, zur völkischen Einheit bekannt. Mit dieser Tatsache müssen sich nun auch die Gegner unserer Volksgemeinschaft abfinden. Das Ergebnis der Elternabstimmung kann nicht hoch genug bewertet werden. Es ist ein stolzer Beitrag und eine wichtige Ergänzung im Dienste der Einheit unseres Volkes, welche uns als Testament von den Opfern, die je für die Nation in der Vergangenheit gebracht worden sind, für die Zukunft übergeben wurden.

Dokument 18

„Offenes Bekenntnis" – Kommentar von Karl Uckermann über die Versammlungen der Erziehungsberechtigten im „Frankfurter Volksblatt" vom 25./26. 5. 1938

In später Abendstunde erreicht uns die Meldung von einer eindrucksvollen Willensbekundung der Elternschaft unserer Gauhauptstadt zur deutschen Volksgemeinschaft. In einer einzig großen Selbstbesinnung haben die Erziehungsberechtigten Frankfurts die Frage der deutschen *Gemeinschaftsschule* zur Entscheidung gestellt und haben sie in eigener Angelegenheit entschieden. Die Väter und Mütter selbst haben entschlossen gehandelt und einen unseligen Zustand, einen *Fremdkörper* innerhalb unseres Volkslebens für immer beseitigt.

Durch schriftliche Einladungen und entsprechende Plakatierung an den Anschlagsäulen hatte ein Elternausschuß sämtliche Erziehungsberechtigten aufgefordert, in sechs großen Massenversammlungen zur Frage der deutschen Volksgemeinschaft Stellung zu nehmen. Zu Tausenden waren die Eltern erschienen, um mit lebhafter Zustimmung die einleitenden, aufklärenden Worte des Redners zu begleiten, die mit bewußten Fälschungen politisch-konfessioneller Kreise abrechneten und den wahren Inhalt der deutschen Gemeinschaftsschule aufzeigten. Bereits an dem lebhaften, begeisterten Widerhall, der den Ausführungen des Redners zuteil wurde, war der Ausgang der Befragung zu erkennen. Die deutsche Gemeinschaftsschule war nach dem Willen der versammelten Eltern weder Frage noch Aufgabe mehr, sie war geforderte Notwendigkeit.

Hundert Prozent der Elternschaft erklärten sich bereit, ihre Kinder zu volksgemeinschaftlichem Denken und Handeln erziehen zu lassen. Damit wurden die gestrigen Kundgebungen zu einem feierlichen Bekenntnis für die *Einheit* der deutschen Volksgemeinschaft und zu einer deutlichen und entschiedenen Kampfansage gegenüber jenen Kreisen, denen diese Einheit nicht in ihr politisches Programm passen will. *Ganze vier Personen waren für Aufrechterhaltung konfessioneller Grenzen im Schulunterricht.*

Das entschlossene Beginnen der Frankfurter Elternschaft kommt nicht von ungefähr. Es ist die folgerichtige Auswirkung eines Denkens und Handelns, das in der Volksabstimmung vom 10. April des Jahres seine höchste Erfüllung gefunden hat. Im Bekenntnis „Ein Volk, ein Reich, ein Führer" haben sich 75 Millionen unserer Volksgenossen das unverbrüchliche Gelöbnis zur Einheit gegeben. Dies bedingte in strenger Konsequenz die Ausmerzung aller spaltenden und trennenden Tendenzen, die dieser Einheit noch entgegenstehen. Das hat die Frankfurter Elternschaft nunmehr getan. Mit Recht lehnt sie es ab, ihre Kinder einer zwiespältigen Erziehung zu unterwerfen. Sie kann nicht gleichgültig zusehen, wie ihre Jungen und Mädel in den Reihen der HJ und des BDM zum Dienst für die Gemeinschaft erzogen werden. Dabei ist sich diese Elternschaft besonders bewußt, daß man Partei und Staat nicht die Rolle von Heilgehilfen zumuten kann, die das dauernd gutzumachen haben, was ein dem Nationalsozialismus entgegengesetztes, gemeinschaftslösendes Erziehungssystem anhaltend schadet.

Die Elternschaft, die sich gestern entschieden hat, weiß sehr genau, daß die deutsche Gemeinschaftsschule *keine religionslose Schule* ist, wie in politischer Konfessionalismus es immer wieder lügnerisch zu verbreiten suchte. Wie in den Konfessionsschulen wird auch hier der christliche Religionsunterricht ohne jede Beschränkung der Stunden erteilt. Einzig der Grundsatz des freiwilligen Entschlusses für die Teilnahme am Religionsunterricht bringt in diesem Punkt eine Änderung des Systems. Dies aber bedeutet nichts anderes, als daß ein Prinzip, welches in der Wahrung der *Gewissensfreiheit* im gesamten religiösen Lebens unseres Volkes seine Geltung erhielt, damit auch seine brechtigte Anwendung auf dem Gebiete der Erziehung findet. Auch alle sonstigen Änderungen für die übrigen Unterrichtsfächer sind ebenso notwendig wie selbstverständlich. Es gibt nun einmal keine katholische Physik, wenn man nicht annehmen will, daß die unwiderrufene Gegnerschaft der katholischen Kirche gegen die Kopernikanische Weltlehre auch im Unterricht der Konfessionsschule ihre Geltung besessen hat. Es ist auch nicht einzusehen, warum einem Protestanten die chemische Formelwelt anders gelehrt werden soll wie einem Andersgläubigen. Kein vernünftiger Volksgenosse wird also Einwände erheben, wenn Katholiken, Protestanten und Andersgläubige einen gleichgearteten Unterricht erhalten. Und als *Deutscher* wird er fordern, daß seine Kinder die Geschichte unseres Volkes nicht als Angehörige dieser oder jener Konfession erfahren und erleben, sondern eben als Deutsche.

Dieser Forderung hat die Frankfurter Elternschaft gestern Geltung verschafft. Nahezu geschlossen hat sie sich zur deutschen Gemeinschaftsschule bekannt und in einer Entschließung an den *Gauleiter* ihre Einführung verlangt. Noch kein Jahr ist seit jener Gautagung des NS-Lehrerbundes vergangen, auf welcher Reichsminister Rust vor der Erzieherschaft die Forderung aufstellte, daß eine Gliederung der deutschen Schule nach konfessionellen Gesichtspunkten so bald wie möglich beendet sein wird. Auf diesem Wege sind nun auch wir einen beträchtlichen Schritt weiter gekommen. Die Hauptstadt unseres Gaues, dessen politische Wirksamkeit die Mainlinie für immer ausgelöscht hat, wird in Zukunft auch keine Jünger mehr für „geistige Mainlinien" ausbilden. 77 Volksschulen, von denen nahezu die Hälfte konfessionell gebunden war, und 30 Mittel- und Höhere Schulen werden in Zukunft nur noch eine Bindung kennen – die Bindung zur deutschen Nation! Das allein hat hier der Wille des Volkes in spontaner Erhebung gefordert. Wie immer wird die Partei ihm auch auf diesem Gebiete Geltung verschaffen und ihn erfüllen.

Dokument 19

Schreiben des Bischöflichen Ordinariats Limburg vom 9. 6. 1938 an alle katholischen Pfarrämter in Groß-Frankfurt.

(Stadtarchiv Frankfurt a. M. Mag.-Akte 5300/2 Bd. 1)

    Im Auftrage des Bischöflichen Ordinariates geben wir den Gläubigen das Folgende bekannt.

    Am 24. Mai ist in 6 Aufklärungsversammlungen, angeblich mit 100%iger Zustimmung der Eltern, die Einführung der Deutschen Gemeinschaftsschule und damit die Aufhebung der bestehenden Konfessionsschulen verlangt worden.

    Zum besseren Verständnis der Rechtslage wie zur Würdigung der höchst wichtigen Angelegenheit halten wir folgende Erklärung für notwendig:

    I. Die Rechtslage.

a) In ehemals nassauischen Gebiet von Gross-Frankfurt – also in heutigen Dekanat Ffm.-Höchst – bestand und besteht für die Volksschule die nassauische Simultanschule, d.h. es unterrichten Lehrer des katholischen und des protestantischen Bekenntnisses die katholischen und protestantischen Kinder gemeinsam. Nur der Religionsunterricht wird nach Konfessionen getrennt erteilt.

b) In ehemals kurhessischen Gebiet, das heute zum Teil in Dekanat Ffm.-Bockenheim liegt, bestand die Konfessionsschule bis zur Eingemeindung mit Frankfurt.

c) In ehemaligen Gebiet der freien Reichsstadt bestanden bis 1872 nur Konfessionsschulen, von da an auch Simultanschulen –, ein Zustand, der durch das Volksschulunterhaltungsgesetz des Jahres 1906 geregelt wurde, so dass jetzt ungefähr ein Drittel der katholischen Kinder konfessionell, zwei Drittel simultan eingeschult werden.

    II. Das Rechtsbuch der katholischen Kirche fordert für alle katholischen Kinder die katholische Schule. Diese Forderung stellt die Kirche zur Erhaltung des Glaubens und wegen der Einheitlichkeit der Erziehung der Kinder. Wenn diese Forderung nicht erfüllt werden kann, ist es die ernste Aufgabe der Kirche und der Eltern, dafür zu sorgen, dass die Kinder in ihrem Glauben und in ihrer religiösen Erziehung keinen Schaden erleiden.

III. Die Gemeinschaftsschule, für die in den Versammlungen am 24.Mai Stimmung gemacht werden sollte, ist <u>wesentlich</u> **verschieden von der nassauischen Simultanschule**. In der Gemeinschaftsschule soll zwar, wie versichert wird, Religionsunterricht nach Konfessionen getrennt, erteilt werden, im übrigen aber wird die Anstellung der Lehrer und die Aufnahmen der Kinder nicht mehr abhängig sein von ihrer religiösen Einstellung, d.h. es dürfen auch Lehrer dort unterrichten und Kinder dort unterrichtet werden, die weder der katholischen noch der protestantischen Religionsgemeinschaft angehören.

Die Folge davon ist, dass nicht grössere Einheitlichkeit, sondern noch grössere Spaltungen im religiösen und weltanschaulichen Denken in diese deutschen Gemeinschaftsschulen eindringen und die Kämpfe gegen das Christentum zunehmen werden.

IV. Deshalb sind alle katholische Eltern in ihrem Gewissen verpflichtet, einer derartigen Gemeinschaftsschule, wegen der zu befürchtenden Glaubensgefahren für ihre Kinder, ihre Zustimmung zu verweigern und mit allen Kräften an der Forderung festzuhalten, dass wenigstens die bestehenden katholischen Konfessionsschulen erhalten bleiben.

           Limburg, den 9.Juni 1938
           Bischöfliches Ordinariat.

Vorstehende Erklärung ist am Sonntag, den 12.Juni cr.in allen Gottesdiensten den Gläubigen zu verlesen.

Dokument 20

Schreiben der Leitung der Landesgemeinde Hessen-Nassau der Deutschen Christen vom 25. 5. 1938 an den Oberbürgermeister.

(Stadtarchiv Frankfurt a. M., mag.-Akte 5300/2 Bd. 1)

Deutsche Christen
Nationalkirchliche Einung e. V.

Die Leitung der Landesgemeinde
Hessen-Nassau
Frankfurt a. M.
Alt-Niederursel 9
Fernruf 92727
Postscheckkonto 68431 Frankfurt a. M.

Herrn
Oberbürgermeister
Dr. K r e b s
F r a n k f u r t / M.

Unser Zeichen W./B.   Tag: 25.5.38.

Sehr geehrter Herr Oberbürgermeister!

In aufrichtiger Mitfreude über den grossen Erfolg von heute, über das einmütige Bekenntnis der gesamten Elternschaft der Gauhauptstadt zu der deutschen Gemeinschaftsschule, grüsse ich Sie im Namen von Tausenden von Deutschen Christen mit herzlichen Glückwünschen.
Wir sind überzeugt, dass damit ein weiterer Schritt auf dem Wege zur deutschen Volksgemeinschaft getan wurde. Dass wir für dieses Ziel schon lange eintreten und darum ringen, zeigen Ihnen beiliegende Richtlinien.
Wir glauben daran, arbeiten und kämpfen dafür, dass der Gemeinschaftsschule in unserem geeinten deutschen Volke bald die Gemeinschaftskirche folge.

Heil Hitler!

Leiter der Landesgemeinde

Dokument 21

Auszug aus dem Bericht von Stadtrat Dr. Keller vom 28. 6. 1938 über eine Dienstreise nach Berlin.

(Stadtarchiv Frankfurt a. M., Mag.-Akte 5300/2 Bd. 1)

[...] Mit der städtischen Schulverwaltung Berlin verhandelte ich ausführlich über das dort angewandte Verfahren bei der *Einführung der Gemeinschaftsschule.* Durch eine amtliche Bekanntmachung des Stadtpräsidenten und Oberbürgermeisters von Berlin in dem uns zugegangenen Amtsblatt der Stadt Berlin waren wir darauf aufmerksam gemacht worden, das die Stadt B. mit dem 1. April ds. Js. mit Zustimmung des Reichserziehungsministeriums die Gemeinschaftsschule eingeführt habe. Da unser Antrag bekanntlich vom Herrn Minister abgelehnt worden ist, war es für uns von Wichtigkeit, den in Berlin eingeschlagenen Weg zu erfahren. In Berlin bestanden bisher ausschliesslich Bekenntnisschulen. Lediglich in einzelnen Vororten und neuen Siedlungsbezirken hatten sich tatsächliche Gemeinschaftsschulen entwickelt, die aber rechtlich vom Ministerium ebenfalls als Bekenntnisschulen angesehen wurden. Ein Antrag der Stadt Berlin, alle Schulen zu Gemeinschaftsschulen umzuwandeln, ist ebenso wie unser Antrag vom Ministerium abgelehnt worden. Berlin ist nun zu dem Ausweg gekommen, anstelle einer „Umwandlung" eine „Neugründung" von Gemeinschaftsschulen vorzunehmen. Die Anmeldungen der Schulanfänger für das Schuljahr 1938 wurden im vergangenen Winter nicht wie früher in den einzelnen Schulen, sondern bezirksweise zusammengefasst, von einem dazu bestimmten Rektor entgegengenommen, wobei den Erziehungsberechtigten die Frage vorgelegt wurde, ob sie eine Einschulung in eine Gemeinschaftsschulklasse oder Bekenntnisschulklasse wünschten. Es wurde dabei darauf hingewiesen, dass im letzteren Falle sich voraussichtlich weitere Schulwege ergeben würden. Die auf diese Weise eingeholte Meinungsäusserung der Eltern ergab eine Mehrheit von 92-95 v.H. für die Gemeinschaftsschule. Gestützt auf dieses Ergebnis beantragte nunmehr die Stadt Berlin bei dem Herrn Minister die Genehmigung zu der Neueinrichtung von Gemeinschaftsschulklassen, die zwar in demselben Gebäude wie die bisherigen Bekenntnisschulen und auch unter der gleichen Leitung untergebracht wurden, aber doch den Anfang einer neuen Schule darstellten. Die Zahl der danach noch verbliebenen Bekenntnisschulklassen ist verschwindend gering. Dieses Verfahren hat dann das Reichserziehungsministerium gebilligt. Die von der kath. wie der evang. Kirche eingelegten Einsprüche, die z. Zt. noch unerledigt sind, werden an den inzwischen vollzogenen Tatsachen nichts mehr ändern. Zu erwähnen ist noch, dass die Aufklärungsarbeit durch die Partei und die NSLB. die Entscheidung der Eltern massgebend beeinflusst hat. Von öffentlichen Versammlungen, wie sie in Ffm. stattfanden, hat man abgesehen. Das Schulamt wird erwägen müssen, ob das in Berlin angewandte Verfahren sich auf Ffm. trotz der in vieler vieler Beziehung ganz anders gelagerten Verhältnisse übertragen lässt. [...]

Dokument 22

Schreiben des Schulamts an den Oberbürgermeister vom 8. 8. 1938 über die „Vorbereitung und Einführung der Gemeinschaftsschule in Frankfurt a. M."

(Stadtarchiv Frankfurt a. M., Mag.-Akte 5300/2 Bd. 1)

Bezugnehmend auf die Besprechung mit dem Herrn Oberbürgermeister in obiger Angelegenheit am 1. 8. 38 wird berichtet, daß von hier folgende Maßnahmen ergriffen werden:

1.) Die Schulaufsichtsbezirke werden ohne Rücksicht auf bekenntnismäßiges Gepräge der Schulen nach Stadtbezirken abgegrenzt. (Vorschlag 1 der Kreisleitung).

2.) Das Schulamt wird beim Herrn Ministers für die unterwanderten Bekenntnisschulen im Norden des Stadtgebiets (Vorschlag 2 der Kreisleitung) um Anerkennung als Gemeinschaftsschulen vorstellig werden.

3.) Das Schulamt wird für die Zwerg-Bekenntnisschulen beim Herrn Ministers deren Aufhebung und Zusammenfassung als Gemeinschaftsschulen zum 1.4.39 beantragen. (Vorschlag 3 der Kreisleitung).

4.) Das Schulamt wird entsprechend der mündlichen Anordnung des Herrn Oberbürgermeisters die von der Kreisleitung angeregten Versetzungen zum 1.10.38 dann vornehmen, wenn die von der Versetzung betroffenen Lehrpersonen ihr Einverständnis erklären. Von Zwangsversetzungen wird unter Berücksichtigung der Stellungnahme des Herrn Regierungspräsidenten in diesem Falle während des laufenden Schuljahres abgesehen werden.

5.) Für das Schuljahr 1939 wird der in Berlin beschrittene Weg der „Neueinrichtung" von Gemeinschaftsschulen anstelle der bisherigen Bekenntnisschulen bei der Schüleranmeldung im Dezember eingeschlagen werden (im Sinne der Anregung des Herrn Regierungspräsidenten).

6.) In gleicher Weise wird die Klassenbildung im zukünftigen 5. Schuljahr bei allen Volksschulen vorgenommen werden.

Dokument 23

Rundschreiben des Kreisleiters der NSDAP Kreis Groß-Frankfurt vom 31.3.1939 an die Ortsgruppenleiter, betr. „Mißstände in Klöstern der Diözese Limburg".

(HStA Wiesbaden 463, Nr. 1639)

Durch eine Untersuchungsaktion der Geheimen Staatspolizei in den Klöstern und Konvikten der Diözese wurden große Mißstände festgestellt und mehrere dieser Anstalten geschlossen.

Der Bischof von Limburg hat darauf mit einem Hirtenbrief reagiert, der am 14.3.39 von allen Kanzeln der Diözese Limburg verlesen worden ist. Daraufhin hat nach übereinstimmenden Berichten eine Flüster-Propaganda in katholischen Kreisen eingesetzt, der wir durch eine Aufklärungsaktion entgegenarbeiten müssen, zumal die festgestellten Tatsachen und der Hirtenbrief des Bischofs ausgezeichnetes Material bieten, die staatsgefährlichen Umtriebe und die verlotterte Gesinnung im katholischen Klerus zu kennzeichnen.

Da eine Presse-, Rundfunk-, Flugblatt- und Plakat-Aufklärungspropaganda bei der derzeitigen gesamtpolitischen Lage ausgeschaltet werden muß, wird die Aufklärung im Rahmen der Versammlungstätigkeit erfolgen, und zwar sowohl in öffentlichen Versammlungen als auch in Schulungsabenden.

Es wird im Kreis Groß-Frankfurt am Donnerstag und Freitag, *den 13. und 14. April 1939* schlagartig die Aufklärungsaktion durchgeführt, und zwar durch öffentliche Versammlungen in den Ortsgruppen:
13. April 1939.

Griesheim, Höchst, Nied, Schwanheim, Sindlingen, Sossenheim, Unterliederbach, Zeilsheim.
11. April 1939.

Altstadt, Nordost, Günthersburg, Bockenheim, Heddernheim. Die Versammlungen werden ohne Ausnahme mit einem allgemeinen politischen Thema aufgezogen. Im Rahmen dieser Ausführungen werden die Redner, die hierzu besonderen Auftrag und Information erhalten, auf die Vorgänge eingehend zu sprechen kommen.

Die Propaganda für die Versammlungen muß schlagartig erfolgen und muß wie nachstehend ersichtlich restlos durchgeführt werden.

Über das Einschalten von Schulungsabenden sowohl für die Partei als auch für die Gliederungen angeschlossener Verbände ergehen nach Rücksprache mit dem Kreisschulungsleiter vom Kreisschulungsamt gesonderte Anweisungen.

Propagandamaßnahmen.
Plakatierung:
Bis *Donnerstag, den 6. April 1939* sind die Ortsgruppen im Besitz der angeforderten Menge von Plakaten. Die Plakate sind am Donnerstagabend noch an die Politischen Leiter zu verteilen, dürfen aber in keiner Form vor einschließlich Ostermontag an die Öffentlichkeit oder zum Aushang gelangen. Am *Dienstag, den 11. April 1939* dagegen müssen schlagartig die Plakate zum Aushang gelangen und in sämtlichen Betrieben, Lokalen und auf der Straße zu sehen sein.

Flugblätter:
Die angeforderte Menge von Flugblättern ist ebenfalls bis *Donnerstag, den 6. April 1939* im Besitz der Ortsgruppe. Die Weitergabe der Flugblätter an die Politischen Leiter hat am *Dienstagabend, den 12. 4. 39* zu erfolgen. Die Verteilung an sämtliche Haushalte hat schlagartig am *Mittwoch, den 13. April 1939* zu geschehen. Bei der Verteilung der Flugblätter an die Haushaltungen sind die angeschlossenen Verbände DAF und NSV heranzuziehen.
Jedenfalls muß restlos jeder Haushalt durch ein Flugblatt zum Besuch dieser Versammlungen aufgefordert werden. Die angegebenen Termine der Propagandamaßnahmen müssen ebenfalls genau eingehalten werden, um eine einheitliche propagandistische Wirkung zu erzielen.

Mundpropaganda durch die Parteigenossen:
Sämtliche Parteigenossen sind durch einen gesonderten Hinweis durch den Hoheitsträger auf die Kundgebung der Ortsgruppe aufmerksam zu machen. Es ist dabei zu erwähnen, daß es zunächst Pflicht eines jeden Parteigenossen ist, an der Kundgebung selbst teilzunehmen. Weiterhin aber auch die Pg. durch Mundpropaganda die Bevölkerung zum Besuch dieser Versammlung auffordern.

Lautsprecherwagen:
Am 12., 13. und 13. April werden Lautsprecherwagen in den Versammlungsgebieten eingesetzt und werden zum Besuch der Versammlungen auffordern. Dieser Einsatz erfolgt durch die Kreispropagandaleiter.

Eintritt zu diesen Versammlungen:
Der Eintritt zu diesen Versammlungen ist für die gesamte Bevölkerung frei. Es wird kein Unkostenbeitrag erhoben.
Diese Versammlungen sollen wirklich den Charkter der Versammlungen der Kampfzeit tragen, um auch eine restlose, innere Erfassung der Versammlungs-Besucher zu erreichen. Am Schluß der Versammlung wird Kampfschaft gesammelt.

Musikkapellen:
In jeder Versammlung muß ein Musikzug sein. Den Ortsgruppen Sindlingen und Unterliederbach wird je ein Musikzug von der Kreispropagandaleitung beschafft. Bis zum Beginn der Versammlung ist Marschmusik zu spielen oder Kampflieder.

Ausschmückung der Säle:
Auf eine einfache, aber wirkungsvolle Ausschmückung der Säle lege ich besonderen Wert. Die Kreispropagandaleitung wird am Vorabend die Ausschmückung der Säle überprüfen.

Versammlungs-Berichte:
   Auf eine *sofortige* Einreichung der Versammlungsberichte ist zu achten. Es ist dabei in klarer Form die Aufnahme dieser Versammlung bei der Bevölkerung zu schildern.

Unkosten für diese Versammlung:
   Betr.: der Verrechnung der Unkosten für diese Versammlungen ergehen vom Kreiskassenleiter an die Ortsgruppen-Kassen-Leiter gesonderte Anweisungen.

Besetzung der Kreispropagandaleitung:
   Die Dienststelle der Kreispropagandaleitung ist am Abend des 13. und 14. April 39 bis 22 Uhr besetzt.
   Die Standortführung der Gliederungen und angeschlossener Verbände setzen ihre Formationen hiervon entsprechend in Kenntnis und fordern die zuständigen Formationen und Dienststellen zur Beteiligung auf. Dieser Hinweis hat aber erst ab 11. April 39 zu erfolgen. Jedenfalls sei jetzt schon erwähnt, daß am 13. und 14. April in den Ortsgruppen, in welchen Versammlungen stattfinden, keinerlei Appelle usw. anzusetzen sind.
   Alle Hoheitsträger erhalten in der Anlage einen zusammenhängenden Bericht über die festgestellten Mißstände in den Klöstern und Konvikten der Diözese Limburg/Lahn. Das Material gilt nur zur persönlichen Information und ist *vertraulich* zu behandeln.

Dokument 24

Aus dem Stimmungsbericht der NSDP Kreis Groß-Frankfurt vom Juni/Juli 1939.

(HStA Wiesbaden 483, Nr. 11219)

   [...] Kirchliche Fragen
   Ein Politischer Leiter einer Ortsgruppe berichtet anläßlich seiner Feststellungen gelegentlich des Fronleichnamstages folgendes:
   „Gelegentlich einer Besorgung in der Stadt hatte ich Gelegenheit, die von der katholischen Pfarrgemeinde veranstaltete Prozession zu betrachten. Dabei wurden von jungen Mädchen Kirchenfahnen getragen, die in der Art der Ausführung stark unseren kampferprobten Sturmfahnen nachgebildet waren. Die Fahnen bestanden aus einem Fahnenstock mit Messingkreuz, einem roten Grundstück, etwa die gleiche Größe unserer Fahnen mit aufgenähten Zeichen, die mir nicht bekannt sind. Da uns die alten, oft vom Blut unserer besten Kämpfer getränkten Sturmfahnen zu ehrenvoll sind, wäre es angebracht, alle Nachbildungen unserer Fahnen – auch die der katholischen Kirche einzuziehen; noch besser wäre es, daß dieser uns deutschen Menschen nicht arteigener Hokuspokus auf den Straßen für immer verschwinden würde."
   Die Aktivität der katholischen St. Bernhardus-Kirche läßt noch nicht nach. Besonders anläßlich des Fronleichnamstages hatte die Prozession noch eine große Anhängerschaft aufzuweisen. Ein fühlbares Nachlassen der Teilnehmerschaft wie in anderen Pfarrgemeinden konnte hier (Ortsgruppe Nordend) nicht beobachtet werden. Durch die gesetzliche Regelung bezüglich der Bezahlung der Feiertage ist allgemein die Frage aufgetaucht, warum es noch eine Reihe von Feiertagen gibt, die mit der nationalsozialistischen Weltanschauung nichts zu tun haben wie z. B. Karfreitag, Himmelfahrt, Buß- und Bettag. Für die Arbeiterschaft bedeuten diese Tage durch Lohnausfall eine erhebliche Minderung des Einkommens, während gleichzeitig der deutschen Wirtschaft unzählbare Arbeitsstunden verloren gehen.

Dokument 25

Rundschreiben des Kreispropagandaleiters der NSDAP Kreis Groß-Frankfurt vom 14. 8. 1939 an alle Ortsgruppenleiter, betr. „Broschüre ‚Flucht aus dem Kloster'".

(HStA Wiesbaden 483, Nr. 1639)

N.S.D.A.P.
Kreis Gross-Frankfurt /M.
Kreispropagandaleitung
-aktive Propaganda-

Frankfurt a/M., den 14. August 1939
Mainzer Landstr. 42

Rundschreiben D 152/39

An alle
Ortsgruppenleiter,
OG.Propagandaleiter,
Gliederungen und
angeschlossenen Verbände.

Betr.: Broschüre " Flucht aus dem Kloster ".

Die Broschüre " Flucht aus dem Kloster " ist im deutschen Verlag für Politik und Wirtschaft G.m.b.H., Berlin C 2, Oberwallstr. 20 erschienen.

Der Verkaufspreis beträgt pro Exemplar RM. -.40.

Der Verfasser dieser Broschüre, der Karmeliterprior Martin Lintl schildert zunächst das Klosterleben und seine Wirkung auf ihn als jungen voller Ideale steckenden Menschen, um dann zu zeigen, wie sich seine Ordens-und Klosterideale, seine Priesterideale, seine Seelsorgerideale als Täuschung erweisen. In einfacher Darstellung wird klargemacht, dass die nach aussen vorgetäuschte heilige Lebensführung der Ordensbrüder in keiner Weise mit der tatsächlichen Lebensführung übereinstimmt.

Ich bitte Sie, dafür Sorge zu tragen, dass die Schrift in möglichst grossem Umfange bekannt wird, jedoch darf unter keinen Umständen die Partei in Erscheinung treten.

Für die Propagierung schlage ich vor:

    1. Hinweis und Empfehlung der Broschüre in Führerbesprechungen, Appellen usw.

    2. Anregen, dass die Broschüre von Hand zu Hand weitergegeben werden soll.

Bei Sammelbestellungen ist mit obengenanntem Verlag direkt in Verbindung zu treten.

Heil Hitler

z.K.Kreisamtsleiter.

Leiter der akt. Propaganda.

Dokument 26

Schreiben des Bischofs von Limburg, Hilfrich, vom 13. 8. 1941 an den Reichsminister der Justiz

(Aus: Johann Neuhäusler, Kreuz und Hakenkreuz. Der Kampf des Nationalsozialismus gegen die katholische Kirche und der katholische Widerstand, München 1946, S. 363f)

Bezugnehmend auf die von dem Vorsitzenden der Fuldaer Bischofskonferenz, Herrn Kardinal Dr. Bertram, eingereichte Denkschrift vom 16. Juli (sub IV. Seite 6/7) halte ich mich verpflichtet betr. Vernichtung sogenannten „lebensunwerten Lebens" das folgende als konkrete Illustration zu unterbreiten.

Etwa 8 km von Limburg entfernt ist in dem Städtchen Hadamar auf einer Anhöhe unmittelbar über dem Städtchen eine Anstalt, die früher zu verschiedenen Zwecken, zuletzt als Heil- und Pflegeanstalt gedient hat, umgebaut bzw. eingerichtet worden als eine Stätte, in der nach allgemeiner Überzeugung *Euthanasie* seit Monaten – etwa seit Februar 1941 – *planmäßig vollzogen wird.* Über den Regierungsbezirk Wiesbaden hinaus wird die Tatsache bekannt, weil Sterbeurkunden von einem Standesamt Hadamar-Mönchberg in die betreffenden Heimatgemeinden gesandt werden.

Öfter in der Woche kommen Autobusse mit einer größeren Anzahl solcher Opfer in Hadamar an. *Schulkinder* der Umgegend kennen diese Wagen und reden: *„Da kommt wieder die Mordkiste."* Nach der Ankunft solcher Wagen beobachten dann die Hadamarer Bürger den aus dem Schlot aufsteigenden Rauch und sind von dem ständigen Gedanken an die armen Opfer erschüttert, zumal wenn sie, je nach der Windrichtung, durch die widerlichen Düfte belästigt werden.

Die Wirkung der hier getätigten Grundsätze: *Kinder,* einander beschimpfend, tun Äußerungen: „Du bist nicht recht gescheit, du kommst nach Hadamar in den Backofen"; *solche, die nicht heiraten wollen* oder keine Gelegenheit finden: „Heiraten, nein! Kinder in die Welt setzen, die dann in den *Rex-Apparat kommen!"* Bei *alten Leuten* hört man die Worte: *„Ja in kein staatliches Krankenhaus!* Nach den *Schwachsinnigen* kommen die *Alten* als unnütze Esser an die Reihe."

Alle gottesfürchtigen Menschen empfinden diese Vernichtung hilfloser Wesen als *himmelschreiendes Unrecht.* Und wenn dabei ausgesprochen wird, *Deutschland könne den Krieg nicht gewinnen, wenn es noch einen gerechten Gott gibt,* so kommen diese Äußerungen nicht etwa von Mangel an Vaterlandsliebe, sondern aus einer um unser Volk tiefbesorgten Gesinnung.

Es ist der Bevölkerung unfaßlich, daß planmäßig *Handlungen* vollzogen werden, *die nach § 211 StGB mit dem Tode zu bestrafen sind!* Die obrigkeitliche Autorität als sittlicher Begriff erleidet durch die Vorgänge eine furchtbare Erschütterung. Die amtlichen Mitteilungen, daß N. N. an einer ansteckenden Krankheit gestorben sei und deshalb die Leiche hätte verbrannt werden müssen, finden keinen Glauben mehr, und es wird durch solche nicht mehr geglaubte amtliche Mitteilungen der ethische Wert des Autoritätsbegriffs noch weiter beeinträchtigt.

Beamte der Geheimen Staatspolizei suchen, wie man hört, das *Reden* über die Hadamarer Vorgänge mit strengen Drohungen zu unterdrücken. Es mag im Interesse der öffentlichen Ruhe gute Absicht sein. Das *Wissen und die Überzeugung und Entrüstung* der Bevölkerung werden damit nicht geändert; die Überzeugung wird um die bittere Erkenntnis vermehrt, daß das *Reden mit Drohungen verboten wird, die Handlungen selbst aber nicht strafrechtlich verfolgt werden.*

Facta loquuntur.

Ich bitte Sie ergebenst, Herr Reichsminister, im Sinne der Denkschrift des Episkopates vom 16. Juli d. J. weitere Verletzungen des fünften Gebotes Gottes verhüten zu wollen.

gez. Dr. Hilfrich.

Abschrift überreiche ich dem Herrn Reichsminister des Innern und dem Herrn Reichsminister für die kirchlichen Angelegenheiten. D.O.

Dokument 27

Schreiben von Hermann F. an den „Herrn Oberbürgermeister Dr. Krebs, als Vorsitzender des Kampfbundes für Deutsche Kultur" vom 3. 4. 1933

(Stadtarchiv Frankfurt a. M., Mag.-Akte 1572, Bd. 1)

Die in den letzten Tagen im Ausland betriebene Hetze über angebliche Greuel und Judenverfolgungen anläßlich der nationalen Revolution in Deutschland wird in Amerika, wie mitgeteilt wurde, hauptsächlich unterstützt von Religionsverbänden.

Diese Religionsverbände sind solche, die als echt amerikanisches Gewächs auch in Deutschland ihre Ableger gezogen haben, aufgebaut auf echt jüdischer Grundlage:

Ihren Gott nennen sie Jehova und sich bezeichnen sie *„Internationale* Bibelforschergesellschaft".

Über die Art und Zusammensetzung dieser Gesellschaft brauche ich weiter nichts zu sagen, ich will Sie nur bitten, beim derzeitigen Reinemachen in Deutschland auch diesen Verband nicht zu vergessen und ihm größte Aufmerksamkeit zu schenken.

Von Außen betrachtet scheinen diese Leute ganz harmlos zu sein, genau betrachtet stellen sie aber eine dem heutigen Staat feindlich gesinnte Vereinigung dar, denn sie ist nicht weniger gegen ihn eingestellt als die Kommunisten. – Die Regierung hat sich zur Aufgabe gemacht, diesen zersetzenden Geist in Deutschland auszutilgen und ich stehe nicht an, Sie zu bitten, Ihre Kraft baldmöglichst dafür einzusetzen, daß auch besagtes amerikanisches Gewächs in Deutschland ausgerottet wird.

Diese fanatisierte internationale Gesellschaft ist nicht dazu geeignet, in ihren Vorträgen und Versammlungen im neuen Deutschland an der Gestaltung mitzuwirken, die erforderlich ist, im deutschen Familienleben die Achtung der Ehegatten unter sich und der Kinder vor den Eltern wiederherzustellen.

Diese außerhalb der Landeskirche stehende Sekte fühlt sich berufen, ihre Lehre, wenn man von einer solchen überhaupt reden kann, über den Frieden einer Familie zu stellen, indem sie in dieser ihre Wurzeln schlägt und sich erdreistet, in hetzerischer und wühlender Unterminierarbeit das deutsche Familienleben zu zersetzen und zum Austritt aus den Landeskirchen aufzufordern.

In meiner Familie wütet diese Seuche schon jahrelang: sie haben es erreicht, daß meine Tochter, ohne sich mit ihrem Vater nur zu besprechen, diesen einfach vor die vollendete Tatsache ihres erfolgten Austritts aus der ev. Landeskirche stellte. Dasselbe vollzog auch meine Frau einige Wochen später trotz des vorhergegangenen Familienauftrittes. Heute ist die Lage so, daß sich zwischen Vater und Sohn (Student) einerseits und Mutter und Tochter andererseits zwei Weltanschauungen gegenüberstehen.

Es wäre mir unbegreiflich, wenn es heute unterlassen bliebe, diesem Unwesen weiteren Bestand zu bewilligen. Treu den Gepflogenheiten des kommunistischen Systems gehorchend setzt auch dieses Gesindel alles herunter, was anständigen Menschen an Traditionen heilig ist, sie beschmutzen die Einrichtungen der katholischen Religion nicht minder wie die der evangelischen; sie reden in ihrem Schmierblättchen, das sich das „Goldene Zeitalter" nennt, oft einen Mist daher, der nur bei ganz ungebildeten Menschen, sollte man meinen, Fuß fassen kann.

Ich pflegte früher derartige Geistesauslesen in Zeitschriften und Traktaten, wo ich sie antraf, zu vernichten, was zur Folge hatte, daß das Zeug gleich unter Verschluß kommt und mir leider unzugänglich ist, ohne Streitigkeiten hervorzurufen, die ich nicht mehr wissen möchte, weil es Wasser in den Main getragen wäre.

Ich habe mich mit der Ansicht abgefunden: am Geiste krank müssen diese Menschen sein, wenn die Ereignisse der letzten Wochen spurlos an ihnen vorüber gegangen sind, die, wie meine weiblichen Familienmitglieder es fertig gebracht haben, kraft der ihnen von den Vertretern jeder internationalen Gesellschaft eingeimpften Anweisung, sich der letzten Wahlen zu enthalten, die darüber entscheiden mußten, daß Deutschland wieder deutsch wird, daß Ehre, Gesittung und Gottesfurcht wieder zur Geltung kommen.

Aber diese von Juda und dem Kommunismus getragene internationale Pest will anders und wenn Familien darüber zerstört werden.

Ich habe mich in ähnlichem Sinne bereits mit Herrn Pfarrer P. in Verbindung gesetzt in der Annahme, daß ihm die Einstellung der „internationalen Bibelforschergesellschaft" zu den Kirchen sowie ihr gedrucktes Material bekannt ist. Gegebenen Falls beantrage ich, in meiner Wohnung Haussuchung abzuhalten und das im Besitz meiner Tocher bezw. ihres Bräutigames befindliches Material zu beschlagnahmen.

Zum Schlusse bitte ich Sie, sehr geehrter Herr Oberbürgermeister, meinem Antrag, wo und wie Sie immer können, Ihre Unterstützung zu geben:
1.) daß alle Versammlungen der „Internationalen Bibelforschergesellschaft zu verbieten sind,
2.) daß ihr untersagt wird, weiterhin in Deutschland Schmierblättchen und Traktate zu verbreiten, weil sie dazu angetan sind, das deutsche Kulturleben zu bedrohen, genau wie diejenigen kommunistischer Tendenz,

Ganz ergebenst
Unterschrift

Mitglied der NSDAP Nr. [...]

Dokument 28

Schreiben des Oberbürgermeisters vom 8. 4. 1933 an Hermann F. und Anweisung an das Stadtbauamt.

(Stadtarchiv Frankfurt a. M., Mag.-Akte 1572, Bd. 1)

Sehr geehrter Parteigenosse!

Mit verbindlichen Dank bestätige ich den Empfang Ihres Briefes vom 3. ds. Mts., mit dem Sie sich gegen die zersetzende Tätigkeit der „Internationalen Bibelforschergesellschaft" gewandt und geeignete Gegenmaßnahmen angeregt haben.

Was in meinen Kräften steht, um den zerstörenden Einflüssen der Gesellschaft zu begegnen, will ich gerne tun. Ich habe eine Untersuchung eingeleitet, ob Versammlungen dieser Gesellschaft etwa auch in Gebäuden der Stadtgemeinde abgehalten werden, und angeordnet, daß künftig städtische Räume für diesen Zweck grundsätzlich nicht mehr zur Verfügung gestellt werden.

Von dem Ergebnis der Nachprüfung werde ich Sie zu gegebener Zeit unterrichten.

Ich übrigen stelle ich Ihnen anheim, gegebenen Falls auch bei anderen Behörden (Herrn Polizeipräsidenten usw.) geeignete Schritte zu unternehmen.

[...] unter Beifügung der Vorgänge
dem Stadtbauamt-Vermietung
mit dem Ersuchen um Stellungnahme. Sind seither der Gesellschaft Räume zur Verfügung gestellt worden? Ich bitte die erforderlichen Feststellungen sowie für den Bereich des

Stadtbauamts-Vermietung als auch im Benehmen mit sonst in Betracht kommenden Stellen (Bezirksamt Höchst, Volksbildungsheim G.m.b.H. usw.) zu treffen.

Für künftige Fälle wird hiermit angeordnet, daß an die Gesellschaft grundsätzlich städtische Räume nicht vergeben werden dürfen.

Dokument 29

Auszug aus dem Urteil des Sondergerichts Frankfurt vom 27. 5. 1937 gegen Heinrich Wawrzyn, Susanna Schneiderer und Ewald Stöhr.

(Stadtarchiv Frankfurt a. M., S. 1/98 Nr. 2)

[...] Die Angeklagten gehörten der Internationalen Bibelforscher Vereinigung an, die durch Anordnung des Preuß. Ministers des Innern vom 24. 6. 1933 verboten wurde. Sie haben sich auch nach diesem Zeitpunkt noch als Bibelforscher betätigt. Im einzelnen ergab die Hauptverhandlung folgenden Sachverhalt [...]

Im Winter 1935/36 fanden dann regelmäßige Zusammenkünfte mit den Mitangeklagten Stöhr und Schneiderer sowie einer Frau Müller statt. Der Angeklagte hat die Gebete gesprochen und den Text zu den biblischen Themen ausgesucht. Abzüge des „Wachtturms", die der Angeklagte von den Bibelforschern Meyer und Fuhrmann erhalten hatte, wurden ebenfalls gelesen und teilweise den Beteiligten mitgegeben oder in deren Briefkästen geworfen, worauf dann der eine sie an den anderen durch Einwurf in den Briefkasten weitergab, bis sie wieder an den Angeklagten zurückkamen, der sie sodann vernichtete. Ein gewisser Marx gab dem Angeklagten etwa 50 Stück der sogen. „Resolution" des Luzerner Bibelforscher Kongresses, in der die Behauptungen aufgestellt sind, Jehovas Zeugen würden in Deutschland auf teuflische Weise mißhandelt und manche von ihnen getötet; die Hitlerregierung, die von den Jesuiten der römisch-katholischen Hierarchie unterstützt und beeinflußt wird, hat wahren Christen jede Art grausame Bestrafung auferlegt und fährt fort dies zu tun, es müsse hiergegen scharfer Protest erhoben werden.

Didaktische Hinweise

Der vorliegende Band über den Widerstand in Frankfurt strebt folgende Ziele an:

1. Er soll Kenntnisse über den Widerstand vermitteln. Dabei reicht es jedoch nicht aus, sich nur auf den Widerstand in Frankfurt zu beschränken. Die Gruppen und Formen des Widerstandes in Frankfurt müssen vor dem Hintergrund der allgemeinen Geschichte des Widerstandes gegen den Nationalsozialismus gesehen werden. Andernfalls erhält man ein falsches Bild über den Widerstand insgesamt, da ja wichtige Gruppen des Widerstandes im Frankfurter Bereich kaum Spuren hinterlassen haben. Dies gilt vor allem für den Widerstand der bürgerlich-militärischen Gruppen, aber auch für den Widerstand im Exil. Zum Verständnis des Widerstandes gegen den Nationalsozialismus ist es schließlich notwendig, Widerstand im Rahmen der Gesamtgeschichte des Dritten Reiches zu analysieren. Aus diesen Gründen muß man immer vom Allgemeinen zum Besonderen vorgehen, bzw. im Besonderen, in der Geschichte einer Widerstandsgruppe oder in einer Widerstandsaktion das Allgemeine sehen.

2. Er soll zu einer positiven Identifizierung mit dem Leben, Leiden und Kämpfen derjenigen führen, die in der einen oder anderen Form Widerstand geleistet haben. Ohne dabei in oberlehrerhafter Manier Zensuren verteilen zu wollen, darf dabei jedoch nicht die Tatsache verschwiegen werden, daß einige dieser Widerstandskämpfer bestimmte Züge und Erscheinungsformen des Dritten Reiches zumindest temporär und partiell durchaus gebilligt haben. Auch bestimmte Fehleinschätzungen des Nationalsozialismus und zum Teil problematische Zielvorstellungen sind nicht zu verschweigen. Kurz – die Widerstandskämpfer sind als Widerstandskämpfer zu würdigen; sie waren und wollten keine Heiligen sein.

3. Die Kenntnis der Geschichte des Widerstandes und die Identifizierung mit den Widerstandskämpfern soll die Bereitschaft zum Handeln innerhalb und für eine Demokratie fördern. Doch auch hier muß m. E. darauf hingewiesen werden, daß einige Widerstandskämpfer nur sehr bedingt als direkte politische Vorbilder anzusehen sind, weil ihre politischen Zielvorstellungen nicht die unsrigen waren und sein konnten, und weil ihr Widerstand in einer völlig anderen politischen Situation stattfand. Eine direkte politische Instrumentalisierung des Widerstandskampfes gegen den Nationalsozialismus für die tagespolitische Auseinandersetzung sollte vermieden werden. Gleichwohl war der Widerstand gegen den Nationalsozialismus im überregionalen und regionalen Bereich ein historisches Phänomen, das einen prägenden Einfluß auf die politische Kultur der Bundesrepublik ausgeübt hat und bis heute ausübt.

Im ersten Kapitel über *„Probleme und Aufgaben der Widerstandsforschung* im überregionalen und regionalen Bereich" werden einige dieser wissenschaftlichen und politischen Probleme angesprochen und vertieft. Dabei ist noch einmal zu betonen, daß die hier geschilderte Diskussion noch im Fluß ist. Der Leser kann und soll sich daher ein eigenes Urteil gerade über die Auseinandersetzung um die Definition des Begriffs Widerstand machen, wobei jeweils wissenschaftliche und politische Aspekte zu beachten sind.

Die Kenntnis des *„Aufbaus und der Wirkungsweise der Institutionen des Terrors"*, die im zweiten Kapitel beschrieben werden, ist zum Verständnis der Möglichkeiten und Grenzen des Widerstands überhaupt unverzichtbar. Terror und Widerstand waren mit einander korrespondierende Momente. Im Dokumententeil zu diesem Kapitel sind vor allen Dingen solche Quellen abgedruckt worden, durch die das Klima der Angst und Einschüchterung im Dritten Reich beleuchtet werden. Die Denunziationen von Privatpersonen und Beamten des Magistrats (Dok. 1 u. 3) deuten auf die große Folgebereitschaft von vielen damaligen Menschen hin, die von den Nationalsozialisten ausgenützt werden konnten, um ihre Politik der ‚Säuberung' durchzuführen. Diese bürokratisierte und scheinbar legale Form des Terrors (vgl. Dok. 2 u. 6) war ein wesentlicher Bestandteil dessen, was allgemein als „Machtergreifung" bezeichnet wird. Der im Text beschriebene Terrorfeldzug gegen Angehörige der KPD, der Gewerkschaften und der SPD wurde dann durch Denunziationen von Partei- und Volksgenossen (vgl. Dok. 5, 7 u. 8) in sehr wirkungsvoller Weise unterstützt. Dabei zeigen die einzelnen Schreiben, daß die Denunzianten ihre ‚Opfer' meist persönlich kannten. Manchmal waren es vermutlich auch persönliche Motive, meist war es jedoch einfach ‚Pflichteifer', der die Denunzianten zu ihrem schändlichen Tun veranlaßte (vgl. bes. Dok 7). Das Schreiben des Blockwarts aus der Ortsgruppe Günthersburg (Dok. 7) und die Meldungen dieser Ortsgruppe (Dok 8) beweisen, daß der Spitzeldienst der Partei schon in den ersten Monaten des Dritten Reiches sehr ‚gut' arbeitete, denn die Informationen gerade über Aktivitäten der illegalen KPD zeugen von einer ausgesprochenen Detailkenntnis.

Der Spitzeldienst der Partei wurde dann im Laufe des Dritten Reiches immer weiter ausgebaut, perfektioniert und zugleich bürokratisiert, wie das als Dok. 9 abgedruckte Formular zeigt. Die „Volksgenossen" wußten dies, konnten sich jedoch kaum dagegen zu Wehr setzen. Ein gutes Beispiel ist das Schreiben des Ortsgruppenleiters aus Fechenheim (Dok. 10) über den kriegsbeschädigten Konrad D., der auf die geschilderte Weise seine ohnmächtige Wut über die scheinbar allmächtige Patei Luft machte. Konrad D. konnte noch von Glück sagen, daß sein Verhalten nicht der Gestapo, sondern ‚nur' der Kriegsopferversorgung gemeldet wurde. Aus den Akten geht nicht hervor, ob Konrad D. daraufhin ein Streichung oder Kürzung seiner Kriegsopferrente hinnehmen mußte. Wie bekannt und allgegenwärtig die ‚Arbeit' der Terrororgane waren zeigen in exemplarischer Weise die Dokumente 11 u. 12, aus denen hervorgeht, daß die Gestapo ganz offensichtlich kein Hehl daraus machte, wo und wie sie ‚arbeitete'.

Im Kap. 3 über den „*Widerstand der Arbeiterbewegung 1933–1935*" sind zunächst Ideologie, Strategie und Organisation der illegalen KPD in Frankfurt beschrieben worden. Aus den Dokumenten 1–7 wird ihre Strategie und Zielsetzung deutlich, die vor und nach dem 30. 1. 1933 auf den Sturz des kapitalistischen Systems, die Errichtung einer Diktatur des Proletariats nach sowjetischem Vorbild und auf die Bekämpfung der Sozialdemokratie abzielte. Der Kampf „gegen faschistische Unterdrückung" (vgl. Dok. 2) wurde in diesem Zusammenhang eher beiläufig erwähnt. Wichtig war der Faschismus nur deshalb, weil er das „verfluchte kapitalistische System der Ausbeutung" aufrechterhielt. Die damit zum Ausdruck kommende Unterschätzung der terroristischen Qualität und politischen Eigenständigkeit des nationalsozialistischen System korrespondierte dabei mit einer geradezu pathetisch klingenden ‚revolutionären' Zuversicht, in Kürze nach dem „leuchtenden Beispiel" der Sowjetunion einen „Sozialismus unter (!) der Diktatur des Proletariats" zu errichten (vgl. Dok. 2).

Auch die Ausschnitte aus illegalen Propagandaschriften der KPD aus dem Jahre 1933 (Dok. 6 u. 7) zeigen die geradezu heilsgewisse Hoffnung der illegalen KPD, durch „revolutionäre Aktionen", durch „Kampf, Kampf und nochmals Kampf bis zum siegreichen Ende" das „morsche und faule System" zu stürzen. Diese „revolutionäre" Propaganda stand in einem verhängnisvollem Kontrast zur politischen Wirklichkeit im Dritten Reich, das eben keineswegs „morsch und faul" war. Andererseits ist darauf hinzuweisen, daß die damaligen Kommunisten tatsächlich dieser Propaganda glaubten, tatsächlich erwarteten, daß die „proletarische Revolution" in Deutschland in Kürze siegen werde. Die KPD fühlte sich, wie aus dem „Kampf-Mai" (Dok. 7) hervorgeht, stark genug, dieses Ziel allein, d. h. mit einer „revolutionären Einheitsfront" zu erreichen, von der die Sozialdemokraten ausgeschlossen blieben und bleiben sollten. Der Kampf sollte sich daher auch nicht nur gegen Hitler, sondern auch gegen den „Reformismus", d. h. gegen die SPD und den ADGB richten.

Selbst aus der Zusammenstellung und Kommentierung von illegalen kommunistischen Propagandaschriften des Jahres 1933 und 1934 durch den Strafsenat des Oberlandesgerichts Kassel (vgl. Dok. 8) wird der illusionäre Charakter der kommunistischen Strategie deutlich. Glaubte man doch allen Ernstes, durch die Anzettelung von „Streiks" eine „ungeheure Zuspitzung im Klassenkampf", „politische Massenstreiks" und schließlich ein „Räte-Deutschland" erreichen zu können.

Die tatsächliche Aktivität der KPD konzentrierte sich jedoch auf die Aufrechterhaltung jedenfalls von Resten der Parteiorganisationen und die Herstellung und Verbreitung von Propagandaschriften. Dies wird in den Ausschnitten aus Urteilen und Anklageschriften (vgl. Dok. 9-12) sehr gut und im wesentlichen auch zutreffend beschrieben. (Dies hinderte die Gerichte jedoch nicht, den Kommunisten zu unterstellen, tatsächlich durch die Verbreitung von illegalen Flugschriften den Sturz des Systems anzustreben.) Die Auszüge aus den Urteilen und Anklageschriften vermitteln nicht nur einen Überblick über die gesamte illegale Organisation der KPD, sondern verschaffen auch einen sehr detaillierten Einblick in die konkrete Widerstandstätigkeit der KPD. Es wird hier sehr genau beschrieben, wo man sich traf, und wo und wie illegales Propagandamaterial verteilt und Beiträge einkassiert wurden. All dies zeigt, wie gefährlich, aber zugleich auch unspektakulär diese Widerstandsarbeit war.

Die Geschichte des sog. Frankfurter Einheitsfrontabkommen (vgl. Dok. 13 u. 14) ist bereits im Text ausführlich referiert worden, so daß sich weitere Hinweise erübrigen.

In den Auszügen aus den „Deutschland-Berichten" der Sopade (Dok. 16) werden einmal über Terrormaßnahmen gegen Sozialdemokraten, aber auch gegen Juden berichtet (16d u. 16f). Dabei zeigt der – unbekannte – Berichterstatter aus Frankfurt zwar Interesse und Mitgefühl mit den Juden, deren Stimmung als „außerordentlich niedergedrückt und pessimistisch" beschrieben wird, dennoch wird deutlich, daß ihm diese „jüdischen Kreise" im Grunde fern stehen, und zwar nicht nur deshalb, weil sie Juden waren, sondern weil sie aus anderen – meist bürgerlichen – Schichten stammten. Auch die Schilderung des Angriffs von Hitlerjungen auf einen Kaplan (16b) deutet eher auf ein distanziertes Verhältnis zum sog. Kirchenkampf hin. Um so entrüsteter berichtet er über die Festnahme des Schlachtermeisters, der doch ‚nur' seinen Sohn „züchtigen" wollte. So brutal und unrechtmäßig die Verhaftung dieses Schlachtermeisters war, so sehr muß betont werden, daß Vertreter der NSDAP hier ganz offensichtlich die Zustimmung der Jugendlichen besaßen, als sie verhinderten, daß ein Vater seinen Sohn schlug, weil dieser ein „Hitlerjunge" war. Jugendprotest und (politisch motivierter) Widerstand waren nicht immer deckungsgleich.

Anders ist es mit dem Bericht über die ‚Wahlen' zu den Vertrauensleute-Gremien in Frankfurter Betrieben. Das hier geschilderte Verhalten der Arbeiter, von denen viele die Wahlen boykottierten, war zweifellos politisch motiviert. Derartige Proteste haben dann verschiedene Sozialdemokraten zu sehr optimistischen Einschätzungen der Dauer und Konsistenz der nationalsozialistischen Diktatur veranlaßt. Die Berichte aus Frankfurt (16a und 16e) sind in dieser Hinsicht keineswegs singulär. In der Hoffnung, daß der „Schwindel der Hitlerdiktatur" bald zu Ende sein werde (16a), wurde dann die Bedeutung von Mißfallenskundgebungen innerhalb der Parteiformationen oder das Schimpfen von Marktfrauen ganz offensichtlich überschätzt. Selbst von einem „bedeutenden Stimmungswechsel" konnte nicht die Rede sein. Derartiges zeigt, daß man diese Formen von Protestverhalten im Alltag zwar beachten, aber eben nicht überschätzen soll. Mit Widerstand hatte dies kaum etwas zu tun.

Die Ziele, Strategien und die Organisation der illegalen SPD sind, wie der Ausschnitt aus dem Urteil des Volksgerichtshofs gegen Paul Apel zeigt (Dok. 17), von den Verfolgungsorganen ebenfalls sehr zutreffend erkannt und beschrieben worden. Dies gilt insbesondere für das Prager Manifest der Sopade, aus dem hier zitiert und dessen Inhalt im wesentlichen paraphrasiert wird. Allerdings hatten sich, wie im Text beschrieben wird, viele Sozialdemokraten zu diesem Zeitpunkt bereits mehr auf die Arbeit in lockeren und informellen Zirkeln beschränkt, die auf spektakuläre Aktionen wie das Herstellen und Verbreiten von Flugschriften verzichteten.

Die zum Kapitel 4 *„Widerstand aus Arbeiterbewegung und Arbeiterschaft 1935–1945"* abgedruckten Dokumente 1–3 sind bereits im Text interpretiert worden. In den Dokumenten 4–6 wird gezeigt, daß man schon vor 1939 das Abhören von bestimmten Sendern als politisch gefährlich ansah und mit Hilfe der Gestapo zu unterbinden trachtete. Die beiden Arbeiter konnten noch von Glück sagen, daß sie ‚nur' ihre Arbeitsstellen bei der Stadt verloren, nachdem ein Untersuchungsverfahren gegen sie eingestellt worden war (Dok. 5 u. 6). Dieser ‚Fall' zeigt einmal den zunehmenden politischen Druck des Regimes, zum anderen eine neue Organisationsform des Widerstandes im weiteren Sinne. Gemeint sind sog. Abhörgemeinschaften (vgl. auch Dok. 1), d. h. kleinere Gruppen, die Radio Moskau oder den „Deutschen Freiheitssender" 29,8 hörten und dann über den Inhalt diskutierten. Die illegalen Widerstandsorganisationen der KPD und SPD haben derartiges ausdrücklich propagiert und technische Anweisungen gegeben, wie man den an sich leistungsschwachen „Volksempfänger" verbessern konnte, um diese ausländischen Sender zu hören. Nach Kriegsausbruch wurde das Abhören von sog. Feindsendern unter Strafe gestellt (vgl. dazu auch Dok. 9).

Die in den „Deutschland-Berichten" der Sopade publizierten Berichte aus Frankfurt (Dok. 7) zeigen ebenfalls, daß der Terror in diesen Jahren intensiviert und ausgedehnt wurde. Dies gilt für das Ausmaß der verhängten Strafen für politische Widerstandstätigkeit wie für den alltäglichen Terror, der jeden treffen konnte, der ostentativ nicht mit „Heil Hitler!" grüßte oder ein „knallrotes Halstuch" trug.

Der Ausschnitt aus dem Urteil des Oberlandesgerichts Kassel gegen Albrecht Ege u. a. (Dok. 8) zeigt, daß den Verfolgungsbehörden nicht entgangen war, daß sich nach der SPD auch die illegale KPD auf eher „unorganisierte" Widerstandsaktivitäten eingestellt hatte. Statt wie bis etwa 1935 durch „Beitragszahlung, Verbreitung illegaler Schriften bzw. durch Geldsammlungen" den „organisatorischen Zusammenhalt aufrecht (zu) erhalten", versuchten nun auch die Kommunisten nach sozialdemokratischem Vorbild, einen „losen Zusammenhalt unter den noch als gut angesehenen Genossen aufrechtzuerhalten". Tatsächlich bildeten „als lose Zusammenkünfte getarnte Treffs" in Form von Skatrunden, Stammtischen, Kegelklubs, Musikzirkel etc. den „Kern der illegalen Tätigkeit" in dieser Zeit. Die Geschichte der Widerstandsgruppe um Albrecht Ege (vgl. Dok. 9 u. 10) ist bereits im Text ausführlich referiert worden, so daß sich weitere interpretierende Hinweise zu dem hier auszugsweise abgedruckten Terror-Urteil erübrigen.

Die im Kap. 5 *„Der Kirchenkampf in Frankfurt"* abgedruckten Dokumente 1–4 unterstreichen die im Text beschriebene Wandlung von Angehörigen der evangelischen Kirche von der mehr oder minder begeisterten Zustimmung zum neuen nationalsozialistischen Regime über die Kritik an innerkirchlichen Vorgängen und an der Kirchenpolitik des Regimes überhaupt zu einem wenigstens partiell und wider Willen politisch motivierten Widerstand innerhalb der BK.

Bei der Darstellung und Bewertung der ja meist sehr zurückhaltend formulierten kritischen Bemerkungen der Bekennenden Kirche an den Maßnahmen des nationalsozialistischen Regimes, insbesondere im außerkirchlichen Bereich muß man jedoch immer die damalige politische Situation berücksichtigen. Wie sehr die Nationalsozialisten auch im regionalen Berich von einem tiefen Mißtrauen, ja von einer mehr oder minder offen zur Schau gestellten Feindschaft gegenüber beiden Kirchen geprägt waren, zeigen die Dokumente 5 bis 8. Harmlose, ja in heutiger Sicht sogar anstößige Vorträge über „Rassischvölkische Religion und Christentum" (vgl. Dok. 5) wurden von Angehörigen der Partei sehr genau überwacht und als politisch motivierte Angriffe gegen das Regime bewertet. Jede, auch noch so verhalten vorgetragene Kritik an der Rassenideologie im allgemeinen der „rassisch-religiösen Bestrebungen" im besonderen wurden als Beweis für eine „polemische" und feindselige Einstellung gegenüber dem Nationalsozialismus angesehen. Dabei reichte es schon, wenn man, wie es dieser Redner getan haben soll, den – angeblichen – „Sachsenmord" Karls des Großen zu rechtfertigen suchte oder die vorchristlichen Germanen als „Barbaren" charakterisierte. Ein fast schon kurios zu nennendes Beispiel für das Bestreben von Nationalsozialisten, überall Kritik und Opposition zu wittern, ist das Schreiben des Gauwarts der DAF (Dok. 7), der die –

angebliche – Meinung eines Autors, wonach ein „Christ... ein längeres Leben erlangen (könne) als ein Nichtchrist", als anstößig empfand.

Aus den Dokumenten 6 und 10 wird dagegen deutlich, daß die Nationalsozialisten auch in aller Öffentlichkeit vor Drohungen gegenüber beiden Kirchen nicht zurückschreckten. Besonders interessant ist in diesem Zusammenhang die Rede des Gauleiters Sprenger (Dok. 6), in der er auch das sog. Euthanasie-Programm gegen die Kritik der Kirchen verteidigte, weil die „Vorsehung" eben wolle, „daß das am Leben bleibt, was gesund ist". Dennoch zeigen derartige Äußerungen und interne Stimmungsberichte (vgl. Dok. 8), daß die Partei widerwillig zugeben mußte, daß „die Kirchen... immer mehr Menschen an sich" ziehen würden. Die Dokumente zeigen schließlich, daß die Nationalsozialisten in beiden Kirchen ihre Feinde sahen und sich gleichermaßen gegen oppositionelle Protestanten wie Katholiken wandten. Die angegriffenen Kirchen scheinen dies jedoch nicht so empfunden zu haben, denn sonst ist es kaum zu erklären, daß sie sich, von wenigen Ausnahmen abgesehen, nicht auf eine gemeinsame Abwehrhaltung gegenüber ihrem gemeinsamen Feind, dem Nationalsozialismus, einigen konnten und wollten. Dies zeigen auch die folgenden Dokumente aus dem katholischen Bereich, in denen ausschließlich Dinge angesprochen und kritisiert werden, die für die katholische Kirche bedeutungsvoll waren.

Der Protest Pfarrer Alois Eckerts gegen die Judenpolitik des Regimes (Dok. 9) ist ein ebenso frühes wie seltenes Zeugnis für die kirchliche Kritik an diesem so zentralen Aspekt des Dritten Reiches. Gleichwohl ist bei aller Bewunderung für die offenen Worte Eckerts darauf hinzuweisen, daß selbst dieser dem Regime durchaus kritisch und ablehnend gegenüberstehende Pfarrer in seiner Argumentation bestimmte Bestandteile der Rassenideologie übernimmt und keineswegs alle Juden in Schutz nehmen möchte. Peinlich wirkt auf uns (!) sein Hinweis, daß er selber ein „katholischer Pfarrer aus gutem deutschen Frankenblut" sei. Aber dennoch war sein Artikel „im Namen der christlichen Gerechtigkeit" „für die Deutschen geschrieben" worden. Nur wenige Deutsche haben auf derartige, allerdings wenige Hinweise gehört.

Das bereits im Text interpretierte Schreiben des Kreispropagandaleiters (Dok. 10) dokumentiert die Taktik der Nationalsozialisten, sich bei ihren Angriffen auf die katholischen Jugendorganisationen als die Angegriffenen auszugeben. Wer hier wen angriff, zeigt in exemplarischer Weise das Schreiben des Pfarramtes Fechenheim (Dok. 11), in dem die Partei darum gebeten wird, eine Vortragsfolge zum Thema „Mutter und Kind" zu genehmigen, zumal nur Texte „religiösen Inhalts" vorgetragen werden würden. Auch wenn man berücksichtigt, daß hier wohl auch eine gewisse freiwillige Anpassungsbereitschaft des betreffenden Pfarrers eine Rolle gespielt hat, so ist es für das geistige Klima des Regimes durchaus bezeichnend, daß selbst die Durchführung von derartigen mehr als harmlosen Veranstaltungen der Partei angezeigt wurden oder sogar angezeigt werden mußten.

Der Auszug aus dem Bericht eines untergeordneten Mitarbeiters des SD (Dok. 12) unterstreicht, mit welcher Intensität der sog. Kirchenkampf von beiden Seiten geführt wurde. Die von der nationalsozialistischen Propaganda groß ‚aufgemachten' Berichte über angebliche oder tatsächliche sittliche Vergehen von Ordensangehörigen, die hier mit dem für den nationalsozialistischen Ungeist typischen Begriff der „Schädlinge" charakterisiert werden, sollen gerade im Kirchenvolk „Verwirrung" gestiftet haben. Dennoch habe die Kirche es verstanden, diesen Angriff abzuwehren. Man versuche sogar, eine gewisse „Kampfstimmung" zu erzeugen, womit der Verfasser dieses Berichts die Intensivierung des religiösen Lebens meinte. Immerhin ist es bemerkenswert, daß man von kirchlicher Seite aus, was übrigens sehr glaubhaft ist, bemüht war, Begriffe und Symbole zu verwenden, die sich die Nationalsozialisten vorbehielten. Dies gilt für seine Beobachtung, wonach Mitglieder katholischer Jugendverbände in der Kirche „unserem Herrn und Führer (!) Jesus Christus und der heiligen katholischen Kirche Treue und Gefolgschaft" schwörten. Dies war keineswegs Anpassung an

Sprache und Mentalität der Nationalsozialisten, sondern ganz im Gegenteil der Versuch, dem pseudoreligiösen Ritual der Nationalsozialisten etwas Gleichwertiges entgegenzusetzen, um den Konkurrenzkampf mit den nationalsozialistischen Jugendverbänden zu gewinnen.

Die Dokumente 13–22 beziehen sich auf die im Text ausführlich beschriebene Einführung der Gemeinschaftsschule in Frankfurt, was eindeutig gegen Geist und Buchstaben des Konkordats sowie weiterer Gesetze verstieß. An diesem Beispiel lassen sich Praxis und Prinzipien der nationalsozialistischen Kirchenpolitik verdeutlichen, wobei hier der wesentliche Anstoß nicht aus Berlin, sondern von den Parteistellen aus dem regionalen Bereich kam. (Derartiges kann man auch im Bereich der nationalsozialistischen Judenverfolgung beobachten.) Der – schließlich erfolgreiche – Vorstoß gegen die katholische Kirche wurde dabei von der Gauleitung und dem Oberbürgermeister gemeinsam durchgeführt, ohne daß es dabei zu Kompetenzkämpfen kam. Obwohl die Nationalsozialisten versuchten, ihren Rechtsbruch mit dem Hinweis auf die ‚Stimme des Volkes' zu rechtfertigen, geht doch aus den Dokumenten hervor, daß von einer wirklich freien Entscheidung der Frankfurter Erziehungsberechtigten für die Abschaffung der Konfessionsschulen nicht die Rede sein konnte. Man mußte – ganz im Gegenteil – Tricks und offene Drohungen verwenden, um das gewünschte Ergebnis, die hundertprozentige Zustimmung zu erreichen.

Die internen Rundschreiben der Partei (Dok. 23 u. 25) verdeutlichen ebenfalls, daß die antikatholischen Kampagnen, insbesondere gegen die Ordensmitglieder von der Partei bis ins Detail intensiv vorbereitet und organisiert waren. Von einer antiklerikalen Volksstimmung, auf die die Partei immer wieder verwies, konnte also nicht die Rede sein.

Der Bericht eines Politischen Leiters einer Ortsgruppe aus dem Jahre 1939 über eine Fronleichnamsprozession (Dok. 24) ist trotz seiner scheinbaren Banalität und Belanglosigkeit ein Hinweis darauf, worum es in diesem sog. Kirchenkampf in Wirklichkeit ging, nämlich um den totalen Anspruch der Staatspartei, alle Bereiche des menschlichen Lebens, einschließlich der Religion zu kontrollieren und zu lenken. Diesem Anspruch konnte und wollte sich die Kirche nicht beugen. Daher ist es, so lächerlich es wirken mag, durchaus bezeichnend, wenn dieser Politische Leiter allen Ernstes verlangt, daß die Kirche bei ihren Prozessionen auf das Mitführen von Kirchenfahnen verzichten solle, weil diese „unseren kampferprobten Sturmfahnen nachgebildet" seien. Tatsächlich war es natürlich genau umgekehrt, denn die Partei war es, die in ihren pseudoreligiösen politischen Riten und Ritualen sich an der Kirche mit ihren Prozessionen, Fahnen, Märtyrern etc. orientiert hatte. Die Imitatoren bestanden also gewissermaßen auf einem angeblichen ‚Urheberrecht'.

Es ist, wie breits erwähnt, notwendig über die nahezu ständigen Angriffe der Partei auf die Kirche zu wissen, um ihr Verhalten zu verstehen, daß gerade bei der sog. Judenfrage mehr als zurückhaltend war. Dies gilt zum Teil auch für die Haltung zur Euthanasie. Bischof Hilfrich zeigte sich längst nicht so mutig und entschlossen wie der Bischof von Münster, Graf Galen. Immerhin hat auch er, allerdings nicht öffentlich, beim Reichsjustizminister gegen die sog. Euthanasie protestiert und ihn gebeten (!), „weitere Verletzungen des fünften Gebotes Gottes verhüten zu wollen" (Dok. 26). Dabei zeigt gerade sein Brief, daß er zusammen mit vielen anderen Bewohnern seiner Diözese sehr genaue Detailkenntnisse über die Verhältnisse in der Tötungsanstalt Hadamar besaß. Um so erstaunlicher ist es, daß die Proteste gegen diesen Massenmord erst so spät und – insgesamt doch – so verhalten kamen.

Das Verhalten der Zeugen Jehovas, das im Text ausführlich beschrieben wurde, wobei auch die Dokumente 27–29 interpretiert wurden, provoziert geradezu die Frage, was geschehen wäre, wenn sich die katholischen und evangelischen Christen eben so unbeirrt und kompromißlos zu ihrem Glauben bekannt hätten und insbesondere die Beachtung des fünften Gebots auch gegenüber Geisteskranken, Juden, Zigeunern, Asozialen etc. gefordert hätten. Derartige Fragen sind natürlich spekulativ; sie weisen jedoch auch auf die Grenzen des sog. Kirchenkampfes hin.

Anhang

Anmerkungen zu Kapitel 1

„Was ist Widerstand? Probleme und Aufgaben der Widerstandsforschung im überregionalen und regionalen Bereich."

[1] Hans Rothfels, Deutsche Opposition gegen Hitler, 2. Aufl. Frankfurt 1969, S. 16.

[2] Peter Hoffmann, Widerstand gegen Hitler. Probleme des Umsturzes, München 1979, S. 19.

[3] Dazu mit weiterführenden Hinweisen: Torsten-Dietrich Schramm, Der deutsche Widerstand gegen den Nationalsozialismus, Berlin 1980, S. 37 ff.

[4] Kurt Schumacher, Reden und Schriften, Berlin 1962, S. 31 f. Das Zitat stammt aus dem Jahre 1945.

[5] Parteiprogramm der SED, hier zitiert nach: Historische Forschungen in der DDR. Analysen und Berichte 1960–1970, ZfG Sonderband, S. 515. Vgl. dazu und zum folgenden: Wolfgang Wippermann, Antifaschismus in der DDR: Wirklichkeit und Ideologie, Berlin 1980 (= Beiträge zum Thema Widerstand 16).

[6] Ger van Roon, Neuordnung im Widerstand. Der Kreisauer Kreis innerhalb der deutschen Widerstandsbewegung, München 1967; Hans Mommsen, Gesellschaftsbild und Verfassungspläne des deutschen Widerstandes, in: Walter Schmitthenner/Hans Buchheim (Hrsg.), Der deutsche Widerstand gegen Hitler. Vier historisch-kritische Studien, Köln – Berlin 1966, S. 73 ff.

[7] Zu dieser nach wie vor noch kontrovers diskutierten Frage vgl.: Gerhard Hirschfeld/Lothar Kettenacker (Hrsg.), Der „Führerstaat": Mythos und Realität. Studien zur Struktur und Politik des Dritten Reiches, Stuttgart 1981; Klaus Hildebrand, Das Dritte Reich, München-Berlin 1979, bes. S. 203 ff.

[8] Klaus-Jürgen Müller, Das Heer und Hitler. Armee und nationalsozialistisches Regime 1933–1940, Stuttgart 1969.

[9] Vgl. etwa: Friedrich Zipfel, Kirchenkampf in Deutschland 1933–1945, Berlin 1965; Kurt Meier, Der evangelische Kirchenkampf, Bd. 1–2, Göttingen 1976; Klaus Scholder, Die Kirchen und das Dritte Reich, Bd. 1, Frankfurt/M. 1977; Dieter Albrecht (Hrsg.), Katholische Kirche im Dritten Reich. Eine Aufsatzsammlung zum Verhältnis von Papsttum, Episkopat und deutschen Katholiken zum Nationalsozialismus 1933–1945, Mainz 1976; Klaus Gotto/Konrad Repgen (Hrsg.), Kirchen, Katholiken und Nationalsozialismus, Mainz 1980.

[10] Kurt Kliem, Der sozialistische Widerstand gegen das Dritte Reich, dargestellt an der Gruppe „Neu Beginnen", Marburg 1957; Hans-Joachim Reichhardt, Neu Beginnen. Ein Beitrag zur Geschichte des Widerstandes gegen den Nationalsozialismus, Berlin 1963; Hanno Drechsler, Die Sozialistische Arbeiterpartei Deutschlands (SAPD), Meisenheim 1965; Werner Link, Die Geschichte des Internationalen Jugendbundes (IJB) und des Internationalen Sozialistischen Kampfbundes (ISK), Marburg 1961; Jörg Bremer, Die Sozialistische Arbeiterpartei Deutschlands SAP. Untergrund und Exil 1933–1945, Frankfurt/M. 1978; Karlheinz Tjaden, Struktur und Funktion der KPD-Opposition (KPO), Meisenheim 1964.

[11] Siegfried Bahne, Die KPD und das Ende von Weimar. Das Scheitern einer Politik 1932–1935, Frankfurt/M. 1976; Horst Duhnke, Die KPD von 1933 bis 1945, Köln 1972;

Arnold Sywottek, Deutsche Volksdemokratie. Studien zur politischen Konzeption der KPD 1935–1946, Düsseldorf 1971; Wolfgang Wippermann, Zur Analyse des Faschismus. Die sozialistischen und kommunistischen Faschismustheorien 1921–1945, Frankfurt/M. – Berlin 1981.

[12] Vgl. bes.: Detlev Peukert, Die KPD im Widerstand. Verfolgung und Untergrundarbeit an Rhein und Ruhr 1933 bis 1945, Wuppertal 1980; Hartmut Mehringer, Die KPD in Bayern 1919–1945. Vorgeschichte, Verfolgung und Widerstand, in: Martin Broszat/Hartmut Mehringer (Hrsg.), Bayern in der NS-Zeit, Bd. V, München-Wien 1983, S. 1–286.

[13] Werner Röder, Die deutschen sozialistischen Exilgruppen in Großbritannien. Ein Beitrag zur Geschichte des Widerstandes gegen den Nationalsozialismus, Hannover 1968; Werner Link (Bearbeiter), Mit dem Gesicht nach Deutschland. Eine Dokumentation über die sozialdemokratische Emigration, Düsseldorf 1968; Friedrich-Ebert-Stiftung (Hrsg.), Widerstand und Exil der deutschen Arbeiterbewegung 1933–1945. Grundlagen und Materialien, Bonn-Bad Godesberg 1982, bes. S. 451 ff.

[14] Timothy W. Mason, Arbeiterklasse und Volksgemeinschaft, Opladen 1975.

[15] Wippermann, Zur Analyse des Faschismus, S. 73 ff.

[16] Vgl. die Zusammenfassung des Forschungsstandes bei: Detlev Peukert, Der deutsche Arbeiterwiderstand gegen das Dritte Reich, Berlin 1981 (= Beiträge zum Thema Widerstand 13), S. 11 ff.

[17] Friedrich Zipfel, Die Bedeutung der Widerstandsforschung für die allgemeine zeitgeschichtliche Forschung, in: Friedrich-Ebert-Stiftung (Hrsg.), Stand und Problematik der Erforschung des Widerstandes gegen den Nationalsozialismus, Bad Godesberg 1965, S. 3.

[18] Ger van Roon, Neuordnung im Widerstand, München 1967, S. 1.

[19] Harald Jaeger/Hermann Rumschöttel, Widerstand und Verfolgung in Bayern 1933–1945. Ein Modell für die Zusammenarbeit von Archivaren und Historikern, in: Archivalische Zeitschrift 73, 1977, S. 208-220, S. 214.

[20] Martin Broszat, Resistenz und Widerstand. Eine Zwischenbilanz des Forschungsprojekts, in: Martin Broszat/Elke Fröhlich/Anton Grassmann (Hrsg.), Bayern in der NS-Zeit, Bd. IV, München-Wien 1981, S. 691-709, bes. S. 693.

[21] Elke Fröhlich, Gegenwärtige Forschungen zur Herrschafts- und Verhaltensgeschichte in der NS-Zeit: Das Projekt „Widerstand und Verfolgung in Bayern 1933–1945" des Instituts für Zeitgeschichte, in: Christoph Kleßmann/Falk Pingel (Hrsg.), Gegner des Nationalsozialismus, Frankfurt/M. 1980, S. 27–34.

[22] A.a.O. S. 31.

[23] Vgl. zur Diskussion dieser Fragen die folgenden Überblicke und Sammelwerke zur Geschichte des Widerstandes: Ger van Roon, Widerstand im Dritten Reich, München 1979; Christoph Kleßmann/Falk Pingel (Hrsg.), Gegner des Nationalsozialismus, Frankfurt 1980; Richard Löwenthal/Patrik von zur Mühlen (Hrsg.), Widerstand und Verweigerung in Deutschland 1933 bis 1945, Bonn 1982.

Anmerkungen zu Kapitel 2
„Aufbau und Wirkungsweise der Institutionen des Terrors in Frankfurt"

[1] Vgl. dazu und zum folgenden: Dieter Rebentisch, Zwei Beiträge zur Vorgeschichte und Machtergreifung des Nationalsozialismus in Frankfurt, in: Eike Hennig (Hrsg.) Hessen unterm Hakenkreuz. Studien zur Durchsetzung der NSDAP in Hessen, Frankfurt/M. 1983, S. 279–297; Barbara Mausbach-Bromberger, Arbeiterwiderstand in Frankfurt am Main. Gegen den Faschismus 1933–1945, Frankfurt/M. 1976, bes. S. 37ff.

[2] Vgl. das Schreiben des beauftragten Oberbürgermeisters vom 28. 3. 1933, in: Stadtarchiv Frankfurt Mag.-Akte 1100/203.

[3] Nach: Heimatgeschichtlicher Wegweiser zu Stätten des Widerstandes und der Verfolgung 1933–1945, Bd. 1, Hessen, Köln 1984, S. 24.

[4] A.a.O. S. 23.

[5] Frankfurter Nachrichten vom 14. 4. 1933, nach: Mausbach-Bromberger, Arbeiterwiderstand, S. 43. Zum KZ Osthofen vgl.: Paul Grünewald, KZ Osthofen. Materialien zur Geschichte eines fast vergessenen Konzentrationslagers, Frankfurt/M. 1979.

[6] Vgl. zum folgenden: Friedrich Zipfel, Gestapo und Sicherheitsdienst, Berlin 1960; Günter Plum, Staatspolizei und innere Verwaltung 1934–1936, in: Vierteljahreshefte für Zeitgeschichte 15, 1965, S. 224 – Shlomo Aronson, Heydrich und die Anfänge des SD und der Gestapo (1931–1935), Berlin 1967; Heinz Höhne, Der Orden unter dem Totenkopf. Die Geschichte der SS, Frankfurt/M. 1969; Jacques Delarue, Geschichte der Gestapo, Düsseldorf 1964; Hans Buchheim u. a., Anatomie des SS-Staates, Bd. 1–2, Olten 1965.

[7] Vgl. dazu: Mausbach-Bromberger, Arbeiterwiderstand, S. 43f.

[8] Ebenda. Die Zahlenangaben treffen für die Kriegszeit zu. Vgl. dazu auch: Armin Schmidt, Frankfurt im Feuersturm, Frankfurt 1965, S. 114.

[9] Schreiben der Baupolizei vom 13. 8. 1938 an den Oberbürgermeister, in: Stadtarchiv Frankfurt Mag.-Akte 2021, Bd. 1.

[10] Erinnerungsbericht Max Hermann Maiers, in: Kommission zur Erforschung der Geschichte der Frankfurter Juden (Hrsg.), Dokumente zur Geschichte der Frankfurter Juden 1933–1945, Frankfurt 1963, S. 382–398, S. 387.

[11] Mausbach-Bromberger, Arbeiterwiderstand, S. 44. Vgl. zur konkreten Arbeit der Gestapo auch Peukert, Die KPD im Widerstand, 117ff. Peukert weist an Beispielen aus dem Ruhrgebiet darauf hin, daß die Tätigkeit der Gestapo auch durch Kompetenzstreitigkeiten und bürokratische Überorganisation gekennzeichnet war. Diese Beobachtung trifft offensichtlich auch auf die Situation in Frankfurt zu. Allerdings haben sich diese Kompetenzkonflikte insgesamt nicht sehr hemmend auf die ‚Arbeit' der Gestapo ausgewirkt.

[12] Vgl. dazu die in Anm. 6 genannte Literatur, bes. Aronson, Zipfel, Höhne, Buchheim u. a.

[13] Vgl. dazu das Verhörprotokoll des Außenstellenleiters des SD Frankfurt Wilhelm P. vom 21. 6. 1949, in: Hauptstaatsarchiv Wiesbaden 483, Nr. 627–628.

[14] Ein Beispiel ist das Schreiben des SD-Oberabschnitts Rhein/Unterabschnitt Kassel vom 26. 7. 1937 an den SS-Sturmbannführer P. in Frankfurt, in: Hauptstaatsarchiv Wiesbaden 483, Nr. 627–628.

[15] Vgl. den „Lagebericht und Stand der Organisation" des SD-Mitarbeiters 33322 vom 14. 6. 1936, in: Hauptstaatsarchiv Wiesbaden 483, Nr. 627–628.

[16] Gemeint ist vor allen Dingen die Praxis der KPD, auch unter den Bedingungen der Illegalität ihre Mitglieder abzukassieren. Vgl. dazu unten S. 37ff.

[17] Denunziation eines „Anhängers Hitlers" vom 10. 2. 1933, in: Hauptstaatsarchiv Wiesbaden 483, Nr. 729.
Allgemein zum Problem der Denunziation und ihrer Auswertung durch die Verfolgungsorgane des Dritten Reiches: Martin Broszat, Politische Denunziationen in der NS-Zeit, in: Archivalische Zeitschrift 1977, S. 221 ff.; Reinhard Mann, Politische Penetration und gesellschaftliche Reaktion – Anzeigen zur Gestapo im nationalsozialistischen Deutschland, in: Rainer Mackensen/Felizitas Sagebiel (Hrsg.), Soziologische Analysen, Berlin 1979, S. 965–985; Dieter Rebentisch, Die „politische Beurteilung" als Herrschaftsinstrument der NSDAP, in: Detlev Peukert/Jürgen Reulecke (Hrsg.), Die Reihen fast geschlossen. Beiträge zur Geschichte des Alltags unterm Nationalsozialismus, Wuppertal 1981, S. 107–128.

[18] Beispiele dafür in Stadtarchiv Frankfurt Mag.-Akte 1111/10 u. 1100/202.

[19] Schreiben des Stadtgesundheitsamtes vom 8. 4. 1933 an den Magistrats-Personaldezernenten, betr. „Beurlaubung von Ärzten städtischer Krankenanstalten", in: Stadtarchiv Frankfurt Mag.-Akte 1100/203.

[20] Schreiben des Oberbürgermeister vom 13. 8. 1934 an den Regierungspräsidenten, betr. „Durchführung des Gesetzes zur Wiederherstellung des Berufsbeamtentums", in: Stadtarchiv Frankfurt Mag.-Akte 1100/202. Bd. 1.

[21] Schreiben des Ortsgruppenleiters der Ortsgruppe Ginnheim der NSDAP an die Kreisleitung vom 16. 3. 1933, in: Stadtarchiv Frankfurt Mag.-Akte 1111/10.

[22] Vgl. dazu Rebentisch, Die „politische Beurteilung". Zahlreiche Beispiele in Mag.-Akten des Stadtarchivs Frankfurt und im NS-Mischbestand (483) des Hauptstaatsarchivs Wiesbaden.

[23] Denunziation von Frau Helene K. durch Fritz R. vom 31. 8. 1933, in: Hauptstaatsarchiv Wiesbaden 483, Nr. 1180.

[24] Schreiben eines Blockwartes an die Ortsgruppe Günthersburg der NSDAP vom 10. 6. 1933, betr. „Kommunistische Jugendtreffen", in: Hauptstaatsarchiv Wiesbaden 483, Nr. 1186.

[25] Meldungen der Ortsgruppe Günthersburg der NSDAP vom August 1933, in: Hauptstaatsarchiv Wiesbaden 483, Nr. 1180.

[26] Zahlreiche Beispiele dafür in den Magistrats-Akten im Stadtarchiv Frankfurt und im NS-Mischbestand des Hauptstaatsarchivs Wiesbaden.

[27] Ein Beweis dafür ist ein Schreiben des Personaldezernenten in Schweinfurt an den Stadtrat in Frankfurt vom 15. 5. 1933, der einen von der Postkontrolle aufgefangenen Privatbrief einer jüdischen Bürgerin Frankfurts enthält, in: Stadtarchiv Frankfurt Mag.-Akte 1100/202.

[28] Allgemein zur Rolle der Justiz im Dritten Reich: Albrecht Wagner, Die Umgestaltung der Gerichtsverfassung und des Verfahrens- und Richterrechts im nationalsozialistischen Staat, Stuttgart 1968; Ilse Staff, Justiz im Dritten Reich, Frankfurt 1978; Walter Wagner, Der Volksgerichtshof im NS-Staat, Stuttgart 1974.

[29] Nach Mausbach-Bromberger, Arbeiterwiderstand, S. 45.

[30] Urteil des II. Strafsenats des Oberlandesgerichts in Kassel vom 1./2. 3. 1934 gegen Robert Birk u. weitere 26 Angeklagte, in: Stadtarchiv Frankfurt Nachlässe S 1/98, Nr. 7.

[31] Urteil des Strafsenats des Oberlandesgerichts Kassel vom 10. 8. 1934 gegen Karl Fehler u. weitere 7 Angeklagte, in: Stadtarchiv Frankfurt Nachlässe S. 1/98, Nr. 10.

[32] Anklageschrift des Generalstaatsanwalts Kassel vom 29. 1. 1935 gegen Hermann Decker u. a., in: Stadtarchiv Frankfurt Nachlässe S 1/98, Nr. 16.

[33] Ebenda.

[34] Urteil des 5. Strafsenats des Reichsgerichts vom 29. 11. 1933 gegen Albert Nachtrab, in: Studienkreis Dokumentationsarchiv AN 2515. Die Vorgänge – Verteilung eines Flugblatts „Polizeibeamte vergeßt nicht..." – hatten bereits Ende 1932 stattgefunden.

[35] Charakterisierung von Walter Gulbinat in Urteil des Strafsenats des Oberlandesgerichts in Kassel vom 10. 8. 1934 gegen Karl Fehler u. a. in: Stadtarchiv Frankfurt Nachlässe S. 1/98, Nr. 10.

[36] Urteil des Strafsenats des Oberlandesgerichts Kassel vom 12. 7. 1935 gegen Franz und Maria Heesen, in: Stadtarchiv Frankfurt Nachlässe S. 1/98, Nr. 19. In der Anklageschrift des Generalstaatsanwalts Kassel vom 4. 4. 1935 und im Urteil des Strafsenats des Oberlandesgerichts Kassel vom 17. 5. 1935 gegen Peter Schröder u. a. wird einer der Angeklagten mit der folgenden Begründung verurteilt: „Auch der Eindruck, den er [= der Angeklagte] auf den Senat machte, nämlich der eines geistig und körperlich minderwertigen Menschen, ließ es angezeigt erscheinen, die Strafe nicht gering zu bemessen."

[37] Kasseler Neueste Nachrichten vom 1. 12. 1933, zit. nach: Mausbach-Bromberger, Arbeiterwiderstand, S. 45.

[38] Aus Urteilsbegründung des Urteils des II. Strafsenats des Oberlandesgerichts Kassel vom 2. 3. 1934 gegen Robert Birk u. a., in: Stadtarchiv Frankfurt Nachlässe S. 1/98 Nr. 7.

[39] Zum folgenden die in Anm. 28 genannte Literatur sowie: Peter Hüttenberger, Heimtückefälle vor dem Sondergericht München 1933–1939, in: Martin Broszat u. a. (Hrsg.), Bayern in der NS-Zeit, Bd. IV, München-Wien 1981, S. 435-526, bes. S. 436 ff.

[40] Nach Mausbach-Bromberger, Arbeiterwiderstand, S. 43.

[41] Zum folgenden Hüttenberger, Heimtückefälle, S. 436 ff.

[42] Roland Freisler, Das neue Strafrecht als nationalsozialistisches Bekenntnis, in: Franz Gürtner/Roland Freisler, Das neue Strafrecht, Berlin 1936, S. 98 f; hier zit. nach Hüttenberger, Heimtückefälle, S. 442.

[43] Hüttenberger, Heimtückefälle, S. 443 ff.

[44] Akten des Sondergerichts Frankfurt in: Hauptstaatsarchiv Wiesbaden.

[45] Allgemein zu diesen sog. Arbeitserziehungslagern: Helmut Auerbach, Arbeitserziehungslager 1940–1944, in: Gutachten des Instituts für Zeitgeschichte, Bd. 2, München 1966, S. 196–201; Wolfgang Franz Werner, Die Arbeitserziehungslager als Mittel nationalsozialistischer „Sozialpolitik", gegen deutsche Arbeiter, in: Wacław Długoborski (Hrsg.), Zweiter Weltkrieg und sozialer Wandel, Göttingen 1981, S. 138–150. Eins dieser Arbeitserziehungslager, die der Gestapo unterstanden, befand sich in Frankfurt-Heddernheim (zwischen Zeilweg und Oberschelder Weg). Vgl.: Heimatgeschichtlicher Wegweiser, S. 27 und Schmidt, Frankfurt im Feuersturm, S. 114.

[46] Zum folgenden: Wagner, Der Volksgerichtshof im NS-Staat. Der Volksgerichtshof hat auch mehrmals in Frankfurt getagt. Vgl. das Urteil des 2. Senats des Volksgerichtshofs vom 28. 1. 1937 gegen Paul Apel u. a., in: Stadtarchiv Frankfurt Nachlässe S. 1/98, Nr. 1.

[47] Vgl. zum folgenden: Urteil des Strafsenats des Oberlandesgerichts in Kassel vom 18. 11. 1942 gegen Albrecht Ege u. a., in: Studienkreis Dokumentationsarchiv AN 2587. Vgl. dazu auch unten S. 56 ff.

Anmerkungen zu Kapitel 3

„Der Widerstand der Arbeiterbewegung 1933–1935"

[1] Nach: Rebentisch, Zwei Beiträge, S. 286. Die folgenden Angaben a.a.O. S. 289.

[2] Zum folgenden mit weiterführenden Literaturangaben: Wippermann, Zur Analyse, S. 73 ff.

[3] A.a.O. S. 27 ff.

[4] Nach Rebentisch, Zwei Beiträge, S. 293.

[5] Nach Mausbach-Bromberger, Arbeiterwiderstand, S. 58.

[6] Ebenda.

[7] Zum folgenden neben Mausbach-Bromberger, Arbeiterwiderstand, auch: Detlef Hoffmann/Doris Pokorny/Albrecht Werner, Arbeiterjugendbewegung in Frankfurt 1904–1945. Material zu einer verschütteten Kulturgeschichte, Gießen 1978, bes. 95 ff; Axel Ulrich (Bearbeiter), Hessische Gewerkschafter im Widerstand 1933–1945, Gießen 1983. Zur Korrektur und Ergänzung sind die allgemeinen und regionalen Darstellungen des Widerstandskampfes der KPD heranzuziehen: Bahne, Die KPD; Duhnke, Die KPD von 1933 bis 1945; Peukert, Die KPD im Widerstand; Mehringer, Die KPD in Bayern.

[8] Aus der illegalen Propagandaschrift der KPD „Informationsdienst", Ausschnitt im Urteil des Oberlandesgerichts Kassel vom 17. 8. 1933 gegen Karl Knorzer, in: Stadtarchiv Frankfurt Nachlässe S 1/98, Nr. 5.

[9] Ausschnitt aus der illegalen Flugschrift der KPD „Kampf-Mai 1933", im Urteil des Oberlandesgerichts Kassel vom 17. 8. 1933 gegen Fritz Handwerk, in: Stadtarchiv Frankfurt Nachlässe S 1/98 Nr. 4.

[10] Zum Aufbau der illegalen KPD: Mausbach-Bromberger, Arbeiterwiderstand, S. 49 ff. Ergänzend und in gewisser Weise auch korrigierend: Peukert, Die KPD im Widerstand, S. 43 ff.

[11] Interessante Hinweise auf die konkrete Widerstandsarbeit der KPD in Frankfurt in einigen Anklageschriften und Urteilsbegründungen. Vgl. u. a.: Urteil des Strafsenats des Oberlandesgerichts in Kassel vom 10. 8. 1934 gegen Karl Fehler u. a., in: Stadtarchiv Frankfurt Nachlässe S 1/98 Nr. 10; Anklageschrift des Generalstaatsanwalts Kassel vom 22. 7. 1935 gegen Georg Glaab u. a., in: Stadtarchiv Frankfurt Nachlässe S 1/98 Nr. 21; Urteil des Oberlandesgerichts Kassel vom 1. 12. 1935 gegen Charlotte Fleckenstein u. a., in: Dokumentationsarchiv des deutschen Widerstandes (Frankfurt) AN 940; Anklageschrift des Generalstaatsanwalts in Kassel vom 16. 11. 1934 gegen Sofie Steigerwald u. a., in: Stadtarchiv Frankfurt Nachlässe S 1/98 Nr. 14; Anklageschrift des Generalstaatsanwalts in Kassel vom 29. 1. 1935 gegen Hermann Decker u. a., in: Stadtarchiv Frankfurt Nachlässe S 1/98 Nr. 16; Urteil des Strafsenats des Oberlandesgerichts Kassel vom 12. 7. 1935 gegen Franz und Maria Heesen, in: Stadtarchiv Frankfurt Nachlässe S 1/98 Nr. 19; Urteil des Oberlandesgerichts Kassel vom 10. 10. 1935 gegen Ernst Ringel u. a., in: Stadtarchiv Frankfurt Nachlässe S 1/98 Nr. 20; Urteil des Ferienstrafsenats des Oberlandesgerichts Kassel vom 19. 8. 1933 gegen Gustav Nespithal u. a., in: Stadtarchiv Frankfurt Nachlässe S 1/98 Nr. 3; Urteil des Strafsenats des Oberlandesgerichts Kassel vom 15. 12. 1934 gegen Hermann Fischer u. a., in: Stadtarchiv Frankfurt Nachlässe S 1/98 Nr. 11; Urteil des 2. Strafsenats des Oberlandesgerichts Kassel vom 19. 1. 1934 gegen Willi Haas u. a., in: Stadtarchiv Frankfurt Nachlässe S 1/98 Nr. 6; Urteil des Strafsenats des Oberlandesgerichts Kassel vom 4. 5. 1934 gegen Georg Nebel u. a., in: Stadtarchiv Frankfurt Nachlässe S 1/98 Nr. 8; Urteil des II. Strafsenats des Oberlandesgerichts Kassel vom 2. 3. 1934 gegen Robert Birk u. a., in: Stadtarchiv Frankfurt

Nachlässe S. 1/98 Nr. 7; Anklageschrift des Generalstaatsanwalts in Kassel vom 4. 4. 1935 gegen Peter Schroder u. a., in: Stadtarchiv Frankfurt Nachlässe S 1/98 Nr. 18.

[12] Mausbach-Bromberger, Arbeiterwiderstand, S. 93. 1932 umfaßte der Bezirk der KPD Frankfurt-Hessen 22.000 Mitglieder (a.a.O. S. 20).

[13] A.a.O. S. 52 ff.

[14] A.a.O. S. 57.

[15] Anklageschrift des Generalstaatsanwalts in Kassel vom 29. 1. 1935 gegen Hermann Decker u. a., in: Stadtarchiv Frankfurt Nachlässe S 1/98 Nr. 16. Im Urteil des Ferienstrafsenats Kassel vom 17. 8. 1933 gegen Fritz Handwerk u. a. (a.a.O. S 1/98 Nr. 4) heißt es, daß die KPD die Errichtung eines „Arbeiter- und Bauernstaates nach russischem Muster" anstrebe. Als ein „Mittel dazu" dient ihr u. a. die Aufhetzung der Volksgenossen gegen die Regierung und die Bildung einer revolutionären Einheitsfront der Arbeiterklasse, um durch Massenstreiks, bewaffnete Aufstände usw. den Staat zum Einsatz seiner Machtmittel zu zwingen. In dem entstehenden Kampf glaubt die KPD, Sieger zu bleiben und ihr Ziel, die Errichtung der Diktatur des Proletariats zu erreichen..."

[16] Anklageschrift gegen Hermann Decker u. a. a.a.O.

[17] Mausbach-Bromberger, Arbeiterwiderstand, S. 121 ff bestreitet dies. Sie gibt aber selber an (a.a.O. S. 97), daß die Gestapo 1936 noch einmal 296 Mitglieder der illegalen KPD verhaften konnte. Damit war das 1934 noch etwa 1000 Personen umfassende Reservoir der Partei zerschlagen.

[18] Urteil des Strafsenats des Oberlandesgerichts Kassel vom 10. 9. 1934 gegen Karl Fehler u. a., in: Stadtarchiv Frankfurt Nachlässe S 1/98, Nr. 10.

[19] Treffende Schilderungen dieser Siegeszuversicht und Lagermentalität in der illegalen KPD bis 1935 bei: Peukert, Die KPD im Widerstand, S. 145 ff.

[20] Allgemein zum Verhalten der SPD mit Hinweisen auf weiterführende Literatur: Wippermann, Zur Analyse des Faschismus, S. 37 ff.

[21] Mausbach-Bromberger, Arbeiterwiderstand, S. 66.

[22] A.a.O. S. 64.

[23] A.a.O. S. 66.

[24] A.a.O. S. 67.

[25] Aufruf der Sopade „Zerbrecht die Ketten" vom 18. 6. 1933, abgedruckt in: Bärbel Hebel-Kunze, SPD und Faschismus. Zur politischen und organisatorischen Entwicklung der SPD 1933–1935, Frankfurt/M. 1977, S. 231–235.

[26] Mausbach-Bromberger, Arbeiterwiderstand, S. 67 f.

[27] Ebenda.

[28] Ebenda.

[29] Ebenda u. Urteil des 2. Senats des Volksgerichtshofs vom 28. 1. 1937 gegen Paul Apel u. a., in: Stadtarchiv Frankfurt Nachlässe S 1/98 Nr. 1.

[30] Zur KPO allgemein: Karlheinz Tjaden, Struktur und Funktion der KPD-Opposition (KPO), Meisenheim 1964; Theodor Bergmann, 50 Jahre KPD (Opposition) 30. 12. 1928–30. 12. 1978. Der Beitrag der KPO zur marxistischen Theorie und zur Geschichte der deutschen Arbeiterbewegung, Hannover 1978.

[31] Mausbach-Bromberger, Arbeiterwiderstand, S. 69 f.; ergänzend: Hessische Gewerkschafter im Widerstand, S. 214–217.

[32] Allgemein zur SAP: Hanno Drechsler, Die Sozialistische Arbeiterpartei Deutschlands (SAPD), Meisenheim 1965; Jörg Bremer, Die Sozialistische Arbeiterpartei Deutschlands SAP. Untergrund und Exil 1933–1945, Frankfurt/M. 1978.

[33] Mausbach-Bromberger, Arbeiterwiderstand, S. 71 f u. 109 f.; ferner: Bericht von Fritz Schmidt, in: Hessische Gewerkschafter im Widerstand, S. 192–196.

³⁴ Vgl. dazu die Anklageschrift des Generalstaatsanwalts Kassel vom 10.7.1936, in: Stadtarchiv Frankfurt Nachlässe S 1/98 Nr. 24.

³⁵ Allgemein zum ISK: Werner Link, Die Geschichte des Internationalen Jugendbundes (IJB) und des Internationalen Sozialistischen Kampfbundes (ISK), Marburg 1961. Sehr instruktiv ist der Erinnerungsbericht von: Fritz Eberhard, Arbeit gegen das Dritte Reich, Berlin 1980 (= Beiträge zum Thema Widerstand 10).

³⁶ Mausbach-Bromberger, Arbeiterwiderstand, S. 110f.; und Bericht von Anna Beyer, in: Hessische Gewerkschafter im Widerstand, S. 202-205.

³⁷ Zitat aus dem sog. Frankfurter Einheitsfrontabkommen, in: Mausbach-Bromberger, Arbeiterwiderstand, S. 88-90. Der Aufruf erschien in der kommunistischen „Arbeiterzeitung" in Frankfurt am 8. September und in der „Roten Fahne" Ende September 1934.

³⁸ A.a.O. S. 89.

³⁹ A.a.O. S. 91.

⁴⁰ Prager Manifest der Sopade – Kampf und Ziel des revolutionären Sozialismus, 28.1.1934, abgedruckt in: Werner Link (Bearbeiter), Mit dem Gesicht nach Deutschland. Eine Dokumentation über die sozialdemokratische Emigration, Düsseldorf 1968, S. 215–225. Zur Interpretation vgl.: Wippermann, Zur Analyse des Faschismus, S. 40f.

⁴¹ Vgl. Wippermann, Zur Analyse des Faschismus, S. 89ff.

⁴² Vgl. zum folgenden das Urteil des Volksgerichtshofs gegen Paul Apel u.a., in: Stadtarchiv Frankfurter Nachlässe S 1/98 Nr. 1.

⁴³ Ebenda.

⁴⁴ Mausbach-Bromberger, Arbeiterwiderstand, S. 88.

⁴⁵ Zur ZdA-Gruppe: Mausbach-Bromberger, Arbeiterwiderstand, S. 92f; Hessische Gewerkschafter im Widerstand, S. 52-70. Besonders wichtig sind der Bericht Paul Grünewalds (S. 54–59) und die hier abgedruckte Anklageschrift des Generalstaatsanwalts Kassel vom 16.11.1934 gegen Paul Grünewald u. a. (S. 65–69).

⁴⁶ Zitate stammen aus der Anklagechrift des Generalstaatsanwalts Kassel, in: Hessische Gewerkschafter im Widerstand, S. 65–69.

⁴⁷ Mausbach-Bromberger, Arbeiterwiderstand, S. 87; Hessische Gewerkschafter im Widerstand, S. 76-79. Das im folgenden erwähnte „Befreiungsprogramm für die Belegschaft der I.G. Farben Hoechst", das hier (S. 80f) abgedruckt ist, widerlegt klar und eindeutig die Behauptungen von Mausbach-Bromberger und den Verfassern des Abschnitts „Einheitsfront in Höchst und Kelsterbach" in: Hessische Gewerkschafter im Widerstand, S. 76–79. Weitere Nachweise erübrigen sich. Gleichwohl kann ich mein Befremden darüber nicht verbergen, daß in einer auch vom DGB-Bildungswerk Hessen herausgegebenen Publikation die RGO (= Rote, bzw. Revolutionäre Gewerkschaftsopposition) gleichrangig und gleichwertig wie der ADGB als Gewerkschaft bezeichnet wird. Tatsächlich war die RGO zunächst und vor allem eine kommunistische Kampforganisation gegen den „sozialfaschistischen" ADGB.

Anmerkungen zu Kapitel 4

„Widerstand aus Arbeiterbewegung und Arbeiterschaft 1935–1945"

[1] Protokoll des VII. Weltkongresses der Kommunistischen Internationale (ungekürzte Ausgabe), Bd. 1–2, Erlangen 1974. Zur Interpretation: Wippermann, Zur Analyse des Faschismus, S. 89 ff.

[2] Die Brüsseler Konferenz der KPD (3.–15. Oktober 1935), hrsg. u. eingeleitet von Klaus Mammach, Berlin (Ost) 1975.

[3] Zum folgenden bes. Wippermann, Zur Analyse des Faschismus, S. 89 ff.

[4] Dies wird von Mausbach-Bromberger, Arbeiterwiderstand, und der kommunistischen Forschung überhaupt bestritten. Zum folgenden bes. Peukert, Die KPD im Widerstand; Mehringer, Die KPD in Bayern; zusammenfassend: Detlev Peukert, Der deutsche Arbeiterwiderstand gegen das Dritte Reich, Berlin 198 (=Beiträge zum Thema Widerstand 13).

[5] Mausbach-Bromberger, Arbeiterwiderstand, S. 97.

[6] Zum Streik bei Opel, der in verschiedenen Werken zur Geschichte des deutschen Widerstandes überhaupt erwähnt wird: Magistrat der Stadt Rüsselsheim, Museum (Hrsg.), Dokumente der NS-Zeit, Rüsselsheim 1979, S. 21; Mausbach-Bromberger, Arbeiterwiderstand, S. 108; Hessische Gewerkschafter im Widerstand, S. 156–166.

[7] Bericht über eine Abteilungsleiterbesprechung der Gestapo in Berlin am 16. 1. 1937 über den Streik bei Opel, in: Archiv des deutschen Widerstandes (Frankfurt) AN 2313.

[8] Anklageschrift des Generalstaatsanwaltes in Kassel vom 15. 11. 1940 gegen Ludwig Bernhardt u. a., in: Stadtarchiv Frankfurt Nachlässe S 1/98 Nr. 33.

[9] Zu Hans Jahn und zum gewerkschaftlichen Widerstand in Deutschland: Helmut Esters/Hans Pelger, Gewerkschafter im Widerstand, Hannover 1967; Gerhard Beier, Die illegale Reichsleitung der Gewerkschaften 1933–1945, Köln 1981; ders., Gewerkschafter im Widerstand, in: Löwenthal/v. zur Mühlen (Hrsg.), Widerstand und Verweigerung, S. 25–50. Vgl. zum gewerkschaftlichen Widerstand und zu Wilhelm Leuschner auch die Angaben unten, bes. die Literaturhinweise in den Anm.

[10] Zur „Funken"-Gruppe in Frankfurt: Mausbach-Bromberger, Arbeiterwiderstand, S. 80 f. Hessische Gewerkschafter im Widerstand, S. 83–98 u. 104–109.

[11] Mausbach-Bromberger, Arbeiterwiderstand, S. 192. Zum folgenden das Urteil des Strafsenats des Oberlandesgerichts Kassel gegen Albrecht Ege u. a., in: Archiv des deutschen Widerstandes AN 2587.

[12] Bericht von Wilhelm Schuster, in: Mausbach-Bromberger, Arbeiterwiderstand, S. 188.

[13] Mausbach-Bromberger, Arbeiterwiderstand, S. 188.

[14] Dieter Rebentisch/Angelika Raab, Neu-Isenburg zwischen Anpassung und Widerstand. Dokumente über Lebensbedingungen und politisches Verhalten 1933–1945, Neu-Isenburg 1978, S. 228 – berichten, daß eine Neu-Isenburger sozialdemokratische Widerstandsgruppe Kontakte zu ähnlichen Gruppen „in Frankfurt, wo es Männer gab, die von den Vorbereitungen zum 20. Juli 1944 wußten", gehabt habe. Konkrete Namen werden jedoch nicht genannt.

[15] Emil Henk, Die Tragödie des 20. Juli 1944. Ein Beitrag zur politischen Vorgeschichte, Heidelberg 2. Aufl. 1946. Zum folgenden bes. S. 49 f.

[16] Dazu: Gerhard Beier, Willi Richter. Ein Leben für die soziale Neuordnung, Köln 1978; über Zusammenkünfte mit Leuschner S. 139; über das, wie sich Richter ausdrückte, „Funktionärsgerippe für den Neuaufbau von Gewerkschaften", S. 588.

¹⁷ Gerhard Beier, Gewerkschafter im Widerstand, in: Löwenthal/von zur Mühlen (Hrsg.), Widerstand und Verweigerung, S. 49. Ähnlich: ders., Die illegale Reichsleitung der Gewerkschaften 1933–1945, Köln 1981. Abgewogene und m. E. begründete Kritik dieser These auch in: Hessische Gewerkschafter im Widerstand, S. 115-122.

Anmerkungen zu Kapitel 5
„Der Kirchenkampf in Frankfurt"

¹ Erklärung der Pfarrschaft der Frankfurter Landeskirche zur gegenwärtigen Lage in Frankfurt/Main vom 26. 2. 1933, in: Dokumentation zum Kirchenkampf in Hessen und Nassau, Bd. 1, Darmstadt 1974, S. 370.
² Aufruf von Pfarrer Probst/Oberrad der Zeitschrift (der Deutschen Christen) „Fanfare", in: Dokumentation, S. 373.
³ Vgl. dazu vor allem: Klaus Scholder, Die Kirchen und das Dritte Reich, Bd. 1, Frankfurt/M. 1977; Friedrich Zipfel, Kirchenkampf in Deutschland 1933–1945, Berlin 1965.
⁴ Zitiert nach Scholder, Die Kirchen und das Dritte Reich, S. 364.
⁵ Dazu vor allem Scholder, Die Kirchen und das Dritte Reich.
⁶ Zitiert nach: Dokumentation zum Kirchenkampf, S. 375 f.
⁷ Ausführlich dazu: Scholder, Die Kirchen und das Dritte Reich, S. 458 ff.
⁸ Dokumentation zum Kirchenkampf, S. 378 f.
⁹ Pfarrer Fricke aus Frankfurt in der (deutschchristlichen) Zeitschrift „Fanfare" vom 5.6. 1933, in: Dokumentation zum Kirchenkampf, S. 384 f. Zum folgenden vgl. den Artikel „Die Lage der Frankfurter Landeskirche" im Wiesbadener Tageblatt vom 23. 3. 1933, in: a.a.O. S. 385.
¹⁰ Erklärung in: Dokumentation zum Kirchenkampf, S. 386.
¹¹ Dokumentation zum Kirchenkampf, S. 390. Allgemein: Scholder, Die Kirchen und das Dritte Reich, S. 470 ff.
¹² Vgl. hierzu und zum folgenden: Wilhelm Lueken, Kampf, Behauptung und Gestalt der Evangelischen Landeskirche Nassau-Hessen, Göttingen 1963, S. 18 ff, Zitat Jägers S. 24.
¹⁴ Allgemein: Scholder, Die Kirchen und das Dritte Reich; Zur Situation in Nassau-Hessen: Lueken, Kampf und Behauptung, S. 35 ff.
¹⁵ Verpflichtungserklärung des Pfarrernotbundes vom 21. 9. 1933, hier zitiert nach: Georg Denzler/Volker Fabricius (Hrsg.), Die Kirchen im Dritten Reich. Christen und Nazis Hand in Hand? Bd. 2, Frankfurt 1984, S. 83.
¹⁶ Zitiert nach Scholder, Die Kirchen und das Dritte Reich, S. 701 ff. Text der Entschließung der Versammlung, in: Denzler/Fabricius (Hrsg.), Die Kirchen im Dritten Reich, S. 88 f.
¹⁷ In: Dokumentation zum Kirchenkampf, S. 410 f.
¹⁸ A.a.O. S. 409.
¹⁹ Telegramm der Frankfurter Pfarrer Fricke, Veidt, Wallau vom 12. 12. 1933 an Reichsbischof Müller, in: Dokumentation zum Kirchenkampf, S. 419.
²⁰ Theologische Erklärung der Bekenntnissynode von Barmen, zit. nach: Denzler/Fabricius (Hrsg.), Die Kirchen im Dritten Reich, S. 89-92.
²¹ Lueken, Kampf, Behauptung, S. 42. Das folgende a.a.O. S. 45.
²² Aufruf und Anordnung des Landesbischofs vom 4. 7. 1934, abgedruckt in: Lueken, Kampf, Behauptung, S. 185.

[23] Offener Brief des Landesbruderrats der Evangelischen Bekenntnisgemeinschaft für Nassau-Hessen an den Landesbischof vom 6.11.1934, abgedruckt in: a.a.O. S. 186–188.
[24] A.a.O. S. 45.
[25] A.a.O. S. 51.
[26] A.a.O. S. 50f. Zum folgenden a.a.O. S. 55.
[27] Zum folgenden bes. Zipfel, Kirchenkampf in Deutschland.
[28] Lueken, Kampf, Behauptung, S. 61.
[29] Erklärung der Vorläufigen Leitung der Deutschen Evangelischen Kirche an den Führer und Reichskanzler vom Frühjahr 1936, in: Denzler/Fabricius (Hrsg.), Die Kirchen im Dritten Reich, S. 99-104. Vgl. auch Lueken, Kampf, Behauptung, S. 64.
[30] Lueken, Kampf, Behauptung, S. 76. Text in: Klaus Drobisch/Gerhard Fischer (Hrsg.), Ihr Gewissen gebot es. Christen im Widerstand gegen den Hitlerfaschismus, Berlin (Ost), S. 146-149.
[31] Vgl. dazu: Lueken, Kampf, Behauptung, S. 77ff. Text in: a.a.O. S. 189–192.
[32] A.a.O. S. 84. Das folgende a.a.O. S. 85.
[33] Text in: Denzler/Fabricius (Hrsg.), Die Kirchen im Dritten Reich, S. 183–188.
[34] Zum folgenden bes. Scholder, Die Kirchen und das Dritte Reich.
[35] Abgedruckt in: Klaus Gotto/Konrad Repgen (Hrsg.): Kirche, Katholiken und Nationalsozialismus, Mainz 1980, S. 128f.
[36] Klaus Schatz, Geschichte des Bistums Limburg, Mainz 1983, S. 261.
[37] Ebenda.
[38] In: „Rhein-Mainische Volkszeitung" vom 4.4.1933. Abgedruckt auch in: Drobisch/Fischer (Hrsg.), Ihr Gewissen gebot es, S. 124.
[39] Schreiben Eckerts an Bischof Hilfrich vom 30.7.1933, auszugsweise abgedruckt in: Schatz, Bistum Limburg, S. 261.
[40] A.a.O. S. 419. Die Partei gab sich dabei als die Angegriffene aus. Vgl. das Schreiben des Kreispropagandaleiters der NSDAP Kreis Groß-Frankfurt vom 12.4.1934 an alle Ortsgruppenleiter des Kreises, in: Hauptstaatsarchiv Wiesbaden 483 Nr. 1638. Hier heißt es, daß „verschiedentlich... eine verstärkte Opposition von Seiten der katholischen Geistlichkeit unter dem Deckmantel der Kirche gegen die nationalsozialistischen Jugendorganisationen, d.h. also gegen die H.J., B.d.M., Jungvolk bemerkt worden" sei.
[41] Dazu: Schatz, Bistum Limburg, S. 268.
[42] A.a.O. S. 415ff.
[43] A.a.O. S. 421.
[44] A.a.O. S. 422.
[45] Schreiben Kaplans Schäfer von Frankfurt St. Antonius vom 6.5.1935 an das Bischöfliche Ordinariat, auszugsweise abgedruckt in: a.a.O. S. 423f.
[46] A.a.O. S. 271.
[47] Vgl. dazu: a.a.O. S. 273f. Ein Beispiel für diese Kampagne der Nationalsozialisten ist das Rundschreiben des Kreisleiters der NSDAP Kreis Groß-Frankfurt vom 31.3.1939 an die Ortsgruppenleiter, betr. „Mißstände in Klöstern der Diözese Limburg", in: Hauptstaatsarchiv Wiesbaden 483, Nr. 1639.
[48] Text der Enzyklika „Mit brennender Sorge", in: Denzler/Fischer (Hrsg.), Die Kirchen im Dritten Reich, S. 104–150.
[49] Schatz, Bistum Limburg, S. 275.
[50] A.a.O. S. 433f.
[51] A.a.O. S. 432.
[52] Bericht über eine Reise des Oberbürgermeisters nach Berlin vom 20.1.1938, betr. Gespräch mit dem Staatssekretär Zschintzsch über die „Einführung der Gemeinschaftsschule", in: Stadtarchiv Frankfurt Mag.-Akte 5300/2 Bd. 1.

⁵³ Gedrucktes Einladungsschreiben an „alle Erziehungsberechtigten" zur Teilnahme an „Aufklärungsvorträgen" am 24.5.1938 über die Frage der Einführung der „Deutschen Gemeinschaftsschule in Frankfurt am Main", in: Stadtarchiv Frankfurt Mag.-Akte 5300/2, Bd. 1. In diesem Schreiben heißt es: „Wenn Sie nicht kommen sollten, nehmen wir an, daß Sie zur Einführung der Deutschen Gemeinschaftsschule in Frankfurt am Main Ihre Zustimmung geben."

⁵⁴ Schreiben des Bischöflichen Ordinariats Limburg an die katholischen Pfarrämter in Frankfurt/Main vom 25.5.1938, in: Stadtarchiv Frankfurt Mag.-Akte 5300/1 Bd.1.

⁵⁵ „Hundert Prozent waren dafür" – Bericht des „Frankfurter Volksblattes" vom 25./26.5.1938 über die „Massenversammlungen" der Frankfurter Erziehungsberechtigten. Vgl. auch den Kommentar „Offenes Bekenntnis" von Karl Uckermann in der gleichen Ausgabe der Zeitung.

⁵⁶ „Entschließung" in: a.a.O. Vgl. auch Schreiben des Gauleiters vom 25.5.1938 an den Oberbürgermeister, in: Stadtarchiv Frankfurt Mag.-Akte 5300/2 Bd.1.

⁵⁷ Schreiben der Leitung der Landesgemeinde Hessen-Nassau der Deutschen Christen vom 25.5.1938 an den Oberbürgermeister, in: Stadtarchiv Frankfurt Mag.-Akte 5300/2 Bd.1.

⁵⁸ Schreiben des Bischöflichen Kommissariats vom 28.5. Vgl. dazu auch einen entsprechenden „Vermerk" des Magistrats vom 4.6.1938, in a.a.O.

⁵⁹ Schreiben des Bischöflichen Ordinariats Limburg vom 9.6.1938 an alle katholischen Pfarrämter in Groß-Frankfurt, in: a.a.O.

⁶⁰ Vgl. Auszug aus dem Bericht von Stadtrat Dr. Keller vom 28.6.1938 über eine Dienstreise nach Berlin, in: a.a.O.

⁶¹ Schreiben des Schulamts an den Oberbürgermeister vom 8.8.1938 über die „Vorbereitung und Einführung der Gemeinschaftsschule in Frankfurt a. M.", in: a.a.O.

⁶² Schatz, Bistum, Limburg S.278.

⁶³ Alois Eckert, 1932–1942. Erinnerungen, in: Jahrbuch des Bistums Limburg 1964, S.32–41, S.39.

⁶⁴ Auszugsweise zitiert in: Schatz, Bistums Limburg, S.278f.

⁶⁵ A.a.O. S.276f. Dazu auch: P. Schütt, Gestapo-Sorgen in St. Georgen, in: St. Georgener Blätter WS 1947/48, S.3f.

⁶⁶ A.a.O. S.279. Die parteiinternen Schreiben deuten ebenfalls darauf hin, daß Sprenger in ‚seinem' Gau eine betont antikatholische und antikirchliche Politik betrieb.

⁶⁷ Rundschreiben des Kreisleiters der NSDAP Kreis Groß-Frankfurt vom 31.3.1939 an die Ortsgruppenleiter, betr. „Mißstände in Klöstern der Diözese Limburg", in: Hauptstaatsarchiv Wiesbaden 483 Nr.1639.

⁶⁸ Vgl. Rundschreiben des Kreispropagandaleiters der NSDAP Kreis Groß-Frankfurt vom 14.8.1939 an alle Ortsgruppenleiter, betr. „Broschüre ‚Flucht aus dem Kloster'", in: Hauptstaatsarchiv Wiesbaden 483, Nr.1639.

⁶⁹ Vgl. etwa den Stimmungsbericht der NSDAP Kreis Groß-Frankfurt vom Juni/Juli 1939, in: Hauptstaatsarchiv Wiesbaden 483 Nr.11219.

⁷⁰ Schatz, Bistum Limburg, S.281f. Vgl. dazu den Stimmungsbericht der NSDAP vom Juni/Juli 1939 in: a.a.O.

⁷¹ Schatz, Bistum Limburg, S.282.

⁷² Vgl. den Stimmungsbericht der Kreisleitung der NSDAP Frankfurt vom 2.10.1943, in: Hauptstaatsarchiv Wiesbaden 483 Nr.10885.

⁷³ Schatz, Bistum Limburg, S.284.

⁷⁴ Schreiben des Bischofs von Limburg, Hilfrich, vom 13.8.1941 an den Reichsminister der Justiz, in: Johann Neuhäusler, Kreuz und Hakenkreuz. Der Kampf des Nationalsozialismus gegen die katholische Kirche und der katholische Widerstand, München 1946, S.363f.

[75] Schatz, Bistum Limburg, S. 284f. Abgedruckt in: F. Stöffler, Die „Euthanasie" und die Haltung der Bischöfe im Hessischen Raum (1940/45), in: Archiv für mittelrheinische Kirchengeschichte 13, 1961, S. 301–325, S. 323f. Allgemein dazu: Kurt Nowak, Euthanasie und Sterilisation im Dritten Reich. Die Konfrontation der evangelischen und katholischen Kirche mit dem „Gesetz zur Verhütung erbkranken Nachwuchses" und der „Euthanasie"-Aktion, Göttingen 1978.

[76] Abgedruckt in: Drobisch/Fischer (Hrsg.), Ihr Gewissen gebot es, S. 193f.

[77] Schatz, Bistum Limburg, S. 287f. Weiterführende Hinweise in den sog. Verfolgungsberichten in: Diözesanarchiv Limburg 561/7B.

[78] Ebenda.

[79] Dazu: Zipfel, Kirchenkampf in Deutschland, S. 176ff.; Michael H. Kater, Die Ernsten Bibelforscher im Dritten Reich, in: Vierteljahreshefte für Zeitgeschichte 17, 1968, S. 181ff.; Gerhard Hetzer, Ernste Bibelforscher in Augsburg, in: Martin Broszat u.a. (Hrsg.), Bayern in der NS-Zeit, Bd. IV, München-Wien 1981, S. 621–643.

[80] Schreiben von Hermann F. an den Oberbürgermeister als „Vorsitzender des Kampfbundes für Deutsche Kultur" vom 3.4.1933, in: Stadtarchiv Frankfurt Mag.-Akte 1572 Bd. 1.

[81] Antwortschreiben des Oberbürgermeisters an Hermann F. vom 8.4.1933, in: Stadtarchiv Frankfurt Mag.-Akte 1572, Bd. 1.

[82] Zipfel, Kirchenkampf, S. 176–182; Hetzer, Ernste Bibelforscher, S. 626.

[83] Abgedruckt bei Zipfel, Kirchenkampf, S. 411ff.

[84] Urteil des Sondergerichts Frankfurt vom 27.5.1937 gegen Heinrich Wawrzyn, Susanna Schneiderer und Ewald Stöhr, in: Stadtarchiv Frankfurt Nachlässe S 1/98, Nr. 2.

[85] Vgl. auch Hetzer, Ernste Bibelforscher, S. 631.

[86] Ein Beispiel ist die Zeugin Jehovas Emmy Zehden aus Berlin, die am 19.11.1943 vom Volksgerichtshof zum Tode verurteilt und kurz darauf hingerichtet wurde, weil sie drei Deserteure versteckt hatte. Dokumente zu diesem Fall in: „... Für immer ehrlos". Aus der Praxis des Volksgerichtshofes, Berlin 1981 (=Beiträge zum Thema Widerstand 8).

[87] Vgl. dazu bes. Hetzer, Ernste Bibelforscher, S. 622, der Angaben von Zipfel, Kirchenkampf, S. 176, korrigiert.

Literaturverzeichnis

Albrecht, Dieter (Hrsg.): Katholische Kirche im Dritten Reich. Eine Aufsatzsammlung zum Verhältnis von Papsttum, Episkopat und deutschen Katholiken zum Nationalsozialismus 1933–1945, Mainz 1976

Aronson, Shlomo: Heydrich und die Anfänge des SD und der Gestapo (1931–1935), Berlin 1967

Auerbach, Helmut: Arbeitserziehungslager 1940–1944, in: Gutachten des Instituts für Zeitgeschichte, Bd. 2, München 1966, S. 196-201

Bahne, Siegfried: Die KPD und das Ende von Weimar. Das Scheitern einer Politik 1932–1935, Frankfurt/M. 1976

Balzer, Friedrich-Martin: Klassengegensätze in der Kirche. Erwin Eckert und der Bund der Religiösen Sozialisten, Köln 1973

Blankenberg, Heinz: Der politische Katholizismus in Franfurt am Main, Phil. Diss. Frankfurt/M. 1979

Bracher, Karl Dietrich: Die deutsche Diktatur, Berlin 1979

Bremer, Jörg: Die Sozialistische Arbeiterpartei Deutschlands SAP. Untergrund und Exil 1933–1945, Frankfurt/M. 1978

Broszat, Martin: Der Staat Hitlers. Grundlegung und Entwicklung seiner inneren Verfassung, Stuttgart 1969

Ders. u. a. (Hrsg.): Bayern in der NS-Zeit, Bd. I-VI, München-Wien 1977–1983

Ders.: Politische Denunziationen in der NS-Zeit, in: Archivalische Zeitschrift 1977, S. 222 ff.

Ders.: Resistenz und Widerstand. Eine Zwischenbilanz des Forschungsprojekts, in: *ders.* u. a. (Hrsg.): Bayern in der NS-Zeit, Bd. IV, München-Wien 1981, S. 691-709.

Buchheim, Hans u. a.: Anatomie des SS-Staates, Bd. 1-2 Olten 1965

Conway, John S.: Die nationalsozialistische Kirchenpolitik 1933–1945. Ihre Ziele, Widersprüche und Fehlschläge, München 1969

Delarue, Jacques: Geschichte der Gestapo, Düsseldorf 1964

Dokumentation zum Kirchenkampf in Hessen und Nassau, Bd. 1-3, Darmstadt 1974–1981

Drechsler, Hanno: Die Sozialistische Arbeiterpartei Deutschlands (SAPD), Meisenheim 1965

Duhnke, Horst: Die KPD von 1933 bis 1945, Köln 1972

Eckert, Alois: 1932–1942. Erinnerungen, in: Jahrbuch des Bistums Limburg 1964, S. 32-41

Friedrich-Ebert-Stiftung (Hrsg.): Widerstand und Exil der deutschen Arbeiterbewegung 1933–1945. Grundlagen und Materialien, Bonn-Bad Godesberg 1982

Edinger, Lewis J.: Sozialdemokratie und Nationalsozialismus, Hannover 1960

Freyberg, Jutta von: Sozialdemokraten und Kommunisten. Die Revolutionären Sozialisten Deutschlands vor dem Problem der Aktionseinheit 1934–1937, Köln 1973

Fröhlich, Elke: Gegenwärtige Forschungen zur Herrschafts- und Verhaltensgeschichte in der NS-Zeit: Das Projekt „Widerstand und Verfolgung in Bayern 1933–1945" des Instituts für Zeitgeschichte, in: *Christoph Kleßmann/Falk Pingel* (Hrsg.): Gegner des Nationalsozialismus, Frankfurt/M. 1980, S. 27-34

Gotto, Klaus/Repgen, Konrad (Hrsg.): Kirchen, Katholiken und Nationalsozialismus, Mainz 1980

Grünewald, Paul: KZ Osthofen. Materialien zur Geschichte eines fast vergessenen Konzentrationslagers, Frankfurt/M. 1979

Hebel-Kunze, Bärbel: SPD und Faschismus. Zur politischen und organisatorischen Entwicklung der SPD 1933–1935, Frankfurt/M. 1977

Heimatgeschichtlicher Wegweiser zu Stätten des Widerstandes und der Verfolgung 1933–1945, Bd. 1, Hessen, Köln 1984

Hennig, Eike (Hrsg.): Hessen unterm Hakenkreuz. Studien zur Durchsetzung der NSDAP in Hessen, Frankfurt/M. 1983

Hetzer, Gerhard: Ernste Bibelforscher in Augsburg, in: *Martin Broszat* u. a. (Hrsg.): Bayern in der NS-Zeit, Bd. IV, München-Wien 1981, S. 621–643

Hildebrand, Klaus: Das Dritte Reich, München-Berlin-Wien 1979

Hirschfeld, Gerhard/Kettenacker, Lothar (Hrsg.): Der „Führerstaat": Mythos und Realität. Studien zur Struktur und Politik des Dritten Reiches, Stuttgart 1981

Höhne, Heinz: Der Orden unter dem Totenkopf. Die Geschichte der SS, Frankfurt/M. 1969

Hoffmann, Detlef/Pokorny, Doris/Werner, Albrecht: Arbeiterjugendbewegung in Frankfurt 1904–1945. Material zu einer verschütteten Kulturgeschichte, Gießen 1978

Hoffmann, Peter: Widerstand – Staatsstreich – Attentat. Der Kampf der Opposition gegen Hitler, München 1969

Ders.: Widerstand gegen Hitler. Probleme des Umsturzes, München 1979

Hüttenberger, Peter: Heimtückefälle vor dem Sondergericht München 1933–1939, in: *Martin Broszat* u. a. (Hrsg.): Bayern in der NS-Zeit, Bd. IV, München-Wien 1981, S. 435-526

Jaeger, Harald/Rumschüttel, Hermann: Widerstand und Verfolgung in Bayern 1933–1945. Ein Modell für die Zusammenarbeit von Archivaren und Historikern, in: Archivalische Zeitschrift 73, 1977, S. 208-220

Jahnke, Karl-Heinz: Entscheidungen. Jugend im Widerstand, Frankfurt/M. 1970

Kater, Michael H.: Die Ernsten Bibelforscher im Dritten Reich, in: Vierteljahreshefte für Zeitgeschichte 17, 1968, S. 181–218

Kleßmann, Christoph/Pingel, Falk (Hrsg.): Gegner des Nationalsozialismus, Frankfurt/M. 1980

Kliem, Kurt: Der sozialistische Widerstand gegen das Dritte Reich, dargestellt an der Gruppe „Neu Beginnen", Marburg 1957

Klönne, Arno: Gegen den Strom. Bericht über den Jugendwiderstand im Dritten Reich, Hannover 1958

Ders.: Jugend im Dritten Reich. Die Hitler-Jugend und ihre Gegner, Düsseldorf 1982

Kramer, Waldemar: Frankfurter Chronik, Frankfurt/M. 1964

Link, Werner: Die Geschichte des Internationalen Jugendbundes (IJB) und des Internationalen Sozialistischen Kampfbundes (ISK), Marburg 1961

Ders. (Bearbeiter): Mit dem Gesicht nach Deutschland. Eine Dokumentation über die sozialdemokratische Emigration, Düsseldorf 1968

Löwenthal, Richard/Mühlen, Patrik von zur (Hrsg.): Widerstand und Verweigerung in Deutschland 1933 bis 1945, Bonn 1982

Lueken, Wilhelm: Kampf, Behauptung und Gestalt der Evangelischen Landeskirche Nassau-Hessen, Göttingen 1963

Mammach, Klaus: Die KPD und die deutsche antifaschistische Widerstandsbewegung 1933–1939, Frankfurt/M. 1974

Matthias, Erich: Die Sozialdemokratische Partei Deutschlands, in: *ders.'/Rudolf Morsey* (Hrsg.): Das Ende der Parteien 1933. Darstellungen und Dokumente, 2. Aufl. Düsseldorf 1979, S. 101-178

Mason, Timothy W.: Arbeiterklasse und Volksgemeinschaft, Opladen 1975

Ders.: Sozialpolitik im Dritten Reich. Arbeiterklasse und Volksgemeinschaft, 2. Aufl., Opladen 1978

Mann, Reinhard: Politische Penetration und gesellschaftliche Reaktion – Anzeigen zur Gestapo im nationalsozialistischen Deutschland, in: *Rainer Mackensen/Felizitas Sagebiel* (Hrsg.): Soziologische Analysen, Berlin 1970, S. 965–985

Mausbach-Bromberger, Barbara: Arbeiterwiderstand in Frankfurt am Main. Gegen den Faschismus 1933–1945, Frankfurt/M. 1976

Mehringer, Hartmut: Die KPD in Bayern 1919–1945. Vorgeschichte, Verfolgung und Widerstand, in: *Martin Broszat/Hartmut Mehringer* (Hrsg.): Bayern in der NS-Zeit, Bd. IV, München-Wien 1983, S. 1–286

Meier, Kurt: Der evangelische Kirchenkampf, Bd. 1-2, Göttingen 1976

Mommsen, Hans: Gesellschaftsbild und Verfassungspläne des deutschen Widerstandes, in: *Walter Schmitthenner/Hans Buchheim* (Hrsg.): Der deutsche Widerstand gegen Hitler. Vier historisch-kritische Studien, Köln-Berlin 1966, S. 73-167

Müller, Karlheinz (Hrsg.): Preußischer Adler und hessischer Löwe. Hundert Jahre Wiesbadener Regierung 1866–1966, Wiesbaden 1966

Müller, Klaus-Jürgen: Das Heer und Hitler. Armee und nationalsozialistisches Regime 1933–1940, Stuttgart 1969

Neuhäusler, Johann: Kreuz und Hakenkreuz. Der Kampf des Nationalsozialismus gegen die katholische Kirche und der kirchliche Widerstand, München 1946

Neuland, Franz: Die Frankfurter Arbeiterpresse, Frankfurt/M. o. J.

Nowak, Kurt: Euthanasie und Sterilisation im Dritten Reich. Die Konfrontation der evangelischen und katholischen Kirche mit dem „Gesetz zur Verhütung erbkranken Nachwuchses" und der „Euthanasie"-Aktion, Göttingen 1978

Oppenheimer, Max: Das kämpferische Leben der Johanna Kirchner, Frankfurt/M. 1974

Peukert, Detlev: Die KPD im Widerstand. Verfolgung und Untergrundarbeit an Rhein und Ruhr 1933 bis 1945, Wuppertal 1980

Ders.: Der deutsche Arbeiterwiderstand gegen das Dritte Reich, Berlin 1981 (= Beiträge zum Thema Widerstand 13)

Ders./Reulecke, Jürgen (Hrsg.): Die Reihen fast geschlossen. Beiträge zur Geschichte des Alltags unterm Nationalsozialismus, Wuppertal 1981

Plum, Günter: Staatspolizei und innere Verwaltung 1934–1936, in: Vierteljahreshefte für Zeitgeschichte 13, 1965, S. 191-224

Rebentisch, Dieter: Die „politische Beurteilung" als Herrschaftsinstrument der NSDAP, in: *Detlev Peukert/Jürgen Reulecke* (Hrsg.): Die Reihen fast geschlossen. Beiträge zur Geschichte des Alltags unterm Nationalsozialismus, Wuppertal 1981, S. 107-128

Ders.: Zwei Beiträge zur Vorgeschichte und Machtergreifung des Nationalsozialismus in Frankfurt, in: *Eike Hennig* (Hrsg.): Hessen unterm Hakenkreuz. Studien zur Durchsetzung der NSDAP in Hessen, Frankfurt/M. 1983, S. 279-297

Reichhardt, Hans-Joachim: Neu Beginnen. Ein Beitrag zur Geschichte des Widerstandes gegen den Nationalsozialismus, Berlin 1963

Röder, Martin: Die deutschen sozialistischen Exilgruppen in Großbritannien. Ein Beitrag zur Geschichte des Widerstandes gegen den Nationalsozialismus, Hannover 1968

Roon, Ger van: Neuordnung im Widerstand. Der Kreisauer Kreis innerhalb der deutschen Widerstandsbewegung, München 1967

Ders.: Widerstand im Dritten Reich, München 1979

Rothfels, Hans: Deutsche Opposition gegen Hitler, 2. Aufl. Frankfurt/M. 1969

Schatz, Klaus: Geschichte des Bistums Limburg, Mainz 1983

Schmidt, Armin: Frankfurt im Feuersturm, Frankfurt/M. 1965

Schmitthenner, Walter/Buchheim, Hans (Hrsg.): Der deutsche Widerstand gegen Hitler. Vier historisch-kritische Studien, Köln-Berlin 1966

Scholder, Klaus: Die Kirchen und das Dritte Reich, Bd. 1, Frankfurt/M. 1977

Schramm, Torsten-Dietrich: Der deutsche Widerstand gegen den Nationalsozialismus, Berlin 1980

Schumacher, Kurt: Reden und Schriften, Berlin 1962

Staff, Ilse: Justiz im Dritten Reich, Frankfurt/M. 1978

Sywottek, Arnold: Deutsche Volksdemokratie. Studien zur politischen Konzeption der KPD 1935–1946, Düsseldorf 1971

Tjaden, Karlheinz: Struktur und Funktion der KPD-Opposition (KPO), Meisenheim 1964

Ulrich, Axel: Hessische Gewerkschafter im Widerstand 1933–1945, Gießen 1983

Wagner, Albrecht: Die Umgestaltung der Gerichtsverfassung und des Verfahrens- und Richterrechts im nationalsozialistischen Staat, Stuttgart 1968

Wagner, Walter: Der Volksgerichtshof im NS-Staat, Stuttgart 1974

Weisenborn, Günter: Der lautlose Aufstand. Bericht über die Widerstandsbewegung des deutschen Volkes 1933–1945, 4. Aufl. Frankfurt/M. 1974

Werner, Wolfgang Franz: Die Arbeitserziehungslager als Mittel nationalsozialistischer „Sozialpolitik" gegen deutsche Arbeiter, in: Wacław Długoborski (Hrsg.): Zweiter Weltkrieg und sozialer Wandel, Göttingen 1981, S. 138-150.

Wolf, Lore: Ein Leben ist viel zu wenig, Frankfurt/M. 1974

Wippermann, Wolfgang: Zur Analyse des Faschismus. Die sozialistischen und kommunistischen Faschismustheorien 1921–1945, Frankfurt/M. – Berlin 1981

Ders.: Antifaschismus in der DDR: Wirklichkeit und Ideologie, Berlin 1980 (= Beiträge zum Thema Widerstand 16)

Zipfel, Friedrich: Gestapo und Sicherheitsdienst, Berlin 1960

Ders.: Kirchenkampf in Deutschland 1933–1945, Berlin 1965

Ders.: Die Bedeutung der Widerstandsforschung für die allgemeine zeitgeschichtliche Forschung, in: Friedrich-Ebert-Stiftung (Hrsg.): Stand und Problematik der Erforschung des Widerstandes gegen den Nationalsozialismus, Bad Godesberg 1965, S. 1 ff.

Das Leben in Frankfurt zur NS-Zeit, Bd. I–IV.

Ein Nachwort

„Die Stadtverordnetenversammlung fordert den Magistrat dazu auf, anläßlich des jüngsten und weiterer geplanter Besuche früherer jüdischer Bürger Frankfurts dafür zu sorgen, daß Materialien über die Zeit des Faschismus – vor allem in der Stadt Frankfurt selbst – erarbeitet werden. Dabei sind auch Kampf und Schicksal jüdischer Bürger und antifaschistischer Widerstandskämpfer darzustellen."

So lautet der Teil des von der Stadtverordnetenversammlung Frankfurt a. M. am 27. 6. 1980 einstimmig gefaßten Beschlusses, der dem Auftrag des Magistrats der Stadt Frankfurt a. M. zugrundelag, den ich im August 1983 nach einigem Zögern übernommen habe. Mit Zögern deshalb, weil ich aufgrund meines eigenen Arbeitsplanes und weil die Zeit auch aus anderen Gründen drängte, mich dazu verpflichtete, das Manuskript bereits ein Jahr später, im August 1984, abzuliefern. Ich habe jedoch auch deshalb gezögert, weil die von mir zu erarbeitenden „Materialien" bestimmte didaktische Ziele und Zwecke erfüllen sollten. Die grundsätzliche Frage, die ich mir stellte, war, ob ich diesen Erwartungen als Fachhistoriker gerecht werden konnte. Ich habe sie aus folgenden Gründen, die gleichzeitig die generelle Zielsetzung, die Auswahl der Themen und den Aufbau der einzelnen Bände bestimmt haben, bejaht.

Einmal deshalb, weil ich grundsätzlich der Meinung bin, daß die Zeitgeschichtsforschung ganz allgemein bei aller Verpflichtung zur wissenschaftlichen Objektivität und Nüchternheit auch bestimmte politisch-didaktische Zielsetzungen hat und haben muß. Sie kann und muß m. E. dazu beitragen, gerade aus der Geschichte des Nationalsozialismus Lehren für unser Handeln innerhalb und für eine Demokratie zu ziehen. Um dies tun zu können, ist es unerläßlich, gerade die Geschichte des Nationalsozialismus zu kennen, und zwar nicht nur die im allgemeinen und überregionalen Rahmen, sondern auch und gerade im regionalen und lokalen Bereich. Hier werden die Auswirkungen der Politik auf die einzelnen Menschen, die Geschichte eher erlitten als ‚gemacht' haben, besonders anschaulich und faßbar. Hier kann man die Geschichte des Nationalsozialismus in der Hoffnung greifbarer machen, daß sie zu einer wirklich begriffenen Geschichte wird. Diese sehr allgemein formulierten Bemerkungen über Aufgaben, Ziele und Möglichkeiten der lokalhistorisch arbeitenden Zeitgeschichtsforschung haben wie gesagt meine Ziele, die Auswahl der Themenbereiche und vor allen Dingen den Aufbau der einzelnen Bände geprägt.

Im Mittelpunkt eines jeden Bandes stehen ausgewählte, überwiegend noch nicht publizierte Dokumente. Da sie m. E. jedoch nicht immer ‚für sich' sprechen, habe ich sie in zweifacher Hinsicht kommentiert und erläutert. Einmal durch eine zusammenfassende Darstellung der Ereignisse im überregionalen und lokalen Frankfurter Bereich, die zum Verständnis der abgedruckten Dokumente notwendig sind und gewissermaßen zu ihnen hinführen, zum anderen durch „didaktische" oder besser: erläuternde Hinweise, die wiederum den Stellenwert der einzelnen Dokumente im größeren Zusammenhang erläutern und Vorschläge für die Benutzung im Unterricht enthalten. Insofern haben die Bände den Charakter von Arbeitsbüchern. Gliederungsprinzip ist der Weg vom Allgemeinen zum Besonderen und vom Besonderen wieder zurück zum Allgemeinen. Dies heißt, daß in den „Darstellungen" jeweils die allgemeinen, überregionalen Vorgänge beschrieben werden, weil sie zum Verständnis der Situation in Frankfurt notwendig sind. Bei der Schilderung der Vorgänge in Frankfurt werden häufig bewußt Einzelfälle und Einzelschicksale dargestellt, an denen wiederum allgemeine Züge und Charakteristika des nationalsozialistischen Regimes deutlich werden. Der bewußt gewählte Charakter des ‚Arbeitsbuches' soll jeden historisch interessierten Leser in die Lage versetzen, sich aktiv und selbständig mit der hier durch Texte und Quellen dokumentierten Geschichte auseinanderzusetzen. Die einzelnen Bände sind also keineswegs völlig ‚didaktisiert'. Sie enthalten keine fertigen Unterrichtseinheiten, wohl aber Anregungen dazu. Sie beanspruchen nicht, eine umfassende Darstellung der Geschichte Frankfurts zur NS-Zeit zu sein, sie können aber durchaus als Bausteine für eine derartige Arbeit verwandt werden und enthalten, so hoffe ich, Hinweise und Anregungen für weitere eigenständige Arbeiten.

Die Auswahl der thematischen Schwerpunkte war einmal durch die erwähnte politisch-didaktische Zielsetzung, zum anderen davon bestimmt und geprägt, ob es jeweils ausreichende und aussagekräftige Dokumente gab, mit denen der Leser arbeiten kann. Daß der erste und weitaus umfangreichste Band der Verfolgung der Frankfurter Juden gewidmet ist, war im Grunde selbstverständlich. Hinzu kam, daß die Quellenlage als außergewöhnlich gut bezeichnet werden muß. Allerdings gibt es bisher noch keine einigermaßen umfassende Darstellung der Geschichte der nach Berlin zweitgrößten jüdischen Gemeinde Deutschlands zur NS-Zeit. Der vorliegende Band über die nationalsozialistische Judenverfolgung in Frankfurt stellt den Versuch dar, diese schmerzliche und an sich unbegreifliche Forschungslücke wenigstens einigermaßen zu schließen. Dennoch sind weitere fachwissenschaftlich und didaktisch orientierte Studien über die Geschichte der Frankfurter Juden zur NS-Zeit nicht nur möglich, sondern auch notwendig. Meine Arbeit, in der aus den genannten didaktischen Gründen vor allem auch Einzelfälle geschildert und dokumentiert werden, hat auch in dieser Hinsicht nur eine Pilotfunktion.

Erstaunen wird bei manchen vermutlich die Tatsache hervorrufen, daß die nationalsozialistische Zigeunerverfolgung in Frankfurt in einem weiteren Band schwerpunktmäßig behandelt wird. Maßgebend für diese Entscheidung waren einmal bestimmte wissenschaftliche und pädagogisch-didaktische Beweggründe, die ich in der Einleitung zum Band II über das „Leben in Frankfurt zur NS-Zeit" näher ausgeführt habe. Hinzu kam, daß ich im Stadtarchiv Frankfurt, im Hessischen Hauptstaatsarchiv Wiesbaden sowie in anderen Archiven sehr aussagekräftige Dokumente und Quellen gefunden habe, was mich dazu bewog, dieses nicht nur in Frankfurt leider verdrängte düstere Kapitel der NS-Zeit in einer, so weit ich sehe, ersten lokalhistorisch orientierten Studie über die nationalsozialistische Zigeunerverfolgung zu behandeln.

Ebenfalls nicht selbstverständlich, aber naheliegend war es, einen Beitrag zur Alltagsgeschichte des Nationalsozialismus in Frankfurt zu schreiben. In inhaltlicher und methodischer Hinsicht waren jedoch Eingrenzungen notwendig, über deren Sinn und Nutzen diskutiert werden kann und sollte. Es kam mir einmal darauf an, die Auswirkungen der zentralen Elemente und Aspekte des nationalsozialistischen Regimes – Propaganda, Terror, Kompetenzanarchie und schließlich Krieg – auf das alltägliche Leben der Frankfurter an ausgesuchten Beispielen und Quellenzeugnissen zu beschreiben und zu dokumentieren. Damit wollte ich gleichzeitig Beispiele und Anregungen für weitere Studien geben, die keineswegs nur von Fachhistorikern durchgeführt werden können.

Schließlich noch einige Worte zu den Zielen und zum Aufbau des Bandes IV. über den „Widerstand" in Frankfurt zur NS-Zeit. Daß dieser Themenkomplex aufgegriffen wurde, verstand sich ebenfalls von selbst. Außerdem entsprach dies dem Wunsch der Frankfurter Stadtverordnetenversammlung nach einer Berücksichtigung der „antifaschistischen Widerstandskämpfer". Eine durch diesen Begriff möglicherweise intendierte Einschränkung auf die Widerstandskämpfer, die sich nach ihrem Selbstverständnis her als „Antifaschisten" fühlten, habe ich jedoch weder für möglich noch für legitim gehalten. Generell habe ich in den 4 Bänden über „Das Leben in Frankfurt zur NS-Zeit" von Nationalsozialismus und nicht von „Faschismus" gesprochen. Zu dieser Frage, die innerhalb der gegenwärtigen Forschung sehr kontrovers diskutiert wird, habe ich mich an anderer Stelle geäußert. Ich hielt es nicht für gut, darauf im Rahmen des ‚Frankfurter-Projekts' einzugehen.

Obwohl dies auch in der Einleitung zum Band IV. schon nachzulesen ist, möchte ich noch einmal betonen, daß ich mit meiner Kritik an einigen Darstellungen des kommunistischen Widerstandes in keiner Weise beabsichtige, die Handlungen der kommunistischen Widerstandskämpfer zu leugnen und ihre Motive zu schmähen. Ähnliches gilt für meine, ebenfalls ausführlich begründete, Verwendung eines ‚engeren Widerstandsbegriffs'. Auch damit möchte ich die Handlungen von Personen, die sich ‚nur' verweigerten und „resistent" verhielten, keineswegs gering schätzen.

Nicht verschweigen möchte ich dagegen, daß ich persönlich die sehr weitgehende Unkenntlichmachung von Personennamen für problematisch halte. Dies lag einerseits an der bestehenden, m. E. unbefriedigenden Rechtslage. Hinzu kam, daß es mir an vielen Stellen nicht auf die jeweilige Person, sondern um den entsprechenden Vorgang ankam. Schließlich wollte ich vermeiden, daß insbesondere bei jüngeren Lesern der Eindruck entstünde, daß das eine oder andere Mitglied der NSDAP eine ganz besonders wichtige und moralisch verwerfliche Person gewesen sei. Tatsächlich läßt sich derartiges aufgrund von nur einzelnen Quellenzeugnissen nicht bzw. nicht immer mit Sicherheit sagen. Daher erschien es mir besser, die Anonymität von untergeordneten „Parteigenossen" und „Mitläufern" zu wahren. Anders ist es selbstverständlich mit den Namen von Widerstandskämpfern und von Opfern des Nationalsozialismus, die, soweit wie irgendmöglich, genannt wurden, eben weil sie als Widerstandskämpfer und Opfer des Nationalsozialismus unsere Achtung und unser Mitgefühl verdienen.

Zum Schluß ein herzliches Wort des Dankes an alle, die mir geholfen haben. Hier möchte ich zunächst die Frankfurter nennen, mit denen ich über das ‚Frankfurter-Projekt' gesprochen habe. Ohne gerade sie namentlich erwähnen zu können – es waren häufig mehr oder minder zufällige Begegnungen, keine „lebensgeschichtlichen Interviews" – verdanke ich ihren Hinweisen, Fragen und Kommentaren sehr viel.

Ein besonderer Dank gilt den Damen und Herren im Stadtarchiv Frankfurt, im Dokumentationsarchiv des deutschen Widerstandes in Frankfurt, im Zeitungsarchiv der Frankfurter Societäts-Druckerei, im Hessischen Hauptstaatsarchiv Wiesbaden, im Bundesarchiv Koblenz und im Institut für Zeitgeschichte München, die mich in sehr zuvorkommender und freundlicher Weise bei der Sammlung und Sichtung der Quellen unterstützt haben. Den Leitern dieser Archive und einigen Verlagen danke ich für die Genehmigung, Dokumente und Quellen abdrucken zu dürfen. Recht herzlichen Dank möchte ich auch dem Verlag Waldemar Kramer für die Betreuung und Drucklegung des Manuskripts sagen. Auch wenn mich der Termindruck zeitweilig an den Rand meiner physischen und psychischen Leistungskraft gebracht hat, danke ich schließlich und nicht zuletzt dem Magistrat der Stadt Frankfurt am Main, insbesondere Herrn Stadtrat Mihm und dem Direktor der Frankfurter Volkshochschule, Dr. Alfred Pfeil, für die Erteilung des ehrenvollen Auftrages, die Kontrolle der Termine und die Gewährung eines Druckkostenzuschusses.

Berlin, im Dezember 1985   Wolfgang Wippermann

Nachtrag

Nach Abschluß des Manuskripts erschienen drei Publikationen, auf die ich hier mit Nachdruck verweisen möchte:

Diamant, Adolf: Deportationsbuch der von Frankfurt am Main aus gewaltsam verschleppten Juden in den Jahren 1941 bis 1944 (nach den Listen vom Bundesarchiv Koblenz), Frankfurt/M. 1984. – Dieses überaus wichtige und ergreifende Werk sollte unbedingt bei weiteren Forschungen über Einzelschicksale von Frankfurter Juden herangezogen werden.

Benad, Matthias u. Telschow, Jürgen (Hrsg. im Auftrag des Vorstandes des Evangelischen Regionalverbandes Frankfurt am Main): „Alles für Deutschland – Deutschland für Christus". Evangelische Kirche in Frankfurt am Main 1929 bis 1945, Frankfurt/M. 2. Aufl. 1985. – Dieser Ausstellungskatalog enthält neben Bildern weitere Dokumente zum Kirchenkampf in Frankfurt. Er stellt daher eine sehr wichtige Ergänzung und Vertiefung der Darstellung im Band IV über den Widerstand in Frankfurt dar.

Stadt Frankfurt am Main. Der Magistrat. Dezernat Schule und Bildung. Amt für Volksbildung/Volkshochschule (Hrsg.): Nationalsozialismus 1933–1945. Spuren demokratischen Widerstandes in Frankfurt am Main, Frankfurt/M. 1984 (Neuauflage in Vorbereitung). – Auf diese „Handreichung" verweise ich deshalb mit Nachdruck, weil hier eine Liste von Namen von Personen zu finden ist, die im Nationalsozialismus Widerstand geleistet haben. Längst nicht alle von ihnen konnten und wurden im Band IV über den Widerstand (sowie in den Bänden über die Judenverfolgung und den Alltag) von mir genannt werden, was ich aus verschiedenen Gründen sehr bedauere. Da in der Broschüre auch Hinweise auf Quellen und Literatur zu finden sind, werden weitere, unbedingt notwendige Forschungen über Einzelschicksale sehr erleichtert.

Für weitere Hinweise und kritische Bemerkungen bin ich sehr dankbar, da ich mich mit dem keineswegs erschöpfend behandelten Thema „Das Leben in Frankfurt zur NS-Zeit" auch weiterhin beschäftigen werde.

Wolfgang Wippermann